体育教育与梦想同行

威海教育名家（初中体育）工作室的探索与实践

吕兵文◎主编

中国社会出版社
国家一级出版社·全国百佳图书出版单位

图书在版编目（CIP）数据

体育教育与梦想同行：威海教育名家（初中体育）工作室的探索与实践 / 吕兵文主编. —北京：中国社会出版社，2020.6

ISBN 978-7-5087-6356-9

Ⅰ. ①体… Ⅱ. ①吕… Ⅲ. ①体育课—教学研究—初中 Ⅳ. ①G633.962

中国版本图书馆 CIP 数据核字（2020）第 085023 号

书　　名：体育教育与梦想同行：威海教育名家（初中体育）工作室的探索与实践
主　　编：吕兵文

出 版 人：浦善新
终 审 人：尤永弘
责任编辑：陈贵红

出版发行：中国社会出版社　　　邮政编码：100032
通联方式：北京市西城区二龙路甲 33 号
电　　话：编辑部：（010）58124828
邮购部：（010）58124848
销售部：（010）58124845
传　真：（010）58124856
网　　址：www.shcbs.com.cm
shcbs.mca.gov.cn
经　　销：各地新华书店

中国社会出版社天猫旗舰店

印刷装订：河北盛世彩捷印刷有限公司
开　　本：170mm × 240mm　　1/16
印　　张：19.5
字　　数：297 千字
版　　次：2020 年 6 月第 1 版
印　　次：2020 年 6 月第 1 次印刷
定　　价：69.00 元

中国社会出版社微信公众号

《体育教育与梦想同行》编写组

主　　编： 吕兵文

副 主 编： 吕晓峰　尹　耀　姜建明　于　霞

编写组成员： 吕兵文　尹　耀　刘艳妮　郝洪磊　姜建明　刘新军　荣燕光　于文明　丛培胜

序

2015年1月，中共威海市委、威海市人民政府出台《关于实施威海英才计划的意见》（威发〔2014〕23号），文件中指出："着眼于提升全市教育教学质量和师资队伍水平，实施'威海教育名家工作室'建设计划，组织我市教育领域高层次人才分学科开展重大教育教学课题研究、研修培训和帮扶指导工作。"经过申报资格和材料评审、个人申报陈述与现场答辩、综合考察等环节，威海市文登区葛家中学体育教师吕兵文老师成为首期7个威海教育名家工作室的主持人之一。其他6个教育名家工作室分别是：高中物理工作室（威海一中教科室主任姜进辉老师主持）、高中数学工作室（威海二中教科处主任孙晓俊老师主持）、初中生物工作室（威海教研中心初中组主任张涛老师主持）、初中地理工作室（威海市经区教研中心教科室主任袁慧老师主持）、小学语文工作室（威海市高区教研中心语文教研员成秀老师主持）、小学数学工作室（威海第二实验小学副校长于爱敏老师主持）。吕兵文老师的初中体育工作室是唯一的乡镇中学、音体美学科、普通教师主持的，着实难得。这或许也是威海市教育局领导对体育学科、农村学校的偏爱和殷切的期望。工作室实行周期制，每3年为一个建设周期。建设周期内，威海市财政拨付每个工作室年度专项经费13万元，支持力度之大，全国罕见，也进一步凸显了威海市委、市政府对教育名家工作室的高度重视和殷切期盼。

经过申报资格和材料评审、现场答辩、名单公示，威海市教育局从市直学校及各区市对应学段学校为每个工作室选配了8名优秀学科骨干青年教师作为工作室成员。初中体育工作室的8位成员分别是乳山市乳山口镇初级中学副校长尹耀老师、荣成市蜊江中学体育组长刘艳妮老师、威海第七中学体育组长郝洪磊老师、文登区教研中心体育教研员姜建明老师、文登区实验中学体育组长刘新军老师、文登区天福山中学政教主任荣燕光老师、文登区三里河中学体育组长于文明老师、文登区葛家中学政教主任丛培胜老师。经过考察，威海市教育局聘请华东师范大学体育与健康学院院长汪晓赞教授为初中体育工作室导师。

威海教育名家工作室建设于2015年5月23日启动。启动仪式结束的当天，初中体育工作室主持人吕兵文老师和成员尹耀老师就应中国学校体育杂志社的邀请，赴武汉参加第六届全国中小学优秀体育课教学观摩展示活动，由此开启了初中体育工作室建设之旅。截至2019年12月（因各种原因，首期工作室建设延期），初中体育工作室多次赴湖北武汉、上海华东师范大学、山东潍坊、江苏镇江、山东济南、江苏南通、山东青岛、江西井冈山、广东深圳、江苏无锡、内蒙古鄂尔多斯、甘肃兰州、北京、山东烟台、湖北宜昌、浙江金华、吉林长春、山东济宁、四川德阳以及在初中体育工作室成员所在单位等围绕人才培养、项目研究、帮携发展三大任务，开展了观摩学习、专题研修、课例诊断、课题研究、读书富脑、专题讲座、联合教研、帮携引领、展示交流、网络教研等丰富多彩的活动，极大地开阔了工作室成员的视野，增强了教研意识和前行的动力，也进一步激发了威海市中小学体育学科教师的业务学习热情，带动了专业成长的提速，赢得了威海市内外教育局、教研中心领导和一线老师们的关注和赞许。2018年6月，《中国学校体育》杂志派记者前来威海对威海市教育名家（初中体育）工作室的帮携工作进行专访，并于2018年7月在《中国学校体育》杂志总第297期刊发了“名师工作室帮携助力学校创建体育特色”报道文章，盛赞工作室取得的品牌效应及核心竞争力的提升。

5年来，初中体育工作室积极利用学术交流平台，扎实推进项目研究，扩大研究效益。2016年3月，在全面审视威海市体育教学改革发展态势及新课标实施以来取得的成果及存在的疑难问题的基础上，工作室申报了威海市教育科学规划课题“体育教学中提升学生运动参与水平的行动研究”（课题批准号：WHJYMJ001）。获批立项后，工作室即积极开展调查研究，了解威海市中小学生体育课的运动参与状况，并认真撰写相关调查报告。其中，《荣成市蜊江中学学生体育课参与度的调研报告》于2017年9月中华人民共和国第十三届学生运动会科学论文报告会获得三等奖。

研究过程中，工作室认真提炼研究难点，拟定了研讨框架，提交到全国体育教学学术论坛——教育部主管的《中国学校体育》杂志草根争鸣论坛，经过相关专家修改、完善后，《中国学校体育》杂志草根争鸣论坛总第87期“技能教学中，如何调动学生的学练积极性”于2016年5月16日在威海教育名家初中体育工作室的主持下全面开展研讨。来自山东、江苏、浙江、安徽、吉林、辽宁、陕西、河北、四川等13个省市的465名专家、学者、体育教研员、一线体育骨干教师参与了讨论，研讨发帖1950条，创造了草根争鸣论坛研讨活动参与人数与发帖数新纪录。本期论坛活动实现了网络教研与课题研究、地方日常教研活动的深度融合，丰富了教师相互学习交流的媒介途径，促进了广大体育教师教学教研思维的转变，为实施合力教研、有效教学研究提供了新的借鉴。本期论坛活动，工作室主持人吕兵文、成员于文明、尹耀、荣燕光等在《中国学校体育》杂志2016年第7期发表了研究论文，进一步扩大了研究效益，共享了研究成果。2017年6月15日，为了更深入地研究“体育教学中提升学生运动参与水平的行动研究”课题，工作室再次提炼问题，确定了“学生运动参与水平的提升策略”的主题，积极申报了《中国学校体育》杂志草根争鸣论坛总第100期，并顺利获批。活动在文登区实验中学举行，由威海名家体育工作室主持，并邀请中国教育科学研究院于素梅博士等专家莅临现场进行指导。本期论坛有江苏、浙江、广东、上海、新疆、甘肃、西藏等17个省区市316人参与了研讨。工作室主持人吕兵文、成员荣燕光、刘艳妮以及从全国选拔的共12名优秀中小学体育教师在本次活动中执教了展示课，于素梅研究员作了运动参与主题讲座。本期活动实现了线上研讨、线下体育课堂教学展示与专家讲座的有机联动，增强了活动效益，进一步扩大了课题研究的影响力和辐射引领作用。该活动专家于素梅研究员和工作室主持人吕兵文及成员于文明、刘新军、姜建明等发表了11篇研究论文，很好地共享了研究成果，也为课题研究积累了阶段性研究成果。

5年来，体育工作室勇于钻研教研前沿选题，引领辐射教学科研，促进专业成长。2016年6月，工作室积极借助工作室导师汪晓赞教授的研究——国家社科基金（教育学）重点项目“聚焦深化教育领域综合改革中的青少年体育问题及对策研究”，申报、立项其子课题，并通过威海市教研中心积极发动威海市有条件的各中小学校积极参与，共有40多所学校跟随汪教授参与了研究。经过2年的探索和实践，工作室主持人吕兵文主持的“运动参与水平对学生体质健康影响的实践研究”、工作室成员姜建明主持的“中小学校体育发展现状及对策的研究”、荣燕光主持的“基于现代信息技术的体育课例资源开发与应用”、刘新军主持的“基于活力校园背景下塑造活力少年的实践研究”等19项子课题顺利结题。通过子课题的研究，不仅引领一线骨干教师规范了研究程序和研究方法，提升了研究能力和水平，而且开阔了研究视野，增强了职业的幸福感，更促进了学生体质健康水平的提高，带动了学校体育工作的长足发展。

2017年7月14日，全国教育科学规划领导小组办公室官网公布了“全国教育科学‘十三五’规划2017年度课题立项名单”，经过专家评审和社会公示，并由全国教育科学规划领导小组办公室批准，全国共审批立项488项课题，其中高等院校、科研院所452项，中小学、幼儿园仅35项（体育类3项）。工作室主持人吕兵文老师主持申报的“中小学体育教学质量监测机制的研究”课题，获得全国教育科学“十三五”规划2017年度教育部重点课题立项，立项编号为DLA170414。这是威海市中小学首次立项教育部重点课题，并且是由一位农村中学的体育教师主持申报的，受到了省内外广泛的关注和好评。对此，华东师范大学体育与健康学院汪晓赞教授在该课题的开题会议上指出：“吕兵文老师申报、立项了教育部重点课题，给全国中小学体育教师带了个好头，树立了榜样。中小学体育教师是有能力研究大的项目的……”如何利用项目研究更好地带动骨干教师科研力量的提升？在威海市教研中心董绍才主任的大力支持下，在工作室导师汪晓赞教授的精心指导下，工作室开展了子课题申报、评审、答辩立项，实验数据的收集、课题研究培训、子课题鉴定验收、答辩结题等一系列工作，邀请了鲁东大学教务处韩延伦处长、体育学院周君华教授、周德龙教授等对子课题研究进行了高端引领和指导。来自济宁市、青岛市、威海市的57所中小学参与了“中小学体育教学质量监测机制的研究”子课题的研究，学生实验样本量总量达到16769人。最终，有31项子课题经鉴定顺利结题。

2017年10月，在导师汪晓赞教授的指导下，工作室课题研究论文顺利投稿美国2018年全美健康与体育科学大会暨中国华人体育与健康协会第四届学术大会征文。2018年1月3日，接到美国博伊西州立大学人体运动系、中国国际体育与健康学会主席GAOYONG博士发给的第四届国际华人体育与健康学会（IC-SPAH）会议与SHAPE America全国会议的邀请函，邀请论文作者吕兵文老师于3月19日～3月26日去美国田纳西州纳什维尔市参加会议，并进行报告交流。虽然，由于签证3次拒签没能成行，但工作室还是收获了这难得的经历。

2018年10月，工作室积极组织撰写课题研究论文参评第九届中国学校体育科学大会。最终，工作室参评6篇论文有5篇获奖。本届学校体育科学大会山东省有18篇入选，工作室入选3篇，占山东省16.67%；书面交流，山东省入选13篇，工作室入选2篇，占山东省入选总数的15.38%。工作室主持人吕兵文、成员刘新军等论文获奖作者一行6人应邀赴浙江师范大学参会。会议期间，吕兵文老师的论文《中小学体育教学质量评价机制研究》获得中国教育学会体育与卫生分会顾问陈永利先生、人民教育出版社体育分社原社长耿培新研究员、中国教育科学研究院于素梅研究员等专家的关注和好评。陈永利先生指出该研究的实验要注意严谨、规范；耿培新研究员提出该研究的评价方法对教学质量的促进作用要注重实效性，并特意拍照墙报留存，还一再叮嘱吕老师要将论文全文发送给他以便进一步阅读；于素梅研究员对评价的内容提出了宝贵的指导建议。本次会议，工作室既展示了自己的科研成果，又认真听取了知名专家给出的指导意见，强化了课题研究力度，也更加坚定了研究方向。

这些，也仅仅是体育工作室开展活动教科研方面的显著成绩。为了更好地总结经验，汲取力量不断前行，在浏览一张张活动照片、翻阅一页页听讲笔记、点击一篇篇研修心得的基础上，我们撰写了本书稿。回首工作室5年的建设活动的点点滴滴，研修学习的夜晚聚集在灯下梳理专家观点畅谈心得感悟后返回各自房间整理当日学习反思至深夜兴致盎然、意犹未尽，课例诊断活动中书写听课笔记神情专注、思考深入，为了一篇教学论文的修改侧头蹙眉、辗转难眠，研讨一个教学问题大家引经据典、谈论至深，外出研修为赶航班、动车一路“狂奔”，汗水淋漓、气短力竭……这一切都将成为工作室每位成员心中挥之不去的美好印记。

因为共同的梦想，威海市教育名家（初中体育）工作室的9位老师走到了一起。因为同一个成长的愿景，我们一起努力、携手前行！我们为自己成长路上取得的点滴成绩欢呼雀跃，更为自己学识的丰实、阅历的丰富而悄然振奋！威海市首期教育名家工作室建设已届终，但我们前行的脚步会越来越坚定！愿威海教育名家工作室5年的经历成为我们教育生涯中不断生发新的动力的星火，照亮我们前行的路，生生不息！愿我们以梦为马，不负韶华！

吕兵文

2019年12月

目 录

研修学习篇

课堂教学篇

研修学习篇

景行行止

——威海教育名家（初中体育）工作室培训心得概述

自2015年5月体育名家工作室成立以来，工作室或组织或参与各级各类培训学习多次，仅外出集体培训达二十余次，西去宜昌、兰州，北上鄂尔多斯、长春，南下深圳、井冈山等，足迹遍及全国多地，主要包括专题讲座、课堂教学展示或评比、课题研究培训、理论与技能实操培训、论坛研讨等多种形式。从总体上看，培训活动呈现以下三个特点：一是整体水平高。参与培训的嘉宾既有来自美国、英国、芬兰等国教育专家、大学学者、专业队教练，也有国内的课标专家、大学教授、部分教育发达地区省市体育教研员、特级教师等，均具备较高的专业水准；课堂教学展示基本上以国家、省级以上观摩课为主，有一定层次和水平。二是培训方向明。会议内容或主题大都是国内外体育教学领域较为关注的焦点、难点问题，或较为成熟的先进理论、经验、具体做法等，具有较强目的性、针对性。三是理论联系实际，培训不仅仅拘泥于理论性知识的获取，还重视教育技能的提升与应用，可以真正在课堂教学和日常训练中发挥指导作用。

通过培训，工作室成员们开阔了视野，转变了观念，提高了理论知识和技能水平，提升了思想境界。比如：有的关注中外体育教学的对比分析和思考；有的聚焦培训活动亮点挖掘或实操经验教训的总结；有的重视课题研究的问题实践及实操方法的学习；有的着眼参与工作室培训前后的心理历程及体验的总结；有的深度挖掘专家学者共同特性的归纳，树立奋斗目标；有的关注阅读对成长的价值；有的理论联系实际，关注课堂教学的创新与改革，甚至吹响了规划和发展的号角……

虽然观点未必正确，但都是他们真实经历和感受的写照。固然每人的关注点不同，却精彩纷呈，各有特色。通过培训使每个人在自己关注的——或专业理论，或课堂教学，或业余训练，或学校管理工作等不同侧面，均取得了较明显的进步。而最重要的一点是，我们看到了他们的共通之处：对自己专业的深度思考，对自己本职工作的执着热爱、理想追求以及可预期的持续发展的动力。

读万卷书，行万里路。

“高山仰止，景行行止，虽不能至，然心向往之。”

关于他们专业成长过程的思考，从以下的文字里我们可以洞悉。我们有理由相信，他们终会成为有温度、有深度、有情怀的教师，他们的路会越走越宽……

不忘初心　砥砺前行

——参加威海市教育名家（初中体育）工作室个人培训心得

尹耀　乳山市徐家镇中心学校

几年来，培训学习是工作室成员成长的重要方式之一。弹指一挥间，届终考核临近，点点滴滴恍若眼前，“近乡情更怯”的情绪越发浓烈起来。

除了因个人特殊情况缺席外，细数参加的二十几次培训，感慨颇深。走出校门，多个第一次被不断刷新，实现人生之美好憧憬，生命因此而精彩。因为经历与坚持，而享受历练后的快感；因为登高望远，反思见差距，而明晰自身之定位与担当；因为行远自迩，成果转化，辅助工作收到良好效果；因为对名师精神价值的深度思考，生发殷殷情怀……几乎每一次培训学习，都能收获扑面而来的新鲜气息，每一次的体验也有所不同。那些精彩的片段定格于记忆的深处，成为前行的印记，已挥之不去。

一、人生不只是苟且，还有诗和远方——参与实现期待，开启美好之旅

每天的教务校务工作是忙碌而繁杂的。清晨，我总是第一个踏进校园的；傍晚，我又是最后一个离开的，大部分的时间里，我的活动没有超出校园的范围。走出校门，阅览外面世界的精彩，是我的职业之夙愿。

2015年5月底，我第一次外出培训，即参加了武汉举行的全国第六届体育教学观摩展示活动。我与吕兵文老师一起协助《中国学校体育》杂志，进行了通讯报道工作。

5天的会议、讲座、展示课，需要在多个场地之间辗转。展示课每半天一个段落，每段落最后是作课团队思路交流和专家点评，观点碰撞，互动激烈。季浏、于素梅、潘绍伟、孟文砚、刘晋等专家从视频讲座中走到了我的眼前。我

负责初中学段展示课记录的整理，为了提高效率，直接在现场用笔记本电脑边听边记，吕兵文老师拍照，江苏吴爱军老师汇总整理，最后再由吕兵文老师统筹，交给杂志社郝俊编辑把关审核。由于观摩人员较多，没有座位，我们就席地而坐。晚上，浙江陈昌福招呼众人与浙师大王章明、孙喜和教授，武汉徐仲书，宁夏田龙，河南李昭，广东任洪章等教师小聚，虽然彼此大都未曾谋面，但通过网络已有神交。评点讲座、展示课，交流看法和体会，思维信马由缰，愉悦而顺畅，这在日常生活中是从未有过的。我第一次现场观摩“国家级”课堂教学展示，与课标专家、各路学者、特级教师、省教研员、一线大咖、杂志编辑零距离接触，信息量和冲击力是巨大的。

我真正地走出去了，对部分问题虽然还有些懵懂，但我已经能看到更广阔的天地、更美丽的风景，还有可预期的未来。若是能在专业领域内，哪怕有那么一点点突破，也是很好的。那份期望和憧憬，因此而变得越发明朗起来。

二、奋斗是幸福的，生铁淬炼可成钢——是幸事，是机遇，是挑战，更是历练

2015年7月在上海华师大进行了为期6天的以“体育教学设计和操作性技巧”为主题的培训，令我记忆犹新。

一是时间紧，密度大。工作室成员分成三组，每组负责每天一期的“研修动态”，上传工作室微信公众号；每人每天撰写一次“学习反思”；每晚一次当天学习内容的集体梳理及研讨。除了第一天一路小跑疲惫不堪地浏览了华师大老校区外，每天的学习内容安排得满当而充实。课后学习内容的梳理与研讨每次都进行至深夜，第二天又继续注意力高度集中地学习；课外实践课上，要在体育馆内挥汗如雨，更是精神与体力的双重考验。一沓沓看不懂的英文讲义，陈蔚云教授一串串爆豆式的中文夹杂英文的授课，都需要仔细地揣摩和筛选。但是，通过每天坚持研讨，基本上解决了成员在课上存在的一些问题和困惑。研讨、争辩的过程，达到了梳理思路、明晰内容和方向的目的。

二是信息新鲜，有质量。来自芬兰于韦斯屈莱大学的华人教授程蜀琳主讲

的“运动与青少年体质健康”讲座，以大量的数据、图表呈现了青春期体质发展规律、国内外中小学生体质锻炼现状的比较、芬兰政府对学生运动促进体质健康的举措等研究成果，且其研究数据多以纵向发展统计分析的图表为主，科学监测的难度大，但论证更具有说服力，彰显了其从事教育科学研究的严谨态度和执着精神。华东师大体育与健康学院院长汪晓赞作了“课堂教学设计与组织——运动教育模型在足球教学中的应用”专题讲座。汪教授从为什么会选择足球方面阐述了足球运动的育人价值，而通过运动教育模型实现足球育人价值是体育课堂非常重要的途径。她特别强调对于“开放性”的运动技能必须在运动中来教，并详尽地重点介绍了运动教育模型在足球运动教学中的应用。来自美国密歇根大学的华人教授陈蔚云是本次培训的主讲教授。在体育教学设计和操作性技巧培训中，让我们看到了“什么是最优质的教学”的美国标准；如何从课堂任务的制定、教法、课堂管理、教学指导四大方面进行评价；怎样在“三任务”（拓展、优化、应用）的视角下进行微型课程的教学设计与实践操作等。对我们来说，这些新鲜的信息给我们提供了很多思考问题的新视角。

三是理论与实践结合。理论知识只有服务于实践，发挥其指导价值，并通过具体设计和实践操作展示出来，才会成为真正有用的知识。陈教授围绕微型课程教学的设计与操作的主题，不仅亲自实堂授课，也给学员们提供了实践的机会。四个小组分别按照不同的课题进行微课程教学设计的展示，检验了“三任务”视角下合理运用基本技术和运动概念基本要素进行微型课教学设计的学习成果，每个人都切实地感受到了前述理论对教学设计实践的指导价值。参与者积极发言，踊跃交流，思维碰撞间充满了智慧的火花，其学习态度和优异表现也得到了陈教授的高度评价和肯定。

在这样的过程中，参与者身心自始至终承受着一定的负荷。在我看来，培训的过程就是历练的过程，更重要的是，要能够将吸纳、思考、践行统一，不断改进和完善自己的课堂教学，并掌握解决问题的方法，这才是真正意义上的锻炼能力、提高自我的过程。

之后，我们又多次走进华师大，接受汪晓赞院长主持的国家社会科学基金重点项目（教育学）课题“聚焦新课改背景下青少年体育与健康问题的研究”

的指导培训，课题容量、研究难度、研究对象、数据工具等，让我们这些来自一线的普通体育教师惊掉了下巴。为了提高研究深度，工作室成员每人申报了一个子课题。经过几年艰苦努力，目前，我们参与的所有课题均已完成了研究任务并结题，多个有价值的成果均已发表、获奖。

而今看来，如果没有压力和挑战，如果没有“焚烧”生命的陈渣和躁动，就不会在淬火升腾起的烟尘中，真正享受到历练后的快感。

三、登高望远，不一样的风景——见识他人之优秀，还应看到我们的不足

自2013年开始，每年一届的“长三角地区中小学体育特级教师教学研讨培训会”一直是区域合作教研的优秀典范，对其他地区的老师来说，实地探访教学研究活动是不可多得的机会。2016年11月中旬，工作室全体成员作为外省一线教师团队，有幸观摩了在江苏省镇江市伯先中学和镇江新区实验小学举行的盛会。来自苏、浙、沪的中小学体育特级教师及辖区的体育教研员、中小学体育学科带头人和特邀专家等近600人参加了会议。此次会议以“基于学生发展核心素养的有效教学”为主题，呈现出特级示范水平高、专家引领方向明、群体互动见真知的特点。

16日上午是初中的三节展示课，分别由杭州莫豪庆老师执讲“原地单手肩上投篮”一课，镇江王竹平老师执讲“斜向助跑直角腾越”一课，上海王广转老师执讲“映像长三角　快乐定向跑”一课。初中的名师课堂，精彩不断，展现的是最实在的体育教学。17日上午，虽然细雨绵绵，但参与观摩的教师热情不减。南京倪晨瑾老师执讲“障碍跑”一课，上海张微执讲“动思相伴 快乐体验——支撑移动”一课，宁波市俞志波老师执讲“跨跳过物”的练习方法一课。小学的体育课堂是灵动的，学生沉迷于体育课堂的魅力，不肯离去。令观摩教师们思绪万千，感受着名师课堂上每一个令人神往的细节。三地的展示课各具特色。江苏的课充分诠释了“以生为本，以学定教”的教育理念，上海的课则充分体现了其“小学体育兴趣化、初中体育多样化”的课改理念，浙江的课充

分体现了该省学校体育综合改革的指导思想，强调以技术学习为载体，发展学生运动能力，突出运动技能教学的规范，运用符合项目特征的练习方法和组织形式，进行规范、常态、高效的课堂教学。三地特级教师们结合展示课例的互评，以其丰富的教学经验、扎实的理论功底、中肯的借鉴意见和建议，为做课教师及观摩教师们从更高、更全面的视角，就理念与实践的贯通与落实进行了深入的分析。

据了解，现场省体育特级教师200余名，数量之多，令人咂舌。而特级教师是师德的表率、育人的模范、教学的专家，既具有先进性又具有专业性。类似性质的研讨培训会对区域教育协作发展，提升教师教学研究水平，促进体育教学质量的共同提高起到了积极的推动作用。或许，正是因为有了这样一支集群力量在体育教学改革的潮头发挥着巨大作用，才使得我们深感震撼。

一个月后，我又参加了在曲阜举行的“山东省中小学体育与健康学科德育实施指导纲要”备课研讨会。虽然会议不乏亮点，但还是能让人感受到与教育发达地区的差距。

关于会议主题德育课堂。一是缺乏对体育与健康学科德育课堂过去与现状的深度研究。二是体育学科德育课堂缺乏准确的定位。公开课展示应强调其示范性和推广意义，其方向性欠缺推敲和打磨，部分公开课存在方向对错的问题。体育学科既是教学的载体，也是渗透德育的途径。学科教学的表现是显性的，而德育渗透则是隐性的。否则，所有的学科教学恐怕都将异化为德育教化课。体育与健康学科教学在原本还没有理清楚“我是谁”的情况下，是否会再次随波逐流？

较之苏浙沪的研讨培训会，无论是组织过程、研讨方式，还是教研深度、引领价值等，都需要我省认真学习。尤其是在不断地推陈出新的课改大潮中，体育学科更应明确方向，找准定位，思考并解决一些“真”问题，踏踏实实做些实事。换言之，无论外面的世界如何变化，应始终在弄清“我是谁”“我要到哪里去”等基本问题的前提下，少一分浮躁，多一分坚守。

这对我们每一名从事体育教育的工作者来说，任重而道远。

四、精细见深度，其实不简单——不是做得不够多，而是不够深入

相对其他室内文化课而言，体育学科教学的专业种类、内容及范围相对宽泛，尤其是在基层中小学上课、训练、组织比赛等，需要体育教师是多个专业的“明白人”。其实，有经验的体育老师都有这样的体会，部分知识技能只能是边教边学，教学相长。

2016年3月，在全国跳绳教练员裁判员培训班（潍坊站）上，来自河南洛阳的白炎波老师的讲座及技能培训，让我们见识了其在跳绳教学与训练领域所取得的成绩和水平的专业性，堪称典范。

一是精细见深度。主要体现在速度跳绳项目的运动原理、训练方法方面。白老师谈道，速度跳绳的基本原理是圆周运动，影响速度的主要因素是圆心的稳定性、半径的长短、绳运动的频率等。针对上述因素，白老师列举了日常练习或比赛中，在技术环节上经常出现的问题。比如：圆心位置的固定、半径的确定、绳运动节奏感的建立、发力方向等，并对多个环节的技术动作要领作了详细的示范和说明。对一线教师教学与训练来说，具有很高的指导价值。白老师带领跳绳队获得亚洲锦标赛、世界锦标赛亚军的成绩，正是在精细中可见他对问题钻研的深度，这恰恰是其成功的奥秘所在。

二是其实不简单。主要体现在一级、二级跳绳基本动作的学习上。从网上可见诸多形式眼花缭乱的花样跳绳，其精彩程度让人拍手叫绝。而事实上，再复杂的跳绳动作都是由简单的基本动作组成的。单纯从教师的示范来说，看起来并不难，而真正地尝试起来，即便是教师遵循了由简到繁、循序渐进的教学原则，采取先脚部动作、后上肢动作、再整体动作的教学步骤，多数人往往还是并不能立即掌握，总是要经过反复练习才能初步摸出个门道来，而且大部分基本动作或多或少都存在一定技术上的问题。如果后续要进行教学，依然需要不断地强化训练。

其实，任何事情想要达到一定的层次和境界，都需要付出艰苦努力，讲究方法，深度钻研。看似简单的东西，往往并不简单。作为一名基层的普通体育教师，白老师将一个简单的速度跳绳项目做到精心、精细、精到，着实令人敬

佩之至。重要的是，这一切都是其后学之知识和技能。反观自身，某些项目的学习与训练还是有些粗放。

马云对电商的深刻理解及远见成就了阿里，周鸿祎对流量的深刻理解使奇虎发生巨大变化，中航502所对离子发动机技术的深度研究和理解造出了世界最先进的离子发动机，使从地球去火星的飞行时间缩短至39天左右……

学无止境，行远自迩。在近两年乳山市比赛中，我校的跳绳队参与的所有项目均进入前3名，一改过往不得1分的历史。正是得益于这次培训，学以致用，将成果转化为了“生产力”。

五、教育与教学，做一个独立的自己——他人优秀经验很重要，但更重要的是不能迷失自己

随着时间的推移，工作室成员大都在慢慢进步。但是，越是学习越发觉得自身十分浅陋。

2018年，炎炎暑期，辗转几千千米，来到了革命教育圣地井冈山所在地茨坪镇，参加了全国名家工作室联盟举办的首届“名家工作室的精神价值”论坛活动。回顾以往的活动内容，侧重点专注于学科教学，如何体现所谓“名师”和“工作室”最独到的、最核心的精神价值，并未进行过深度的思考。

踏入井冈山的当晚，雨夜朦胧，难以领略她的全貌。第一天上午，瞻仰了博物馆和烈士陵园。虽是夏季，行走在小镇树木林立的街道上，却并不炎热。在陵园的最高峰，一眼望去，层峦叠嶂，苍松翠柏葱茏。据出租车司机介绍，井冈山年平均温度在23摄氏度左右，平均海拔1400多米，绵延500余里。如果对周边的环境不熟悉，置身其中，很容易迷失方向，确有“只缘身在此山中”之感。可以想见，在条件极为艰苦的中国革命时期，没有道路、人文景观等明显的标志，进入不容易，出去恐怕更难。但是，当年的中国工农红军没有迷失自己，在人数、装备等条件极差的情况下，以此为革命根据地，借助于其独特的地理位置和山势，与敌人进行周旋，粉碎了一次又一次“围剿”，以弱胜强，化劣势为优势。虽然，最后一次反“围剿”失败了，但是以毛泽东为首的共产

党人最终探索出了一条符合中国革命实情的新道路，使井冈山革命在整个中国革命道路史上具有里程碑的意义。论坛安排至此，深有寓意。

为期两天的论坛，肖川教授的讲座最令我印象深刻。他言辞犀利，鞭打清晰，侃侃而谈将近两个小时，可以窥见其教育方向和“生命教育”的美好愿景，领略其“视角独特、敢说真话”的鲜明特点。在肖川教授与一线教师的互动中，江苏的宋运来老师的发言颇具特色，涓涓细流的铺垫，抑扬顿挫的语调，让与会教师颔首默赞，又因观点不同，还引起了在场教师微小的骚动，这种“一石激起千层浪”“浪浪有发现”的做法同样让人敬佩。

观点交锋，和而不同，学术上需要这样的态度。追求与众不同，标新立异，未必就是对的。而无论民间或者官方性质的组织与言论，必须在法律法规允许的范围之内。搞学术研究，要说真话；评价时弊，要说真话。但是，何为“真”？学术需要创新，更需要严谨。敢不敢说真话与何时何地说真话，一定有所不同。而作为学者，不仅要有全面的视角、严谨的精神，更需要有立场。尤其是评价时弊，观点需谨慎，不能忘记自己脚下的土地。简单地、片面地跟风、抨击目前存在的问题，与理性分析目前之现状和存在的问题，并拿出具体的解决策略，还是有所不同的。可敬的是，与会的大咖们除了日常进行学术理论研究之外，大都能深入课堂，与学校教育的管理实践密切结合，让自己的理论研究在基层开花、结果。

井冈山作为革命之“圣地”，是值得敬仰的。名师云集，也很容易找不到自己的位置。参加一次会议、一场报告，不见得真能从中直接学到什么。比如：针对某个方法、知识等，简单地搜集专家的课件、PPT，是不能使这方法、知识为己所用的。作为一线教师，是不是复制专家的思想和方法即可？敬仰大师、伟人固然不错，但是敬仰并不意味着盲目或盲从，准确的价值判断来自独立人格、思考精神和科学态度。

工作室需要深度挖掘自身的内涵，理清思路，合理定位。回顾参与本次研讨的名家工作室之成功经验，其精神价值的内涵离不开“独立、创新、团队、坚持”这几个关键词。而思想的自由与人格的独立，乃是名师发展之根基。

展望未来，更需立足自身，追寻内心真实的声音，把握自己，踏实做好力所能及的事。走正确的路，做正确的事情，力争让自己从一个有专业情结的教学人变成一个有情怀的教育人。

六、教研训结合，在实操中互动——不待扬鞭自奋蹄，行动即有收获

常规培训形式以信息接收的方式居多，不免存在缺憾。一是未能将学习的教育理论和方法在课堂教学中即时尝试。二是实施中的问题没能得到有效解决。在聆听窗外声音的同时，与先进地区名师近距离接触，学习、请教和探讨这些问题是非常有意义的事。

2017年4月中旬，威海教育名家工作室一行来到南通第一初级中学，与江苏省南通名师张烨、潘雪峰名家工作室共同进行了一次跨省的联合教研活动。

（一）名师讲座，特色纷呈

1. 潘雪峰：快乐体育课堂的重构。潘雪峰老师围绕快乐体育建设，从特级教师“特”在哪里引入话题，申明其教学主张的由来：生涯体育、终身意识等，强调情感与方法的关系，使学生在快乐学习中发展技能。其基本策略可概括为激发学生参与运动的兴趣、让学生获得成功体验、学习过程中注意对话与交往三个方面，并分享了许多有血有肉、生动形象的教学案例，凸显其鲜明的教学特色。

2. 吕兵文：基于教学问题的课堂观察。吕老师从“对教师专业成长的影响研究”突出课堂观察的重要价值切入话题，分别从四个方面展开叙述：一是为什么要进行课堂观察，二是什么样的问题值得课堂观察，三是如何确定观察点，四是量表的设计与使用。吕老师的讲座既有理论支撑，又有实践案例的分析，有理有据，深入浅出。逻辑思维清晰，分析鞭辟入里。

潘老师从“道”的角度让我们见识了教育情怀和工作室主张，吕老师则从“术”的层面交流了课堂观察的操作方法，各有侧重，精彩纷呈。

（二）课堂展示，重点突破

由工作室刘艳妮老师及南通田家炳中学张彬老师等4位老师授课。教师良

好的精神面貌，清晰的教学流程，丰富的教法手段，学生积极参与的运动热情，均给人留下了深刻的印象。尤其是张彬老师和刘艳妮老师的课，教法手段凸显了强烈的重难点突破意识。

张老师展示的“立定三级蛙跳”一课，令人印象深刻。一是教法步骤清晰合理。由易到难，循序渐进，逐步过渡到重点内容的学习，符合学生运动技能学习的规律；二是各部分内容设计与立定三级蛙跳的内容高度相关；三是垫子的充分利用对有效突破重难点起到了促进的作用。该课较好地借鉴了江苏省特级教师王竹平老师在2016长三角特级教师培训会上执教的纵箱斜向助跑屈体腾跃一课的设计理念和基本思路，是该理念下的迁移和再创新。

刘艳妮老师的“足球：正面头顶球技术”一课，除了其由易到难、循序渐进的特点外，以软排球代替足球的选用，解决了学生对球的本体感受差的问题。游戏及战术比赛内容的安排，有利于激发学生参与运动的积极性。该课在一定程度上借鉴和实践了KDL课程模式的一些具体要求。

当然，课程亦有不尽完美之处。比如：张老师倘能借鉴贾齐教授关于身体练习三要素“技术动作、运动条件、运动课题”相关理论，通过改变运动条件，采取限制策略，充分利用垫子设置三跳不同的高度和间距，获得立定三级蛙跳“快——平——高”节奏，或许效果会更好。刘老师如能将游戏设计与头顶球技术学习密切相关，头顶球比赛的器材选用软式球，并通过降难度、变规则、变器材等途径，达到练赛结合。

诚然，在培训学习后的实操恰恰是不怕出现问题，互动分享的价值或许就在于此。倘能在日常教学中自然地深入实践一些先进理论，并不断完善或创新，才是真正意义上的成长。

（三）交流分享，意犹未尽

大家开诚布公，畅所欲言。令我印象比较深刻的，有两处：一是来自南通小学的年轻老师赵娟关于教研课与常态课的对比、片面化的移植、整体化的嫁接等观点。虽然话语不多，但字字珠玑，表现了良好的专业素质。二是江苏省特级教师倪胜勇老师的点评。倪老师已经退休，当天身体不适，但依然全程参与，其职业情怀令人感动。他从动作的迁移与稳定性的角度阐述了辅助练习手段对重难点突破的价值，又从教师讲解与学生学练时间方式的掌控，讲到教师个人素质及感召力的发挥……洋洋洒洒，无拘无束，但依然观点流畅，逻辑清晰。其言语透露出对后辈们寄予的殷切希望，让人在敬意中深感温暖。

相聚总是那么欢愉，却又总是那么短暂。有时候，沉下心来，仔细想想，与志趣相投的人同行，思考或做些有意义的事情，幸甚至哉！

七、一个人，一群人，行走是快乐的——不止于知识或技能的获取，更是精神品质的浸润

17年前，在我校举行的一次威海市优质课评选活动上，我曾与吕兵文老师有过一面之识。由于一些工作上的原因，我没有现场听他的课，因此也就没有太深的印象。而我与吕兵文老师在专业领域真正有深度接触始于2011年夏季，通过《中国学校体育》杂志的网络平台——“博客圈”和“草根争鸣”论坛栏目，参与有关活动、话题探讨、文稿意见征询、QQ交流等，慢慢地彼此走得近了起来。他是论坛的版主、杂志的社外编辑，得益于他的点拨与引领，我的很多思考也落于笔端，变成了铅字。如今，我参与他主持的“威海体育教育名家工作室”已4年有余，培训学习、日常教研、开展课题研究等，交流更宽泛，研究也更为深入。

目前，他已真正成为一方体育教学教研领域的专家和引领者。2017年，他被评为山东省为数不多的体育学科的正高级教师之一，这是反映其体育教学业绩和水平的最好见证，而我们则是他执着追求、坚持不懈精神的见证者。有时，工作室、日常教学、学校任务、杂志社、会议等难免会冲突，在忙碌之中，他总是尽最大努力克服。大家戏称其为“钢铁侠”，大家时时为其敬业精神所感染。

同时，吕兵文老师还是大家的服务者。每次培训外出都会有学习内容选择、有关部门协调、行程及食宿安排、过程组织与管理、后续总结汇报、任务落实等相关工作，往往头绪繁多，需要方方面面考虑周全。类似网上订票、路线规

划、时间把握、所带物件等，大多由他亲自安排，事无巨细，时时提醒，关爱有加。我们自然就轻松了很多，只专心学习就好。

参与培训学习的感受是丰富的，前文撷取的不过是某些侧面，言犹未尽。在这个过程中，吕兵文老师时时用实际行动在影响和鼓舞着团队的每一个人。

有人说，教育的本质即唤醒。其实，教师的专业发展，何尝不是如此？首先，政府支持，行政搭台；其次，因为一个人，一群人走到了一起，如同一个大家庭，相互提携，相互帮助，体验拼搏的快感，分享成功的喜悦，交流生活的烦扰，感受团队的温暖。而真正的内驱力是什么？我想应该就是对“有理想信念，有道德情操，有扎实学识，有仁爱之心”的憧憬以及坚守。

良多感慨，无以言表，唯有感谢，感动，感恩。

博取内外精髓　润泽专业素养

——威海市教育名家（初中体育）工作室培训有感

刘艳妮　荣成市蜊江中学

岁月不居，时节如流。参加威海市教育名家（初中体育）工作室四年半，跟着吕兵文老师与工作室的同人们一起在繁忙的工作之余，开启奔跑模式，奔波于多个城市，聆听了多位中外教授的讲座，视野得到拓展；观摩了国内外优秀体育课，感触最深的是长三角地区整体教学水平领跑于全国。下面将几年来外出培训的所见、所闻、所思、所感与大家分享。

一、听取专家讲座，提升理论素养

专家讲座，包括体育界的和其他专业的，这些专家大多来自大学，他们的理论知识相对丰富。还有一些是来自一线的学科带头人，如省级或市级教研员，他们的实践经验比较足。

（一）季浏教授（博士生导师，华东师范大学体育与健康学院院长）

季浏教授提出了“中国健康体育课程模式”，此模式重点提到三个关键要点。第一个关键要点是运动负荷。本模式将运动密度定义为：一节体育课中学生的练习时间与一节课总时间的比例。运动强度用每分钟心率来表示。季浏教授倡导每节课的运动密度在75%左右，如果一节课是45分钟，持续的练习活动应保持在34分钟左右，运动强度要达到140～160次/分钟（初中生标准），这就要求教师必须做到“精讲多练”；第二个关键要点是体能练习。要求每堂体育课都要有10分钟的体能练习，有助于提高学生的体质健康水平。体能是学习技术的基础，健康更需要体能，所以每堂课10分钟体能练习是必要的；第三个关键要点是运动技能。中国健康体育课程模式强调学习结构化的运动知识与技能，并以活动和比赛为主。比如：一堂排球结构化的教学，教师让学生学、练传球、垫球、发球、拦网、扣球，然后进行分组比赛等。就是说一节课不光要教学生学习一个技术，还要学习一项运动的多个技术，吸引学生学习技术的积极性。

（二）汪晓赞教授（博士生导师，华东师范体育与健康学院书记）

汪晓赞教授是我们工作室的导师，她在体育课程与教学、体育教师教育、青少年体育学习行为和体质健康发展方面有很深的造诣，跟她面对面交流，深感她的睿智与博学，只要提出问题，总能在她那里得到精辟解答。2016年4月，我聆听了汪教授讲述她及她的团队为了申报国家社科基金（教育学）重点项目“聚焦深化教育综合改革中的青少年体育问题及对策研究”所付出的努力。他们从2010年就开始着手搜集国内外的相关数据，通过将近6年的积累，终于成功申报了国家社科基金（教育学）重点课题。在她的感召和吕兵文老师的带领下，我与课题组成员攻坚克难、齐心协力，成功申报了子课题“优化足球教学资源提升学生运动参与水平的实验研究”，通过1年的研究，顺利通过结题答辩，并圆满结题。

人生会经历许多第一次，但跟随汪教授第一次做课题，令我倍加珍惜。我亲身经历了做课题的完整过程，才深切体会到其中不易。同时，感谢工作室吕老师为我们提供如此好的专业学习机会，更要感谢汪教授及她的团队，令我体验了如此专业的课题培训且受益终身。

（三）孟文砚（江苏省教育科学研究院中小学教学研究室体育教研员，教授级中学高级教师）

最初听到这个名字，我还以为是一位男士；最初见到她，虽只是迎面而过，却觉得这人这么有气质、有威严；真正认识她，还是在长三角地区特级教师展示活动中。孟文砚作为东道主主持会场，我被她的豪气与幽默深深吸引，她就是一位豪气万丈、果敢威武的体育人，任谁也看不出她已经60多岁了。听她的点评，总是那么过瘾，从不会给谁留面子，好就是好，不好就是不好，语言犀利。如果你的课讲得非常有特色，你会听到孟教授毫不吝啬的表扬与鼓励。像她这样的领头人，我非常喜欢，相信江苏的老师更喜欢。

几年来，我听过多名教授的讲座，比如：北京师范大学的肖川教授，他说过："你脸上的微笑有多少，孩子心中的阳光就有多少。"他的成功学里有句口号："成功一定有方法，失败一定有原因！"以及，于素梅教授，她是中国教育科学研究院研究员，发表了200多篇论文，出版了30多本专著，其中《上课的门道》《听课的门道》《说课的门道》《评课的门道》等一系列指导一线教学的书籍非常受欢迎。她的讲座非常吸引人，底气十足，声音洪亮，所列举的事例都是与教学工作密切相关的，她的"素言体育"也是我的最爱。

讲座虽多，但是给我印象最深刻的几位，都有一个共同点，那就是专业领域拔尖，专业理论造诣颇深。他们深度阅读，坚持积累，细腻思考，精准表达，勤于写作，掘井及泉。他们的这些优秀品质是我终生要学习的，他们就是我学习的榜样。

二、观摩优秀课例，开阔眼界，启迪创新思维

观摩优秀课例是体育教师专业成长的捷径，我非常喜欢有创意的体育课。下面展示几节对我触动最深、最有代表性的体育课。

（一）执着敬业的外教

2015年11月，华师大国培学习期间，一节体育课上两位外教轮流授课。当一位外教讲课时，另一位外教协助布置场地和摆放器材。正当我专心听一位外教讲传球游戏时，偶然发现另一位正手拿报纸低头在场地内寻觅，突然在离我比较近的场地内蹲下擦拭地板。因为离得比较近，我能清晰地看到地面上有汗渍，我瞬间被他的举动给震撼了。这位外教长着一米九几的大个子，蹲在地上擦拭汗渍的动作十分熟练，这一幕深深地震撼着我的心灵，他给我上了生动的一课。

课后，我了解到，两位外教为了上好一堂课，提前1个小时到达运动场布置场地。课前准备如此细致，这样的体育课能不受学生欢迎吗？

第二节体育课，两位外教给我们带来的是团队合作游戏——火山救小熊。据翻译介绍，这是两位外教专门根据学员的年龄特点设计的，为了使这个游戏更有趣、更富挑战性，两位外教凌晨三四点钟就起来商讨，创编游戏，而当天还要充满激情地上完一天的室外课，他们的敬业精神令人钦佩。

专家点评后，我才得知，美国体育教师每天要上8节体育课！听到这一消息时，我被惊得目瞪口呆，简直不敢想象！我一周的工作量最多不超过30节，感觉已经够累的了，而外教一周要上40节，这是怎样的工作节奏，我无法想象，再看看他们的工作热情，我再次被震撼了！

（二）创新灵动的体育课

1. 没有器材的力量练习

在体育课上，外教教我们做静力性力量练习，他没有拿器材，只是引导学员，开动脑筋，一人提供阻力，另一人做抗阻力练习，貌似一人达到了课前预设的锻炼效果，而实际上两人都得到了锻炼，提供阻力的同学也得到了锻炼，只是他们得到锻炼的肌肉群不同罢了。设想如果让我来上力量练习课，我会用哑铃或其他器材来实现，而实际操作过程中会因为懒于拿器材，或担心器材损坏，而放弃这方面的教学。

2. 自制精美的游戏器材

外教向我们展示了他设计制作的一款平衡游戏器材，在我国绝对可以申请专利。它由两块正方形的板材组成，中间有一个主支柱，四周有多个支架，支架上由多个带环扣的绳子组成。运用这个器材，可以多人手执绳子在平板上放一杯水或一个静物，大家齐心协力托物到达指定地点；也可以将绳子系在腰间，在方块下悬垂一个圆柱体，大家一起按规定的路线“S”形行进，击倒放置不规则的空矿泉水瓶。在游戏过程中大家既要不断协商，平心静气，还要团结一心，才能一步步完成任务，实现最终的胜利。

感谢外教给我们带来的创新思路与创新器材，为我们带来一堂别开生面的体育课。

三、学做课题研究，解决实践问题

在参加工作室之前，我是个只知教学与训练的体育老师，在课题研究方面是空白的。参加工作室之后，有了课题研究的机会，我参与其中受益匪浅。

（一）首次参与课题研究，领略课题研究之专业与严谨

2016年5月，跟随工作室有幸参加国家社科基金（教育学）重点项目“聚焦深化教育领域综合改革的青少年体育问题及对策的研究”子课题“优化足球教学资源 提升学生运动参与水平的实验研究”的研究。本次课题研究，我最大的收获是领略到课题研究的严谨，庆幸第一次参加课题研究就受到如此专业的指导。从课题的确定、课题申报书的撰写、实施方案的制订、测试数据的分析报告到结题报告的撰写，每一项工作都反复修改打磨3至5次不等。每一次修改都兼具痛苦与迷茫，在一次次的洗礼后，我深刻意识到做课题的严谨性，也认识到做课题要有成果意识。

在短短1年的研究中，我没有被困难捆住手脚，而是以不服输的精神迎接一次次挑战，取得意想不到的成果。在开题阶段，没有学习SPSS统计学技能之前，我用EXCEL表格统计调查问卷，撰写的“蜊江中学学生体育课参与度的调研报告”获得全国第十三届科报会论文三等奖，研究中提交的微视频，得到总课题组的一致认可，获得一等奖，在省级期刊上发表了论文两篇。

（二）再次参加课题研究，对课题的认识再深入一步

2017年3月，工作室主持人吕兵文老师成功申报全国教育科学规划教育部重点课题“中小学体育教学质量监测机制的研究”，是我省仅有的3个中小学国家级课题项目之一。作为工作室成员，我倍加珍惜这次难得的机会。2018年11月，我作为主持人申报的子课题“初中足球技能监测指标体系的开发研究”，于2019年10月顺利通过答辩，成功结题。本课题研究的主要研究目标是制定符合初中各年级足球技能评价指标体系，实施技能评价管理，通过分析数据，找到影响因素，制定改进措施，提高学生足球技能水平，提高教育教学质量。

主持两次课题研究，我深刻认识到做课题不仅仅是大学教授的专利，我们

一线教师也可以做课题研究，教学实践中有很多未被开发的空白领域急需我们去探索、去研究。前人研究过的，我们还可以进行改进、创新，形成自己的研究成果，指导我们的教学实践。

听专家讲座，增加专业理论知识的储备；观摩优秀课例，品读授课教师的创课智慧；学习参与课题研究，养成问题意识，学会用课题研究来解决教学中的实际问题……这些难忘的培训学习，在我体育教学生涯的海洋中激起了层层涟漪。培训带给我的绝不止一些优秀学校和优秀教师的模范做法，它更有一种启迪性和延续性，将影响着我今后的生活和工作。今后，我会继续学习，博采众长，提升专业素养，做一位坚定于专业道路的行者。

鸟随鸾凤飞腾远

——记我的市体育名家工作室生涯

郝洪磊　威海市第七中学

时光如织，不知不觉中跟随威海市体育名家工作室的脚步已经走过了3年。回忆加入威海市体育名家工作室的这3年历程，作为工作室成员里年龄最小的一员，我在这个团队中迅速成长，感受到了这个集体带给我的丰厚收获与同行欢乐。

3年来，通过积极参加名家工作室组织的各种活动，我的专业知识和教学技能飞速提升。在与优秀前辈们的交流中，特别是每一次学习、磨课后的研讨，都使我受益匪浅。在这里进行的每次活动，总能使我这个年轻教师大开眼界，也总能让我感觉到自己需要学习的地方还有很多。现在，我看着厚厚笔记，回忆着和大家走过的点点滴滴，心里有不尽的伤感与难舍。这3年在大家帮助下打下的些许基础，只是一个开始，真心希望这个团队能继续保留下来，让我跟随大家发挥出更大的作用。

一、经历就是成长

初入工作室的经历，至今我都记忆犹新。那天，分管教学的戚校长找到我，让我准备参选体育学科威海市名家工作室成员。看完参选条件后，我的第一反应就是不可能：自己这么年轻，经验远远不足，全市这么多优秀体育教师中一共才选3个人，我差得太远了！

在领导的多番鼓励下，我抱着试试看的心态，最终还是认真填写了申请表。后来，得知区里把我推到市里参评，我既高兴又忐忑。

参评的日期最终定于2015年4月28日。4月23日至26日在荣成举行市排球比赛，4月27日至28日是区运动会，面试前的一周没有一天不是忙得焦头烂额。可是，连着的3个考验，每一个都很重要，怎么办？为了能顺利通过名家工作室的面试答辩，我只好见缝插针积极准备。谷校长见了我，也关切询问情况，并对我的面试稿给予了指导。27号晚上，我终于抽出了点时间修改稿子，可连续的奔波着实太累，撑不住又睡过去了。28号，满怀心事的我早早醒来，继续准备。支撑着我的想法只有一个：机会宝贵，既然是代表环翠区，代表威海七中参赛，我就得全力以赴！最终，我的表现博得了面试考官的认可，顺利通过了。

过程虽然辛苦，但是我得到的锻炼也是极大的。第一次经历这种专业答辩，每个用词的斟酌，每个语句的组合，我都反复修改，这对于精于实践、疏于写作的我而言，是巨大的挑战。也正是有了这样虔诚的修改，在面试环节我才得以更从容地面对各位考官。这件事让我明白了，专业的自信心是源于对专业的认真。这种经历也激励着我在以后的专业道路发展中获得更多动力去探索、去实践。

回想当时，如果没有戚校长的鼓励和谷校长的指导，我想我很可能不会成功。这也让我明白了，虽然年轻缺乏经验，但是只要肯努力，注意积累，成长成熟起来是水到渠成的事。在此，深深感谢七中给予我的成长平台，也感谢区领导和同事们对我的无私帮助，更感谢名师团队给予我参评过程的历练和提升，为我以后的成长开了个好头。

二、教学需要多方融合

在上海华师大听完美国密歇根大学陈蔚云教授的讲座后，我又观摩了她的实践教学。陈教授结合她在美国的教学经验，给我们作了一场朴实无华的理论与实践相结合的报告，她接地气的授课方式至今都给我留有深刻印象。

陈教授先后给我们展示了移动技术和基本体操的教学。面对一年级学生，她在课上融合了数学学科的加减法教学。蛙跳练习时，她让学生了解自己从起点到终点一共跳了几次及同伴又跳了几次，两人一共跳了几次或者两人相差几次。分析这种授课方式，我认为优点有三：第一，打破传统的体育教学模式，给现行的体育教学注入了创新的血液；第二，使得原本枯燥无味的跳跃练习，增加了趣味性，进而提高了积极性，这样更有利于学生进行终身体育学习；第三，在体育课堂中融合简单的数学加减法，既提高了本学科的技能水平，也促进学生对数学的兴趣。反思我的教学，虽然也融合过其他学科，但缺少理念的支撑，大多只是为了完成教学任务，最终也没有积累下这方面系统的教学方法。亡羊补牢，为时未晚。从那以后，在教学中我要求自己努力做到以下两点：一是敢于创新，尽可能多地把德育教育、数学、英语、信息技术等学科融入体育教学中，提高学生的学习效率；二是注重积累，利用课余时间积累好素材并把它记录下来，为以后上课打下良好的基础。

成功的教育从来都不是单打独斗，它需要多方合力。为了适应教育改革的新形势，汲取专家们的精华，我会更加努力，多方融合，将学习的新理念落实到课堂教学中，在实践中不断成长。

三、让“爱钻研”成为一种习惯

这是我跟随名家工作室去潍坊学习跳绳后的感触。2016年，学校调整体育教师的工作，让我接手跳绳队。刚开始接队时我踌躇满志，相信自己能够带出好成绩。但是，真正接手后才发现，这并不是一件易事。例如：单跳和双跳如何训练才能更快提高成绩；三分钟“8”字跳绳怎样训练才能更快通过；集体跳大绳怎么样站立才能相对合理不易出错……一系列的问题摆在面前。正当我不知所措时，接到了名家工作室的通知，说在潍坊有一个全国跳绳教练员的培训班。恰逢其时，这是多么好的机会啊！于是，我满怀欣喜地踏上这次学习之旅。到达目的地后，我得知本次培训的主讲人是白炎波老师。来自河南的白老师对跳绳有着10年研究，他带着学生多次参加全国、亚洲和世界跳绳锦标赛，并取得了优异成绩。他是一位对跳绳有着丰富执教经验的教师。通过倾听白老师的授课、讲解，并与他近距离探讨之后，有两点收获让我记忆深刻。

1. 跳绳是圆周运动，其快慢与圆周半径有关

我在训练的过程中也想到过跳绳速度快慢与绳长的关系，于是，让学生适当地缩减绳子长度。我听说中国的小学生岑小林1分钟能跳380次，可我接手的学生每分钟能过230次的都是凤毛麟角，对这样的数字我是想都不敢想。当白老师说通过弯曲膝盖，弯腰重心前移，还能更进一步减少圆周运动的半径时，我发觉自己钻研得还是太浅了，没有进行更深一步的研究，使得训练方法过于简单落后，通过这种方法训练的学生单跳成绩自然不会太好。

2. 一排横队，脚尖抵绳，控制好节奏才能从容应对跳大绳

跳大绳相对难练习，因为参与人数多且跳动节奏不易控制。在练习大绳的时候我试过两排一起跳；试过一路纵队面向一个方向侧对绳子站立跳动；还试过一路纵队，面向两个方面侧对绳子站立跳动，等等，但是成绩一直不理想。我一度想放弃这个项目，去抓其他项目。当我带着这些疑惑，在听课之余和白老师探讨交流时，他给我提供了一个方法：面朝绳子站成一排横队，脚尖抵在大绳上。这样做的好处有三：（1）不易打脚；（2）跟跳小绳相似，易练习；（3）坏掉时易更快调整。于是，我把这种练习方法带到了训练课上。在稍加练习之后，学生的跳动就达到了每分钟84次。除此之外，学生的信心也提升了许多，最后，我们拿到这个项目的区冠军。反思自己前段时间训练时走的弯路，不仅费时耗力不出成绩，而且还挫伤了学生的训练信心。感谢名师团队给予我和白老师接触的机会，才使得训练能够达到事半功倍的效果。

我从优秀教师身上明白了要想取得成功，就要养成一种爱钻研的习惯。不能安于现状，要善于学习和挖掘。只有不断坚持，才能在体育这条道路上走得更长、更远。

四、学会观察——向身边的人学习

记得刚毕业时，我对很多工作都不熟悉。怎么干、干到什么程度、如何保障结果，这些我都没有经验，对学校的一些规定也不能理解。工作上的压力加上内心认知的一些冲突，常常让人无所适从。无所适从时，有一个很好的办法

可以让自己快速找到方向，那就是“看”：看看人家都在干什么，怎么干的，然后想想为什么要这样干。从那时起，我便养成了向身边人学习的习惯。这次进入到体育名家工作室这个团队，对于我这种参加工作仅10年的年轻教师来说，更是一个新的开始，团队中每个人身上都有值得学习的地方。

学习吕老师的执着精神。在鲁大故事网上，用了四句话来描述吕老师是如何成为农村操场上“领跑者”的：专注教学，让学生感受体育的魅力；尝试改革，让学生从看台上走下来；沉醉教研，一位“论文能用麻袋装”的专家教师；网上论坛，引领一线教师积极成长。至今，我还清楚记得2015年7月跟随吕老师去华师大学习的情景。那是我第一次跟团队参加体育学科的国培，非常兴奋和激动。当天晚上，我们就展开了激烈的讨论，一直持续到了晚上12：30。讨论结束后，他还要求每人写出当天的反思，便于次日微信公众号推送。连续的几天培训中，每天皆是如此。后来我才知道，这种模式对吕老师来说是常态，作为草根论坛的社外编辑，每天晚上他都要坚持改稿到深夜。也许就是这种坚持，才使得他从一名普通体育教师走向“专家型”体育教师。

学习刘艳妮老师的顽强精神。刘老师3次参加山东省优质课评选并获得了很不错的奖次，还获得了“荣成市名师”“威海市教学能手”等荣誉称号。不说别的，单是每次省课，就需要教师认真打磨十几遍甚至几十遍，才能过关斩将冲进省里。没有不抛弃、不放弃的顽强精神和高超的专业技能，刘老师也不会有这样的成绩。所以，有这样的老大姐在前面做引领，作为年轻教师自然不能随便叫苦喊累。

学习尹耀、丛培胜、荣燕光的管理经验。2015年9月，我从体育组长变为团委书记。在团队中，除了体育专业，他们3人也给了我许多做管理工作的建议。

学习姜建明、刘新军、于文明的奉献精神。这3位老师都是学校的教研组长，在学校里除了上课还承担体育训练、档案准备、杂活处理等事务。姜老师更是凭借过硬的专业素质和无私奉献的精神通过了层层选拔，最后成为文登区体育教研员。

以上这些，是团队对我的影响。观察，让我从他们身上明白——优秀的团队可以让我们一起走得更远。

成功是有惯性的。人在成功的环境中一直努力、坚持、提升自我，尽己所能干好每一件事，就能获得成功。所以，无论现在的你是什么状态，一定要把成功拉向自己。我深深感谢市教育局给我提供了这样一个学习平台，也感谢吕老师和工作室的其他成员给予我的指导和帮助。我会珍惜这样的机会，在这个团队里继续成长并发挥自己更大的作用，为体育教育事业贡献自己的一份力量。

中外交流　促体育课堂教学改革创新

——威海市教育名家（初中体育）工作室培训感悟

姜建明　威海市文登区教育教学研究培训中心

2015年11月4日至11日，我作为威海市教育名家（初中体育）工作室成员，赴华东师范大学参加培训学习。短短一周的培训学习中，聆听全国知名体育界专家的报告，观摩来自美国体育教师执教的游戏与篮球课程，感受外教的人格魅力的同时，我也深深地被外教的敬业精神感动，思想及教学理念上受到了强烈的冲击。

一、中外体育教学的相同之处，以情景促兴趣

1. 学习兴趣是指对学生活动所具有的爱好和追求的心理倾向，有鲜明的感情色彩

浓厚的学习兴趣能调动学生的学习积极性，促使大脑处于高度兴奋状态，造就获取知识、探究未知的最佳心态，是促进学生主动参与学习的前提。

（1）情境教学法：创设一定的故事情境，学生在故事情境中扮演角色并体验技术动作，掌握技术动作，即玩中乐、玩中学、玩中提高。

（2）竞争法：设计一定的比赛活动，学生在激烈的比赛氛围中不断提高技术动作和身体素质。

（3）场地器材的设计：用设计精美的场地器材来激发学生的参与兴趣。

（4）游戏法：利用游戏本身的趣味性吸引学生积极参与。小学生爱好游戏，初中生也喜爱游戏，游戏是提高课堂兴奋性的手段。

（5）激励性语言法：在教学过程中发现学生的闪光点，运用激励性语言让

学生获得自尊与自信，从而乐于参与到活动中去。

分析1：来自美国的体育教师在课程准备部分，安排了“救助同伴”的集体性游戏。教师把全班分成4个小组，每个小组8人，准备了篮球8个，大垫子2个，设定了火山喷发的中心岛与安全区，每队学生需要集集体的智慧和力量，运用篮球和垫子等工具全员从中心岛到达安全区。这和我们的情境教学法基本一致，目的在于激发学生参与的兴趣。当时参与游戏的全部是参加培训的教师，从游戏中可以看出每位教师都积极参与其中，小组成员互相出谋划策，不断讨论与尝试游戏方法。最后，经过团队的共同努力4个小组全部完成游戏，获得了成功。虽然不同小组所用时间有多有少，但是，外教给出的评价全部是大拇指。

分析2：课中所有身体活动都存在竞争。对于最先完成的小组进行奖励，对于完成落后的小组进行运动性惩罚（素质练习）。11月的上海天气虽然不算太冷，但大部分学员都是穿着秋裤和保暖衣来上课的。在练习中，全体成员都卸掉多余的衣服，轻装上阵。可以看出，外教的竞争法教学，让学员全身心投入，有效提升课堂运动负荷。

分析3：一节篮球课，外教设计场地不少于5种。从开始部分的游戏“救助同伴”到准备部分的球类游戏，再到基本部分的用运球的轨迹来拼写自己的名字、沿篮球场标识线运球、运球通过不同的障碍物、跟随领头人练习等，教师设计的场地多却不杂，场地变换、练习内容的变换等顺理成章，并没有因为队形的调动耽误过多的练习时间。

分析4：游戏法。一节课中，教师设计了3个分组团队游戏、2个双人合作游戏和多个单人游戏。这些游戏都是在运球和玩球的情况下进行的，不但让参与者玩得高兴，而且提高了运球能力。

分析5：激励性语言。虽然我们听不懂美国教师的语言，但是，可以看到教师丰富的表情和夸张的肢体动作。外教在授课过程中，总是在激励学生挑战自我，挑战不同难度的活动。

2. 练习密度高低是衡量体育课效果的重要标志，教学参考书中明确指出学生的练习密度应控制在35%~45%

2015年10月29日，我区体育名师团队主持《中国学校体育》杂志草根争鸣论坛总第80期“如何合理调控学生的练习密度”的研讨活动，经过实践与研讨，我们发现很多体育课的练习密度只能达到20%~30%，很难突破40%。外教则通过不断变化的练习内容、少分组（全班同学共同练习）、降低讲解示范队形调动时间等，提高练习密度，因此身体锻炼的效果特别好。

二、中外体育教学的不同

1. 重视团队建设，以团队促创新

利用团体协作的游戏，提高学生彼此的信任程度，有利于课堂教学顺利进行。热身环节中，外教给学生安排好场地器材，要求8人一组完成团队协作的游戏。游戏具有较高难度，但是，各组通过团队合作、不断尝试，最终都取得了成功。在游戏过程中，教师只监督违规的情况，绝对不参与学生的活动，让学生自主发挥团队的力量和智慧，最终完成游戏。没有胜负，淡化名次，只强调成功，学生体验的是成功的愉悦感。

2. 通过各种方式的玩球，提高学生对篮球的掌控能力，为后面的行进间运球做好准备

课程中有些玩法和我们平日的教学一样，但更多的是尝试新的方法，挑战新的玩法，让人应接不暇。玩球谁都会玩，我们篮球运球课，一节课能尝试五六种运球方法就非常不错了。外教则不同，十几种花样的变换，让大家在不断的改变和尝试中激发兴趣，积极练习。

3. 不单纯地教授单个技术动作，把技术动作融合到与比赛有关的活动中

首先，降低标准，让学生不断尝试各种运球活动，有了成功的体验之后逐渐提高要求与活动难度，让学生通过不断地挑战自我，通过自身的努力，获得成功的体验。篮球技术动作服务于比赛，运球是传球也是。外教采用两个人配合、4个人配合、4个小组配合的活动方式，使运球和传球、运球和抛接等技术动作能不间断变换，效果特别好。

4. 课堂上注重学生身体素质的提高

手段、花样繁多，包含上肢、下肢、腰腹肌、背肌、小肌肉群的练习，通

过各种技术动作的融合，替代单个技术动作的练习。反观我们的单一素质练习，既没有趣味性，又没有创新性，学生的参与兴趣必然缺乏，也会导致练习效率低下。

5. 美国体育教师的原则是，一定要让学生感受到教师是真心关心他们，真心爱他们的

美国的体育教师非常热爱自己的职业，时刻以此为荣，这种极高的职业素养是我们广大体育教师应该学习的。

三、对课堂教学和教育教研的优化和改进

1. 抓紧课堂规范，促进课堂教学实效性

落实好课堂常规，才能有效提高教学质量。规范的课堂教学是实现教学目标、完成教学任务的主要途径。

（1）明确课堂教学各环节。完整课堂教学分四部分：开始、准备、基本、结束，详细制定各环节的目标要求，清晰地完成各部分任务。

（2）坚持课堂教学课课练。将队列练习和素质练习这两个课课练融入课堂环节中，每节课设计相应的时间段进行学练。队列课课练以3~5分钟，素质课课练以10分钟为宜。前者是为了加强学生良好行为习惯和集体荣誉感的养成；后者是为了促进学生身体素质的提高。然而，针对素质课课练的枯燥性，我区不断在向趣味性、多样性、高强度等方面发展，真正达成该阶段目标。

（3）倡导课堂教学分段教。在课堂教学中，教师应根据不同水平段学生的心理发展特征采用不同的教学手段，实现分段教学。即小学阶段实施“四化”教学：语言儿童化、组织趣味化、手段形象化、评价人文化；中学阶段实施体能分组教学，根据学生的不同体能水平进行合理分组，设置不同的目标，采用不同的教学手段，让不同层次的学生都能体验到运动的成就感。

规范的课堂教学，能充分发挥学生的主体地位，促使教师组织、启发、引导学生在各个环节中主动探究学习。在实践过程中，通过生动情景的设置，多样手段的运用，激发学生的求知欲和运动兴趣，学生从观察——实践——思

考——发现——学习等步骤，一步步探索出技能要领，最终掌握正确的运动技能。

2. 抓实“三级”教研活动，提升教师教科研综合性

以区研讨主题为背景，以学校研讨为基础，以伙伴校教研为抓手，开展接力式课例教研活动。活动中，后一名教师根据前一名教师上课后的研讨情况，修改完善形成自己新的备课后，再进行课堂展示。以此类推，直至最后一位老师。在研、评、改、上的接力教研中，大家群策群力，有效地渗透大密度、大强度等理念，促进教师的个性化发展，最终呈现实效强、趣味强的精品课例，全面提升教师教学科研水平，更好地服务于课堂教学。

3. 打造名师引领，增强教师成长专业性

成立体育名家工作室，以教研员领衔，省地区级体育名师为核心，制订相关的方案、计划、职责等规定，充分发挥名师的辐射带动作用，加速名师成长队伍建设。

（1）深入开展教学研究

为增强教师的专业成长，结合教学实际，工作室成员要求每年每人一节校级公开课，一节区级展示课、研讨课或优质课。在加强教学交流研究的同时，探索课堂改革的新视点、新理念、新方针，以课例或学术讲座形式，向全区中小学体育教师传播，达到资源共享、认识提升、共同发展的目标。

（2）点面结合辐射带动

以名师所在学校为切入点，先在本教研组进行有针对性的课题研究和教研活动，再从其他学校筛选、培养有思想的对象，制订相应计划，进行有重点、有方向的跟踪指导。同时，借助网络教研平台，名师每年组织2个教研主题，组织团队主持一次全国的“草根论坛”研讨活动，积极撰写总结反思，争取每年发表文章总数达到10人次以上。

博采　吸纳　践行

——威海教育名家（初中体育工作室）进修培训心得

刘新军　威海市文登区实验中学

2015年，我有幸加入威海市体育名家工作室，借助这个平台，我站在了更高的起点上。随着名家工作室的启动，我也走上了专业发展的快车道。3年来，工作室通过走出去、请进来以及利用网络进行学习。每一次专家的报告都能带给我们全新的教育理念，与全国各地的、优秀的工作室的名师、大咖面对面地交流，分享彼此在自己的那片小天地里摸爬滚打的经验和反思，每一次都是一场营养丰富、囊括了大江南北不同口味的饕餮大餐。

一、走近中外教育名家——打开窗子看世界

1. 根据《威海教育名家工作室建设方案》实施规划，2015年7月，威海市初中体育教育名家工作室组织工作室成员赴上海研修

首先，我们听取了来自芬兰韦斯屈莱大学华人教授程蜀琳作的“运动与青少年体质健康”讲座。程教授以大量的数据、图表呈现了青春期体质发展规律、青春期运动对体质发展的影响、国内外中小学生体质锻炼现状的比较、芬兰政府对学生运动促进体质健康的举措、提高青少年体质的建议等方面的研究成果，具有很强的借鉴作用。

华师大体育与健康学院院长汪晓赞教授作了“课堂教学设计与组织——运动教育模型在足球教学中的应用”的专题讲座。汪教授所传递的对于开放性的运动技能必须在运动中来教的观点，较为详尽地介绍了运动教育模型在足球运动教学中的应用，归纳了国外课程教学改革和教学实践的共同经验，并提出了

运动教育模型下的足球学习的目标：有足球运动能力，懂足球运动文化，热衷足球运动。

来自美国密歇根大学的华人教授陈蔚云是本次培训的主讲教授。在“体育教学设计和操作性技巧”培训内容中，让我们看到了美国式的“什么是最优质的教学”的标准；针对如何依据课堂任务来制订教法、管理课堂、指导教学三大方面进行评价；教学设计的内容需要考虑三大类基本技术（操控技术、位移技术、非位移技术）的独特分类方式；怎样在“三任务”（拓展、优化、应用）的视角下进行微型课程的教学设计与实践操作；美国式的《操作性指导教学的课程计划》《设计单元计划》《课时计划的评价准则》《微型教学的评价准则》简介等。

对一线老师来说，3位教授的讲座内容是新鲜的、有冲击力的，给了我们很多新的视角和思考。

再次来到华师大参加国培是在2015年11月。我们在华师大附属小学紫竹小学体育馆参加了来自美国的Rauschenbach教授和Swartz教授的“Fitness activities and cooperative challenge”实践课的学习。两位外教给大家介绍了实践课的实施方法及策略，让我感受到体育课实施的精妙所在。在每个教学设计环节中，外教基本上都自创出简单实用的体育器材，提高学生的运动兴趣，为解决课堂教学重难点提供了很大帮助。在活动中，一旦学生完成不了某个教学环节目标，他们不会批评指导或视而不见，而是会通过降低学生运动项目标准，由易到难地让学生体验成功，感受体育运动的快感。另外，美国的体育教师在课堂上一定要让学生感受到教师是真心关心他们，真心爱他们的。美国的体育教师是喜欢自己的职业的，时刻以自己的职业为荣。这种极高职业素养是我们广大体育教师应该学习的，也是令我感受最为深刻的地方。

2. 2017年7月6日，我如约参加了全国体育优秀课堂展示活动

7月7日，按照大会安排，以“同课异构”的形式展示3节课。我们观摩了初中学段横箱分腿腾跃课。这3节初中指定教材中的分腿腾跃教学片段课，分别由来自新疆乌鲁木齐的129中学的安长云老师、成都市铁路中学的连文杰老师和广州市潮州饶平县教研室的陈文炜老师执教，让我们接触到最前沿的教育理念，

领略不同地域、不同风格的体育名师的风采。

（1）风格迥异，不一样的精彩。3节课分别由3个省份的教师执教，体现了不同地域的文化的渗透。他们的展示就如同“斗舞”一般，虽然套路和动作是一样的，但风格迥异，展示了不同的执教风格和对教材的把握。

第一个上场的是来自新疆的安长云老师。他很年轻，展现出年轻人的潇洒飘逸，教态潇洒，示范动作也潇洒，有很强的亲和力，学生参与度很高。练习中，安老师把自我评价标准巧妙地放在垫子下，学生按照标准自行分成优秀组、良好组、合格组和待提高组，避免了老师的“武断”，从而实现了学生能力分组的“无痕”，很好地保护了部分孩子的自尊心。

第二个上场的是来自四川成都的连文杰老师，他是地道的内蒙古人。他的授课风格也透着内蒙古人的沉稳和实在。也许自小在内蒙古长大，血液里浸润着独有的地域文化，他在课上与这些鄂尔多斯的孩子十分亲近，互动无障碍，根本看不出借班上课的陌生感。在循序渐进的学练设计中，他能耐心引导，很好地消除了学生对器械的恐惧感，与孩子们一起学习、游戏，课堂效率很高，很好地达成了教学目标。

第三个上场的是来自广东的黄玉龙老师，他是一所中学的副校长。令我感到震撼的是，已经50多岁的黄老师不仅课上得精彩，自己也活力四射。与他相比，我自愧不如。就如同他说的一样，能够保持这样的状态源自对这一职业的热爱，爱身边活泼跳跃的学生。在黄老师的课堂上渗透更多的是“爱”，他关注每个孩子的发展。课上，他总是用大嗓门不停地激励孩子们大胆练习，对做得不好、不敢跳的学生没有一味批评，而是摸摸头，鼓励他们勇敢挑战自己。学习中，他对孩子们的德育无处不在，总是能抓住课堂上即时生成的“素材”适时渗透。在黄老师的课上，我领略了大师驾驭课堂的风采。

（2）安全预防，细中又细。体操项目中，支撑跳跃属于复杂的技能，具有危险性，很多学校望而却步。今天，这3节课给我们展示了如何做好预防，如何做好练习中的保护与帮助。特别是第二节课，来自四川成都的连文杰老师甚至把体操教学中的保护与帮助做成了最大亮点。他把体操教学中的保护与帮助，总结为四大元素——站位、手法、力度、时机，这里最大的难点是时机。连老师在学习的不同阶段，分别展示了不同的保护与帮助的方法和站位，给现场观摩的老师很大的启发。课后，来自天津的老教授白处长也对此给予高度评价，同时，指出了我们平时上课在保护与帮助方面存在的弊端。这一点，正是我们在教授危险性项目时的短板。教师的关注点总是在学习方法的设计、教学流程的设计上，忽视了安全措施周密设计以及安全事故预案，总是把保护与帮助作为一个常规的、人云亦云的环节，对站在哪儿、手扶哪儿、什么时机进行保护与帮助最有帮助作用、保护作用，却缺少太多的思考。

三节展示课也存在着很多值得商榷的地方，如：练习密度太小、运动负荷不足、身体素质练习力度不够等问题。至此，我想谈谈以下几点思考：

第一，初中学段的技能教学越来越受到重视，特别是复杂的、具有一定危险性的技能教学。由于技能的复杂，练习中学生会出现很多问题。老师需要讲的很多，有时也需要叫停学生的练习，再示范、讲解，这样会不断地打断学生的练习，大大减少学生的练习时间，以至于密度很低。而现在最前沿的理念要求体育课要大密度适宜运动负荷，甚至要求学生练习密度在50%以上。因此，如何处理复杂的技能教学与练习密度的矛盾，是我们在教学中应该思考的问题。

第二，展示课都有素质练习，也就是我们所说的课课练，对发展学生的身体素质有很大的帮助。在这几节课中有的很有实效，有的只是走过场。在实践课中，我们应该如何练习、以怎样的形式练习、设计什么内容进行练习，是我们应该研究的课题。

二、回归课堂——破旧立新

“我们应该成为怎样的老师？”“什么人才能够做人师？为人师表，必须具备这样的条件，即‘智如泉涌行可以为表仪者’。这就是做人师与做教书匠的区别，对孩子不仅是言教，更重要的是身教，身教重于言传。因为我们的教育力量，只能从教师活的人格当中来，这是特殊的教育力量！”著名的教育专家于漪老师说过这样一段话，我反思后，不禁羞愧难当。

1. 认识自己，重新在工作中成长

很好地了解自己，就是在了解自己长处的同时，也了解自己的弱点。“以铜为镜可以正衣冠，以史为镜可以知兴替”，要想认清并了解自己，首先得正视自己，摆正心态，把自己的缺点当作成长的基石，让缺点成为成长的内驱力。

理性的自我开发是有作用的，毫不忌讳地完整地记录自己的一切，其中包括在课堂教学内外的长处、缺点、经验、能力、人际关系，等等，然后通过冷静分析，对自己作出全面观察，一定能重新发现自己并找到开发的方向。

坚持把自己的课堂录制下来，观察自己的课堂表现。这样自己的课堂表现、学生的学习情况、学习方法设计等优劣一目了然。这种方法直观而深刻，能让你快速地认清自己的短处和长处。

2. 主动学习，是成长的动力

向同事学习，碰撞火花和灵感。要真正产生高效益的教学效果，就必须依靠集体的智慧。教研组是学习的重要途径，每次研讨、集体备课，都要积极参与其中，在自己独立思考的基础上，汲取备课组同事的智慧。认真分析，对照自我，主动吸收成功之处，反思欠缺，提出建设性意见。

向名家学习，启迪思考。工作室成员个个都是业界精英，应常常研读他们，关注其成长的心路历程。大凡名师，都具有闪光的个性。名师个性之所以闪光，首先在于他们有自己不懈的追求，形成了促进自我成长、自我超越的动力。大凡名师，都涌动着成长的激情，有一股“咬定青山不放松”的韧劲，用满怀的激情不断地感动自己、感动学生、感动他人。大凡名师，都是勤奋读书的典范。大凡名师，都非常注重反思实践。

向经典学习，提升文化内涵。要想成就自己，应以谦虚的心态不断加强自我修养，而读书是一条重要途径。加强个人专业素质成长，可以根据自己的情况制订读书计划，从教育教学专业书籍和经典文学名著书籍开始阅读，积极征订教育教学杂志，购买教育专著，不断充实、更新自己的专业知识，领悟课堂教学的真谛，提高自己的教学水平，提高自己的体育内涵与文化素养。

3. 回归课堂——经营好自己的“自留地”

实践教学能力是一个优秀教师必须具备的重要条件，重视课堂教学实践是提高教师教育教学水平的重要途径。反思自己20多年的教学过程，对课堂教学的研究是越来越少了，越来越坐不住冷板凳，沉不下心来静静地研究教材，认真地研究教学方法，也很少去思考学生需要什么，只是凭着已有的些许经验在教。

（1）认真备课，提高钻研教材的能力。加强课堂研讨，磨炼教学技艺。在独立钻研教材、个性解读文本的基础上，认真上课，凸显自身教学风格。要求自己教研组的同事来听课，听取他们的意见，及时反思更正。同时，自己也积极参与其他老师的课堂教学活动，认真做好课堂观察记录，从其他教师的课堂教学行为过程中汲取营养，养成良好的课堂观察能力，提高自己的课堂教学水平。

（2）专业成长反思“行动学习”“行动研究”。教师的专业成长离不开理论的学习和最前沿理念的吸纳，但是作为一线教师，“行动学习”“行动研究”是专业发展快速提高的有效途径。在教学行动中，在课堂的行动研究中，实施自我反思、同伴互助、专业引领。

①“教学反思”是最好的行动研究的开始。自我反思能促进教师研究意识的内化，使教师的学习和研究向深度推进。体育教师对反思有抵触情绪，实际上反思没有什么高大上，就是按照教学进程，对课前（对教材的理解、教学目标的制定、学练方法的设计等）、课中（场地的布置、学生的组织、学练活动的推进、突发事件的处理等）、课后（负荷和密度的控制、目标达成度等）的一些细节进行反思。实际上，这些反思活动每位老师在实施教学活动时都自然而然地进行过若干次。如：某一个游戏的规则不完善，学生有漏洞可钻，此时一般是老师经过积极思考后立马叫停，进行规则的完善。这种积极的思考，就是在分析原因、寻找对策，就是一种反思的行为。这种反思记录下来，进一步提炼提升就会对日后的教学产生积极的影响。

②“有效课堂”反思“破旧立新”。体育课程改革推行了10多年，总感觉大家对于“创新”津津乐道，对于“传统”却犹抱琵琶半遮面。我想，中国学校体育教学历经了近1个世纪的演变和发展，广大一线教师在教学实践中摸索出来的行之有效的教学方法，理当继承并适时使用。脱离了继承的创新无异于无

源之水、无本之木。汪晓赞教授曾经也指出，教学模式本身没有什么优劣之分，适合教材、适合学生，能够使目标达成和学生的发展最大化就是好的教学模式。因此，我们在实践中不轻易“破旧”，也要慎重“立新”，应该做到以下几点：

当规范处要规范。为了保证教学活动有效进行，课堂需要有纪律、有秩序、有规则。一个吵吵闹闹、秩序混乱的课堂，很难保证教学目标的达成，很难保证不出现安全事故。因此，体育课要有严格的课堂常规，要进行队列队形的练习，让学生养成一个良好的集合、站队、行走的好习惯。凡是课堂学练活动都要制定活动规则、奖惩制度，甚至学生练习往返的路线都要有清晰的规定。我们可以根据学生的心理特点和年龄特点，采取条件反射的对策，在课堂中反复操练，形成条件反射，在教学活动中适当运用，以唤起学生的注意，能收到良好的效果。

需开放处则开放。体育课堂是一个开放的课堂，给学生一个开放的环境，孩子才能够更好地学习和游戏；给学生一个自由的环境，学生才会有更多的创新空间。这就是学生喜欢体育活动却不喜欢体育课的重要原因。

让孩子大胆交流。开放的环境、开放的问题能有效地激发学生的求知欲，拓展学生的创新思维，让学生由过去的机械接受向主动探索发展。学生之间的交流更顺畅，交流的指向更准确。

让孩子大胆合作。课堂上尽可能地把时间让给学生，制造更多的“身体练习”时间，让他们能够充分展现自己，由个人学习变合作探究。在合作学习中，集思广益，把所有能用得上的辅助器材都利用起来，进行讨论、争论，达到掌握知识、技能的目的。

3年时间，不长也不短。中外名家与名师的言传身教，仿佛给我打开了一扇窗子，让我看到了外面的世界，让我目睹了体育教育界巨人的风采，让我领略了各具特色的精彩纷呈的超前教育思想，让我触摸到了更多更前沿的先进教育理念，比原来站得更高、看得更远了。但我也深深觉得，如果仅仅停留在学习、感受上，没有内化、深耕于自己的课堂，就失去了一切的美好，也丢掉了加入工作室的初衷。

培训蓄能　力学笃行

——威海市教育名家（初中体育）工作室培训有感

荣燕光　威海市文登区天福山中学

为了与全国先进教学理念与实践接轨，工作室通过走出去学习，积蓄教学技能。结合实践教学进行创造性的开发课例，提升了区域内的教学水平。在这个过程中，我感受和品味到了许多芳香，收获颇丰。

一、破万卷书，行万里路；坚定信念，铸就名师

“读书破万卷，方能行万里路。”以前对这句话，我已有深刻体会，但通过在江西省《教师博览》杂志社举办的全国中小学名家工作室联盟首届名师论坛，我对此又有了新的认识，并找到了那个属于我的“书中黄金屋”。本次论坛邀请了著名学者、北京师范大学教育学教授、博导肖川教授，著名学者、南昌师范学院教育学院院长、教授叶存洪等到会指导，来自全国各地的名家工作室朋友积极参与，可谓教育名师齐聚一堂，共同探讨课程改革及教学研究，交流心得，解析困惑，寻找路径，为今后的工作指引了方向。

（一）读书亲近真理，启迪智慧，润泽生命

培训中著名学者、北京师范大学教育学院肖川教授就教育的方向与方法作了翔实生动的报告。他指出教育是“好教育服务于好人生、好社会”，这就要求教育者要历练自己，端正态度，丰富知识储存量，潜心育人，成为学生幸福人生的创造者，让学生享受求学的愉悦过程，教育学生分享好的经验，使我们的学生能够乐学、好学，学有主动性，能够享受劳动的美好。教师要有服务于社会的意识，爱生如子，敢担当，有责任感，有职业幸福感，对待教育要情有独

钟。他用了清代文学家张潮在《幽梦影》一书中的经典名句："花不可无蝶，山不可无泉，石不可无苔，水不可无藻，乔木不可无藤萝，人不可无癖。"诠释要热爱教育，教育就是要教育出好学生才完美。其次，教师要有"读万卷书，行万里路"的意识，教育学生要有渊博的专业知识且见多识广，不可以像"井蛙不可语海，夏虫不可语冰"。教师是在学生心灵深处耕耘的人，是学生生命中的摆渡人，就应该亲近真理，用智慧启迪智慧，用爱心润泽生命。

（二）坚定的信念，执着的梦想，铺筑名师路

在众多的名家交流中，使我感受颇深的是，他们的成功不是一蹴而就，而是用坚定的信念与执着的梦想铺筑了他们的名师路。他们潜心教学改革，用科学的理论基础，支撑起教育改革的一片新天地。威海体育教育名家工作室主持人吕兵文老师，用从教30多年的教育经历诠释了自己的教育人生。他从课后教学反思的随笔到草根论坛争鸣的引导，让全国的体育教师参与到体育教学改革的大潮中。他从乡村的一名普通体育教师到威海市体育名师，无不流露出对教育的热爱和执着。他经历了一次次失败，却越挫越勇，用他自己的话说就是"只要路在脚下，就不会停歇"。浙江省杭州市安吉路实验学校语文工作室主持人刘发建老师，从10年前的一节公开课"我的伯父鲁迅先生"到后来的一本教学专著《亲近鲁迅》，再到国内第一本《小学生鲁迅读本》，又到一套10本的《名家文学读本》，最后到今天的"名家经典阅读周"。10年的坚定信念，10年的语文课改实践之路，使他走上了一条执着的语文教学改革的正道。用他的话来说就是要用"人类文明和民族文明最好的精神食粮来滋养我们的孩子，为他们的终身精神成长和学习打底"。

二、课程培训如沐春风，润育学科核心素养

有了理论的积淀，课程的培训和实践是对我们的一个巨大挑战。我在课程培训中如沐春风，一次又一次的头脑风暴洗礼着我，使我对课堂教学有了新的认识。回想专业化课程的培训，现在还让我有余音绕梁的回味和醍醐灌顶的顿悟。

（一）顿悟：体育教学中的“德”与“动”

学校教育是面向人的发展的教育，而德育在发展阶段的地位尤为重要。体育学科具有得天独厚的条件渗透德育，体育活动中学生所表现出来的信念、情感、意志品质都是教师很好实施德育教育的重要途径。但在实践教学中，教师往往会出现偏重就轻的现象，如何平衡“德”与“动”的关系，让学生在体育课中既得到锻炼，又有德育发展呢？综观3位授课教师的课堂观察使我茅塞顿开。

首先，3位教师的共同点，都是在小组合作的基础上提高学生学练，学生在交往中互通感情，学会尊重，互帮互助，为完成教师制定的一个目标共同努力，如此不放弃、不抛弃的精神促进了教学目标的达成。例如：王竹平老师的“斜向助跑直角腾跃”课程教学活动中，利用小组的循环保护帮助、互相纠错、分层改进等环节教学，不仅提高了练习密度，增强了体能，还在学生中渗透了“我为人人，人人为我”的服务意识。

其次，教师课堂要全面掌控学生动态，发现问题及时协调解决，掌握原则，集体问题“面”上说，个人问题“点”上提，确保“德”与“动”的实效性。如：杭州东城实验学校莫豪庆老师“篮球：单手肩上投篮”一课中，游戏比赛时很多同学没有按照老师的预设要求练习，出现违规现象，教师即刻叫停，进行规范教育，引导同学遵守游戏规则，保障了课堂学练顺利开展。在课堂中个别学生出现的调皮行为，莫老师也不会放过，及时跑步过去提醒教育，规范练习行为。

（二）思考：体育学科的核心素养

现代教育发展模式要求我们从以学科知识技能为核心的传统课程模式转向以个人发展和终身学习为主的核心素养模式，反映了教育的追求是以“全面发展的人”为核心。只有找到适合学生发展的核心素养，才能在给学生打下坚实知识技能基础的同时，又为学生留有足够的发展空间。经过专家的讲座，我认识到体育学科的核心素养是从运动能力、健康行为、体育品德三方面入手。学生在体育课的学习体验过程中，获得运动技能、体育知识和运动方法的同时体验到运动乐趣，促进了运动行为，使学生自觉参与到运动中来，形成终身体育观念，也通过体育运动拥有体育活动朋友圈，促进了人际交往，还可以调节学生心理状态，促进学生社会适应能力。那么，对于如何根据初中阶段学生的年龄特点，建立适宜学生生理、心理特点的体育核心素养，我产生了许多思考。首先，观察初中阶段学生的生理、心理特点：此阶段学生生理正处在身体发育的第二高峰期，控制和调节能力明显增强；心理方面，初中生的观察、记忆、逻辑思维等能力进一步发展，他们能够在观察中注意到事物的细微处，能够较长时间地专注做一件事物，具备了一定的逻辑推理的能力和抽象地表达事物本质特征的能力，但兴奋性较高，稳定性较差。他们在各种活动中想到的是如何完成近期目标和任务，不考虑完成任务的意义。他们非常在乎同伴的看法和评价。

综上所述，初中阶段的核心素养个人认为：运动能力方面，从学生学习多样的运动技能中掌握基本的运动规律和概念，找出适合自己发展的运动项目，并从中提高，增强体能；健康行为方面，通过学习体育运动知识，了解比赛规则和运动方法，使其有兴趣去体验运动的乐趣，并能够创新、开发小项目的运动规则，让学生自觉投入课后的锻炼中；体育品德方面，通过小组的合作、集体游戏、竞赛、同学间的评价等，达到合作共赢的目的，不因个人的能力为傲，以集体成功为荣，调节和控制心理状态，培养学生团队合作、勇敢担当、自强不息、服务社会等优秀体育品质。

三、课题培训引领课题研究思路与方法，探究实践体育课堂教学

党的十八届三中全会指出：要强化体育课和课外体育锻炼，促进青少年身心健康、体魄强健。这是历史赋予我们体育教育工作者的使命。为了深入课题研究，威海市教育名家（初中体育）工作室聘请华师大体育与健康学院汪晓赞教授为工作室顾问，工作室在汪教授的带领下开展了多次课题培训。工作室各成员结合华东师范大学体育与健康学院主持的国家社科基金（教育学）重点项目“聚焦深化教育领域综合改革的青少年体育问题及对策的研究”（项目编号：

ALA150010）开展了子课题的研究，边研究边实践，使我吸收了课题研究的思路和方法，对课题研究有了一定的脉络认识，课题培训、实践中让我感受最深的有如下几点：

（一）用理论支撑

首次参与华师大组织的课题研究培训，一种自豪感油然而生，因为以往的课题多停留在局部区域内，总是摸着石头过河，缺少理论的引领和方向性。有了华师大专业研究学院的指导和培训，令我们课题组信心大增，在一次次的理论培训中也得以验证。培训中总课题组从开始的研究方案的制订、实验对象的选取、实验干预、数据收集分析、结题报告的叙写，等等，都给了我们强大的理论支撑，让我们受益颇多。我们感受到课题研究不是简单的实验，不是用眼观察，它需要理论基础，需要科学真实的分析、甄别。

（二）用数据说话

课题研究中，在华师大课题组的培训指导下，我们采用实验研究的方法。通过设置实验组和对照组，经过一学年利用信息技术教学的体育课堂对比，结合实验前和实验后数据分析，研究信息技术在体育课中促进技能教学，提高学生运动参与水平，这是在以往的课题研究中没有过的。这得益于华师大总课题组悉心的指导与培训，从开始的前测数据、后测数据收集，到数据软件的使用等，都倾注了总课题组的大量心血。他们告诉我们课题研究要科学准确、生动形象地表达研究成果，提高说服力和可信度，应减少不必要的文字叙述，需要用数据说话才能铿锵有力。

培训活动让我念着，想着，品味着，乐此不疲，充实了头脑，增长了才智；让我深刻地懂得了我们要不断思考，不断反思，不断进步，要立足于学生，要致力于体育教学改革，让体育运动越来越精彩。

领略多样教学风格　习得有效教学真谛

于文明　威海市文登区三里河中学

一、直面特级教师教学风采，分享初中体育教学多样化理念

2016年11月6日，我们威海初中体育教育名家工作室一行应邀参加了长三角地区中小学体育特级教师教学研讨培训会。本次活动以探讨体育核心素养为主题，以特级教师展示课堂教学活动为载体，以与会者经历教育思想风暴洗礼为目的。为期两天的活动内容丰富，节奏紧凑，收获颇多。其中，江苏特级教师王竹平执教的“斜向助跑直角腾跃”一课很好地体现了“初中体育教学多样化”的理念，课堂很精彩，学生很高兴，听者有收获。

（一）教学内容和日常生活相联系，体现体育学科社会适应性的多样化

在课的导入阶段，王老师提问：“我们在生活中前行的路上遇到障碍，怎样越过？”学生略加思考马上回答：“跳过去，跨过去，钻过去，爬过去。”王老师提问：“还有没有？”在学生疑惑和思考时，王老师提示道：“还有一种方法，可以支撑我们跳过去，这节课我们就学习它。”这一下子把学习内容和日常生活联系起来，激发学生的好奇心和探索欲望，为整节课做了一个很好的铺垫。

（二）所教技能和已学技能巧妙迁移，融会贯通，体现一种技能在教学中广泛运用的多样化

斜向助跑直角腾跃动作融合了斜向助跑、撑跳结合等要素，对初中生来说动作陌生，难度较大，一般老师执教起来有无从下手的感觉。在技能学习的开始环节，王老师让学生练习跨越式跳高过橡皮筋动作，让人一下子有豁然开朗、茅塞顿开的感觉。跨越式跳高和斜向助跑直角腾跃动作的共同点是“斜向助跑

和跳跃”，王老师巧妙地抓住动作的共同点，利用动作迁移原理，把复杂问题简单化，学习起来事半功倍。

（三）场地器材简单高效，一物多用，体现了场地器材合理搭配运用的多样化

经常看见有些老师为一节体育公开课准备的器材种类数量繁多，一卡车装得满满的，脱离了常规体育教学的实际情况，观摩学习价值不大。反观本节课，只有4个跳箱和踏跳板、4根皮筋、两个立柱和4个塑料托盘，都是体育课常用的简单器材。王老师像魔术师一样将这些器材合理开发，巧妙搭配，起到了意想不到的助学作用。拉直的橡皮筋逐步变高，让学生腾空的高度随之增高；拉直的橡皮筋逐步变宽，让学生跳跃的腾空时间随之增长；在跳箱上随手放一个塑料托盘，让学生腾空的高度随之更高；学生练习一次，不准返回，跑到对面场地依次练习，解决了腾跃时容易在空中向后转体问题；将橡皮筋通过一根立柱与两个跳箱连成一条直线，学生在不用变换场地和重置器材的情况下，既练习了起引导作用的跨越式跳高动作，又练习了单手和双手的支撑腾跃，将跳箱和橡皮筋的结合运用发挥到了极致，构思巧妙，简约而不简单。整节课看不到频繁的队形调动和场地变化，达到了时间利用的最优化。

（四）体能练习以体能和兴趣相结合，体现了课课练练习方式的多样化

在常用的课课练方式上，我们一般都注重怎样提高体能，而忽视了学生的参与兴趣，所以，很多学生提起课课练就谈虎色变。而王老师第一个练习采取了一组两个学生双腿互相交叉，协助同做仰卧起坐，在每人做完3个后，用“剪刀、石头、布”分胜负，负者多做2个。这样，负者不服气，迅速做完，期待下一次胜出。课课练从谈虎色变，变成了人人争相参与。

面对简单的器材、难度很大的技能学习、借班上课的学生，王老师还能将课上到这种水平，无愧于特级教师的称号。

二、观摩各种课堂教学质量监测方式，领悟课堂质量监测模式

2017年10月，全国教育科学“十三五”教育部重点课题报告会在山东省威海市文登区葛家小学举行。在课堂展示环节中，有幸听了3位小学教师的课。3位教师围绕实施课堂教学质量监测机制，以啦啦操、武术、篮球为突破口，为我们一线教师展示了不同课型课堂教学质量监测策略，值得借鉴和学习。

第一节课是威海市码头小学鞠颖玺老师的啦啦操课。在准备部分的游戏环节，鞠老师采用“人体字母”的表现形式。音乐一停，老师喊字母，学生一人或两人按要求组成肢体字母形状，方法紧扣教学内容，形式新颖，气氛热烈，学生参与性很高。在基本部分，教师深挖教材，将啦啦操的基本手位与人体字母的立体形象紧密结合，让学生以身体可表现出来的体位展示出来，简单、易学；在复习环节，采取分组的形式，简洁高效。针对小组中出现的腕部不会发力的问题，采用了“多米诺骨牌”的游戏，强化提升动作难点，方法新奇有趣；监测环节分为两个大组，6个小组，3组展示，3组裁判，一对一检测，监测结果在组长处汇集，组长将获得星级人数登记在记分牌上。在监测后，教师又进行了花样拓展练习，开发了学生的想象力和创造力。

这节课教师语言亲和力强，能抓住学生心理；教师教学基本功好，得到学生赏识；教师把握教材能力强，驾驭课堂绰绰有余。监测方法具有探索性，值得思考和回味。

第二节课是威海市荣成石岛实验小学林均杰老师执教的武术课。在热身部分，学生慢跑，并作出带武术动作的“石头、剪刀、布”的游戏有创意，有特点；然后，学生做二人推掌和冲拳攻防练习，练习效率高。在随后的小组练习中，教师挑出8名动作优秀的同学担任评委，每位评委分别评价同组中的每一位同学的动作质量，并记录在记分板上。教师根据学生考核情况，发现问题和不足，采取借助“发力袋”做二人攻防练习，强化冲拳和蹬腿力量，纠错方法得当，针对性强。在学生强化练习后，再进行一次测试，动作质量明显提高。教师采取的“两测策略”对学生的技能水平有明显的提升作用，值得学习和推广。

第三节课是威海市文登区体育教研员姜建明老师的篮球课。本课一开始进

行了队列队形练习，教师口号响亮，学生动作规范到位。热身练习以全场运球跑开始，教师在拐弯处与所有学生一一拍手，拉近了师生关系。篮球操使学生全方位地熟悉和强化了球性，为本节课打下良好的基础。第一次监测，8人一组，4人依次测试，其他4人分别担任计时员、查分员、技评员、记录员，人人有角色，事事有分工，为体育课堂教学质量监测提供了可复制和直接运用的策略和模式。在第一次监测结束后，教师针对学生出现的脚碰球、运球过高问题采取了专门的纠错和强化练习。第二次质量检测后，成绩的明显提升验证了纠错方法的有效性。课课练环节还是围绕球性的提高，增加了练习强度和密度，强化体能发展的同时提高了技能掌握，一举两得。

这节课教师制定的学习目标清楚、采取的教学法手段实用、监测环节分工明确、运动负荷强、练习密度高，可以直接运用到教学质量监测课型中。

纵观三位教师的课，很好地贯彻了如何更好地实施体育课堂教学质量监测机制的课题精神。以如何操作和运行为抓手，采取“两次测验模式”，在一测过后，对出现的普遍性问题有针对性的纠错和提升策略。体现了体育课堂教学质量监测只是手段，提升学生技能水平才是目的的课堂教学质量监测本质。

三、吸收各种教学风格之精髓，形成有自我特色的教学理念

经过多次外出学习，我感到观摩特级教师课堂能领悟教学真谛，聆听专家讲座能汲取教学营养，与体育名师交流能明鉴教学得失。结合所见、所闻、所思、所得，在球类和武术教学中形成新的执教理念和教学策略。

（一）抓住球类运动受众广泛的根源，将球类技术教学竞技化

案例：学生知道这节体育课要打篮球非常高兴，跃跃欲试。本节课学习的是行进间变向换手运球技术，整堂课采取的是示范—讲解—分解练习—纠错的方法。教师组织学生不断强化练习持球部位、球击地点、脚步如何超越等技术要领。慢慢地，学生兴趣渐无，气氛沉闷，运动的积极参与性很差。

分析：球类运动得到大家的喜欢和积极参与是因为它的竞技性和胜负的不确定性。我们经常看到，在球场上打球的人只要有两个人以上，很少在一起练

习运球传球等技术，一般都是在一对一、二对二、三对三等半场或全场比赛。本节课教师采取的技术为主的教学方法脱离了球类运动受到大家普遍欢迎的根源。

策略：将球类技术教学竞技化。学生分成4~8个小组，每组的辅助器材是间隔1.5米左右的6个障碍物。本课内容是运球过障碍物比赛，在最短的时间内全组成员运球过所有的障碍物为优胜组。各组为了取胜积极参与，一些学优生在前带领，其他同学在后模仿练习。在练习中出现的一些常见技术问题，比如：不换手运球、运球过高等，经教师大声提示、点拨，一般都能解决。当较多同学出现换手时持球部位不准、球击地点不对等问题时，教师可以让学生重点观察优秀者在这两方面是怎样做的，优秀者现场归纳要领等方法，让大家改进动作。稍复杂的技术，比如：换手时脚步如何超越的问题，教师可以示范、讲解，学生强化练习。非有必要，教师不要频繁中断练习。这样，热烈的竞争氛围让学生兴趣不减，只对出现的问题用最少的时间纠错，让课堂练习流畅高效，保证了运动参与的高水平化。

（二）挖掘武术实战性特点，将单调套路教学有用化

案例：在学习少年拳第二套时，教师示范完整套路后，按12个动作分解教学，每课预计学习4~6个动作。刚开始，学生兴趣盎然，两个套路学完，学生渐渐失去兴趣，一些男生两两凑在一起，用刚学的动作模仿对打，教师发现后严厉制止。在之后的学习中，学生兴趣逐减，动作松松垮垮，套路变形，技能目标没有达成，学生运动参与性很低。

分析：按照武术套路一招一式教学过于单调和平淡，学生不太感兴趣。深入挖掘教材，分析武术发展特点，可以发现武术套路是由一些实战动作逐步演绎和简化来的。实战动作生动活泼，表现形式多样，很好地体现了武术的攻击性和防御性特点。在教学中，通过实战教学，体现出学好武术在日常生活中的作用，能激发学生的学习兴趣。

策略：将套路教学有用化。第一步，把套路中蕴藏的脚步、拳法、掌法等基本动作提炼出来，以接近于实战的形式借助辅助器材教学。比如：学习冲拳、

击掌、马步等动作，可以2人一组，一人双手持小体操垫扮防守者，另一人马步站立，冲拳或掌击小体操垫。有了攻击目标，学生就有练习的动力，会全力出击，强化了冲拳、击掌动作；小体操垫的位置可不断向下移动，又强化了马步练习。第二步，在套路学习时，教师要吃透教材，明确每一个动作的攻击和防守特点。让一学生扮防守者，教师演练某一动如何运用，把这一动的精髓展现得淋漓尽致，尤其强调如何防守。这样，套路演练直观生动，学生明确学好动作可以防身，会很感兴趣。学生在学习时，也是2人一组，模仿教师，并适时交换角色。教师要强调动作点到为止，保证安全。在模拟实战的情境中，学生感到新鲜、有趣、有用，提高了练习积极性。

外出学习开阔了眼界，增长了见识，促进了教育思想和理念的进一步提升。在以后的教学道路上，我会继续学习先进的教学经验，取长补短，不断提高专业素养，丰富教学思想，做一名让学生喜欢我更喜欢我的体育课的体育教师。

潜心筑梦　执着追梦

丛培胜　威海市文登区葛家中学

2015年，威海市政府出台的《英才计划》指出，将进一步加强威海市高端教育人才队伍建设，培育威海教育家群落，建立健全教育名家培养体系和平台，打造威海教育品牌，加快推动教育优质、均衡、快速发展。

在此背景下，威海市教育名家（初中体育）工作室于2015年5月正式成立。通过前期的申报和评选，我有幸成为威海市初中体育教育名家工作室这个光荣团队中的一员，从而让自己有了再次成才的梦想。潜心筑梦，执着追梦，也就成了我最近3年生活的主旋律。3年来，我克服工作上的种种困难，积极参加活动，认真总结反思，努力提升和锻炼自己。回首过往，往事历历在目，精彩瞬间不断浮现。

一、精彩片段一：山东省初中体育与健康学科德育优秀课例展评活动——开启梦想之旅

作为体育教师的我，一直有一个梦想，就是希望自己能够零距离感受高水平体育课堂的魅力，从而开阔视野，拓宽思路，为自己的课堂教学积累经验。让我没有想到的是，梦想实现得居然这样快。

2016年11月1日至3日，山东省初中体育与健康学科德育优秀课例展评活动在青岛市城阳区实验中学如期举行。根据威海市教研中心统一安排，我们工作室全体成员有幸参加此次观摩学习，终于圆了我多年的梦想。

出发的当天天气很冷，但是，第一次参加此类活动的我却热血沸腾，没有感觉到一丝凉意。一行数人匆匆赶往目的地，开启了3天的圆梦之旅。

感悟一：时间紧，容量大。

此次优秀课例展评，分为城市、农村两个组，每组有17名教师，共34名教师参加此次展示，而这34名教师要在2天半的时间内全部展示完毕，所以，操场上基本上都是2个班在同时上课。受场地的限制，后面的教师只能在前一个教师上课时见缝插针地布置场地。而且，上课前留给教师熟悉学生的时间也很短，基本上都是20分钟左右，所以，上课教师不可能把所有的授课内容都跟学生说清楚，只能把重点的内容向学生交代一下，其他的就要看教师的课堂发挥了。因此，也就特别考验教师的临场应变能力。

感悟二：重德育，巧渗透。

本次活动的名称是“山东省中小学体育与健康学科德育优秀课例展评”，因此，每位教师都在德育渗透方面下足了功夫。比如：淄博市的陈卫东老师，把长征路线引入耐久跑教学中，用长征精神激励学生，从而实现课堂教学的德育渗透；东营市的张青老师，在最后放松环节，教给学生放松方法的同时，教育学生回家也要孝敬父母，自然而然地将德育渗透到体育课堂教学中；济宁市的杨宁宁老师，在教授武术长拳的同时，不忘武德教育，悄无声息地实现了武德与德育的有机结合。由此可见，只要我们用心去想，专心去做，德育渗透就一定会在体育课堂上得到完美体现。

感悟三：靠团队，展风采。

本次优质课展评活动，采用的是逐级选拔的方法，因此，所有的课例，都集中了集体的智慧，也凝聚着各市区教研员的心血。比赛过程中，也无时无刻不体现着团队合作的重要性。如：每位教师讲课前，都会有团队中的其他成员帮助他布置场地、调试音响，提醒他需要注意的相关问题；上课中，用手势提醒授课教师注意对课堂的把握及时间的控制等；课后，帮助分析课堂表现，提出改进意见，促进其授课水平的不断提高。因此，虽然我们看到的是教师个人授课水平的展现，但背后却是一所学校乃至一个区市体育教研实力的完美呈现。

感悟四：巧设计，破重点。

体育课上得好与坏，关键看课堂的重难点是否得到有效解决，而要实现教学重难点的突破，关键看课堂教学设计是否行之有效。本次优质课展评，参评教师在教学重难点的突破上也是费尽心思。比如：青岛市的栾玉霞老师，在进行耐久跑教学时，很好地把“贪吃蛇”游戏嫁接到教学中，让学生在游戏的氛围中圆满地完成了课堂教学任务，很好地实现了课堂重难点的突破；再比如：威海市的荣燕光老师，巧妙地利用竹竿进行教学设计，很好地解决了耐久跑中呼吸节奏和团队合作的问题，有效地实现了教学重点和难点的突破。

二、精彩片段二：2016年长三角地区中小学体育特级教师教学研讨培训会——开启筑梦之旅

早就听说长三角地区中小学体育课改一直走在全国的前列，但苦于没有机会，一直未能亲身感受。

2016年11月15日至18日，长三角地区中小学体育特级教师教学研讨培训会在江苏省镇江市如期举行。我有幸参加了此次培训活动，从而也成就了我的筑梦之旅。

本次研讨活动既有政府及教育部门的领导和大学教授参加，又有多年扎根基层的特级教师和普通体育工作者与会；既有高屋建瓴的教育思想的引领，又有低调奢华的教学方法的指导；既有大学教授给予体育教育方向上的把握，又有基层体育教师给予体育课堂实践案例的展示。而且，参与本次课例展示的教师都是长三角地区的体育特级教师，基本上代表着长三角地区体育教学的最高水平。他们在对体育教育思想的理解和把握、教材分析、教法设计、课堂驾驭能力等方面都有着过人之处。6节体育展示课犹如6道色香味俱佳的大餐，让人甘之如饴，回味无穷。

亮点一：新课程标准理解透彻，贯彻落实到位

6节体育课，都是本着“健康第一”的教育理念，通过教师的精心设计和引导，让学生们在积极探究和实践的过程中，感受运动的快乐，体验收获的喜悦，从而使学生们的主体地位得到了落实和体现。比如：在南京市省特级教师倪晨瑾老师的障碍跑一课中，无论是在准备部分，还是基本部分，都没有进行空洞的说教，而是先让学生进行充分的体验，并在体验中进行探究学习。在翻桌子、

绕凳子等各种练习设计中，始终密切联系生活实际，积极引导学生如何通过障碍。对于碰倒桌椅等常见问题，教师马上会进行有针对性的点拨，从而让学生迅速建立正确的概念。整堂课，学生学得开心练得积极，学生的主体地位也得到了很好的体现。

亮点二：课堂教学设计新颖，教学目标完成好

评定一节体育课的好与坏，最关键的就是看教学目标是否达成，而要很好地完成教学目标，就必须通过精心设计教学环节来实现。通观这6节课，教师在教学目标的完成方面做得都非常出色，这主要得益于课堂教学设计的针对性和实效性。比如：我们都知道，在跳箱教学中，影响学生练习积极性的最大问题就是恐惧心理，尤其对于女生更是如此。因此，如何有效解决学生的恐惧心理，让学生在轻松的环境中进行练习，就成了跳箱教学需要解决的关键问题。在镇江新区省特级教师王竹平老师执教的“斜向助跑直角腾跃”一课中，王老师巧妙地运用橡皮筋等辅助手段进行教学设计，很好地解决了学生练习跳箱时存在的恐惧心理，同时还增强了练习的趣味性。因此，学生课堂表现积极，练习非常踊跃。在准备部分，老师充分利用橡皮筋设计热身练习，不仅让学生熟悉了场地，达到了热身的目的，同时也为学习基本技术做了很好的铺垫。在基本部分，老师通过调整橡皮筋的高度和宽度，让练习环境不断接近真实的跳箱环境，很好地帮助学生克服了心理上的障碍。整堂课，学生们练习得非常踊跃，教学目标的完成也堪称完美！

亮点三：教师基本功扎实，驾驭课堂的能力突出

通过观课可以发现，参与上课的教师基本功都非常扎实，驾驭课堂能力和临场应变能力特别突出。比如：王竹平老师虽然年过半百，却思维缜密，从器材设置、辅助练习、教师示范、语言表达、教学效率等方面，都几乎做到了极致，充分展示了特级教师应该具备的良好素质。再比如：倪晨瑾老师，由于阴天，上课场地被安排在体育馆里进行，而体育馆里同时上课的有两个班级，相互间影响很大。如何吸引学生的注意力，保证学生不受场地的影响，就特别考验教师的素质和应变能力。而这节课，倪老师不仅没有受到影响，还用自己有点夸张的肢体语言和声情并茂的精彩讲解深深地吸引着学生，表现出特级教师非凡的课堂驾驭能力和应变能力。

能有幸看到如此精彩的课例展示，夫复何求？这难道不正是我们所追求的最高境界吗？每一次的外出学习，都不是一次简单的旅行，而是一次思维的碰撞，理念上的升华与蜕变。

三、精彩片段三：全国教育科学“十三五”规划课题“中小学体育教学质量监测机制的研究”开题会议暨威海市教育名家（初中体育）工作室导师指导活动——开启圆梦之旅

2017年10月12日，全国教育科学“十三五”规划课题“中小学体育教学质量监测机制的研究”开题会议暨威海市教育名家（初中体育）工作室导师指导活动在威海市文登区葛家中学举行。在此次会议上，我按要求进行了足球运球绕杆射门课的课例展示，完成了自己的圆梦之旅。

本次展示课，从选择年级、上课内容到备课、试讲、展示，整个过程可谓一波三折，正是经历了这种成长的过程，才让我有了如此多的收获！

1. 准确把握各环节的练习时间

一节体育课，分为开始部分、准备部分、基本部分、结束部分，课堂上如何把握好各部分的时间很重要。第一次试讲由于没有戴表，我无法准确把握好各部分的时间，导致课堂任务没有完成。展示活动当天，由于在测试环节耽误了3～4分钟的时间，导致10分钟的课课练时间严重不足，从而使这节课的练习密度和运动负荷没有达到一个更高的标准。由此看来，一节体育课，如何把握好各部分的时间就显得尤为重要。那么，究竟该如何把握呢？第一，要认真设计好各个环节的时间，每个练习做一遍需要多长时间，做多少次大约需要多长时间，课前应该进行实践检验，并做到心中有数。第二，如果出现特殊情况，要根据课堂实际，及时作出调整，通过增加或者减少练习次数达到练习时间的要求。第三，上课时必须戴好手表，并在手表上明确标注好各部分的时间，要时刻关注各环节的练习时间。如果该环节练习时间已到，应马上停止该环节的

练习内容，迅速进入下一个环节，这样才能确保顺利完成各环节的授课任务。

2. 合理调控课堂练习密度

华东师范大学体育与健康学院党委书记、教育部中小学体育教学指导委员会副主任季浏教授对课堂教学及练习密度曾提出以下标准：①体育课的运动密度应该在75%左右，运动强度应该达到140～160次/分钟；②每堂课都要进行10分钟的体能练习，体能练习的手段和方法应该做到多样化和趣味性；③每堂课学生运动技能练习的时间应该保持在20分钟左右，运动技能的教学应该主要让学生学习结构化的知识与技能，并以活动和比赛为主。

根据以上要求，我觉得可以通过以下方法来解决本课练习密度偏低的问题：①在运球绕杆射门练习环节，虽然考虑了练习密度的问题，让做完该练习的学生在返回时继续完成直线运球和运球过障碍物练习。但是，由于小组人员过多，学生等待练习的时间依然很长。因此，可以安排等待练习的学生原地做一些熟悉球性的练习。这样，学生既熟悉了球性，又得到了锻炼，练习密度也得到了提高；②缩短两人练习时间上的间隔，以此来增加练习密度；③尽可能在学生练习中进行个别指导，尽量不要集体讲解，力争做到精讲多练；④各环节衔接要紧凑，避免频繁的集合，尽可能让学生以最快的速度进入下一环节的练习等。

3. 合理进行分组

这节课是技能测试课，由于受场地和器材的限制，我把全班学生分成了4组，每组8个人。但是，从实践操作来看，小组人数偏多，如果不是因为场地受限，个人认为三四个人一组比较合理。另外，由于项目的不同，分组也应该有所变化，目的就是要让学生尽可能多地投入到练习中，以便于提高练习密度和课堂效率。

总之，通过本次公开课，我对新课程标准有了更深的理解，对如何上好体育课也有了更加清醒的认识。我坚信，只要能够认真研究，积极实践，就一定能够把体育课上得越来越精彩！

潜心筑梦，执着追梦，梦想不再遥远！

课堂教学篇

以优质课程资源引领区域学科教师专业成长

威海市教育名家（初中体育）工作室自成立以来，工作室成员积极探索体育教育教学理念，经过多次外出学习，邀请国内知名专家到我市传经送宝，工作室成员的课堂设计能力与把握课堂的能力突飞猛进，涌现了很多优秀的课例，多次在市级教学研讨会和与外省市的课堂教学交流研讨会中执教公开课。

体育与健康课程是学校课程的重要组成部分。以“健康第一”为指导思想，努力构建体育与健康课程的知识与技能、过程与方法、情感态度与价值观有机统一的课程目标和课程结构。在强调体育学科特点的同时，融合与学生健康成长相关的知识。通过教学，使学生掌握运动技能，发展体能，逐步形成健康和安全的意识以及良好的生活方式，养成终身体育的习惯，促进学生身心协调、全面发展。

姜建明篮球：运球与游戏课、刘艳妮正面头顶球技术以及体能练习课、丛培胜足球运球绕杆射门课、荣燕光耐久跑课、于文明跨越式跳高课、刘新军行进间单手肩上投篮课和郝洪磊排球正面垫球课等优质课程资源，设计理念比较新颖，课堂教学目标达成度较高，能充分体现体育与健康课程的基本特性。

一、注重教学主体的改变

评价课堂教学效果，不再是教师教得怎么样，而是学生学得怎么样、练得怎么样，是否掌握了技术和方法，体能是否得到了发展等。因此，教学不再是设计教师的教学策略，不再是教师想办法填鸭，而是设计学生的学习策略，想办法让学生探究学练。

将问题抛给学生，让学生通过各种方法进行探究解决，在过程中寻找解决突破重难点的办法，解决重点就是让学生学会如何学习掌握技术和方法，突破难点就是掌握怎样锻炼的方法和手段，从而实现体育与健康课程的目标。

二、注重运动负荷的调控

课堂运动负荷的保证是有效提升学生体质健康水平的必要手段。在课例的学练过程中，教师通过以下几种方式，进行有效的负荷调控。课堂主教材的内容是体能练习内容安排及负荷强度需要考虑的主要因素。如：主教材内容以技术学习为主，负荷强度较低，则体能练习就要安排大运动量、高强度的内容，反之，如果主教材的强度已经达标，则可在体能内容中安排柔韧拉伸、协调等练习，合理进行学生集体的综合调控和发展。

1. 肢体调控

主教材内容是上肢，则在辅教材或者素质练习的环节，安排了针对下肢的学练内容，用以平衡肢体的协调发展。体育课堂运动负荷达标的调和剂，是练习密度、练习强度、运动量的补充、补偿，是学生课堂学习负荷强度较大的环节。

2. 专项负荷调控

在学练的过程中，针对学生在突破教学难点时所需能力的缺失，安排了专项辅助练习，提升该部分身体能力负荷。为确保学生技能技术的掌握，我们通常采用某一时间段教授某一技术的单元教学。技能技术的掌握以及技能技术水平的提高，需要一定的身体素质，也就是我们在训练过程中所常说的“专项身体素质”。因此，在安排课课练的时候，我们也不能忽视其系统性，要考虑在该单元时间段，对学生该项技术的专项身体素质的提高，强化学生对技术动作的感知，巩固技术动作的形成。

3. 负荷量的积累和突破

承受负荷的能力，是人体持续工作的能力。在日常的训练中，我们采用各种不同的训练手段，让运动员突破负荷极限，提高机体的承负能力，以求成绩的突破。在课堂中，学生的练习通常是体能的积累，那么，我们也可通过课课练对学生完成运动负荷的一个提升，体能的一个突破，强调的是在课堂前半部分学习过程已经完成充分热身的前提下，进行较大负荷的素质体能练习，将学生的各种体能提升到一个新的高度。

三、重视评价过程的实施

在体育课堂教学中，学习评价有即时性、过程性、终结性之分，评价的方式有定量和定性之分，旨在通过各种形式的评价，改进完善体育教学质量监测机制，提高评价质量，更好地促进学生对技能的掌握，提升学生的运动能力以及对健康行为的认知，达成终身体育的目标，改善和提升体质健康水平。

1. 评价项目的设定

体现综合评价的宗旨，包括了学生技能学习目标达成的评价（体能、知识和技能）和学生学习过程表现的评价（态度与参与、情意与合作）。

2. 评价指标的制定

能够合理地使用定性和定量的指标进行界定，各层次表现较为明显。

3. 评价方法的选定

技能学习目标评价有机地将单元所学动作进行整合串联，评价的是学生较好地运用技术的能力。过程表现将学生出勤、学习表现等情感态度进行定性评价。以上二者结合，对学生进行主客观和量与性的评价，可操作性和可观测性较强。

4. 个人单项的评价

通过个人单项评价的纵向对比，学生较为清晰地看到自己的进步，可以起到有效的激励作用。

六年级体育与健康实践课　体操：技巧单元教学计划

<table>
<tr><td>学校</td><td>乳山市西苑学校</td><td>任课教师</td><td>尹耀</td><td>年级</td><td>六</td><td>人数</td><td>40</td></tr>
<tr><td colspan="2">学时</td><td>6</td><td colspan="2">学段</td><td colspan="3">初中</td></tr>
<tr><td>单元目标</td><td colspan="7">1. 学生能够简述动作标准，知道关键要点和练习方法、运用价值
2. 大约80%以上学生能够基本掌握联合动作，有一定动作规格或更高规格，表现出良好的身体姿态、节奏感、协调性、柔韧性、力量等；20%学生能够粗略连接各部分。全部掌握有针对性的体能练习和保护帮助的方法
3. 学生在练习中专注、有序，在游戏中主动参与，按照规则进行活动，体验到运动和成功的愉悦
4. 在学习中认真履行自己的分工与职责，主动发言，合作有序，勇于展示，积极评价，具有良好的集体主义精神</td></tr>
<tr><td>教材</td><td colspan="7">1. 连续两个前滚翻—连续两个后滚翻、站立
2. 前滚翻直腿坐—肩肘倒立—向前落下成蹲立—前滚翻—站立</td></tr>
</table>

<table>
<tr><td>课次</td><td>教学内容及重难点</td><td>学习目标</td><td>教与学的主要对策</td><td>安全措施</td></tr>
<tr><td>1</td><td>前滚翻

重点：身体各部位依次协调配合，团身滚动
难点：蹬地有力，滚动圆滑</td><td>1. 学生能够在各自的层次内说出前滚翻动作口诀及本课的练习方法
2. 第一层学生能够较好地完成连续两个前滚翻，有较好的动作规格；第二层学生能够基本完成两个连续前滚翻动作，规格一般；第三层学生能够体验到前滚翻团身及蹬地用力的作用，滚到一半</td><td>1. 连续立卧撑+挺身跳练习
2. 团身滚动翻臀成蹲撑练习
3. 团身向后滚动翻臀—插肩推垫—蹲撑练习
4. 自主诊断分层
5. 任务单引领各层小组合作学习及体能练习
6. 教师巡回辅导
7. 师生展评
8. 前滚翻游戏运用：接力比赛
9. 体能练习：俯卧撑、仰卧起坐、背起、蹲跳起</td><td>1. 充分活动头颈等各关节肌肉
2. 正确掌握保护帮助方法，强调适时运用
3. 调整接力第三层练习形式
4. 安全教育</td></tr>
</table>

续表

课次	教学内容及 重难点	学习目标	教与学的主要对策	安全措施
2	后滚翻 重点：滚动圆滑，团身紧，主动翻臀 难点：及时有力的推手	1. 学生能够说出后滚翻动作口诀及本课辅助练习与体能练习方法 2. 第一层学生能够较好地后滚翻，尝试完成连续两个后滚翻，有较好的动作规格；第二层学生基本完成后滚翻动作，规格一般；第三层学生能够在帮助下完成，体验到团身及时推手有力的作用，能够掌握并合理运用保帮方法	1. 团身向后滚动翻臀—插肩推垫—蹲撑练习 2. 后滚翻成蹲撑练习 3. 自主诊断分层，任务单引领各层小组合作学习及体能练习 4. 教师巡回辅导 5. 师生展评 6. 游戏：滚翻运用：接力比赛 7. 体能练习：平板支撑、蹲跳起、仰卧起坐、背起	1. 柔韧性练习，充分活动头颈等关节肌肉 2. 加强保护和帮助，强调手法和时机 3. 有针对性调整第三层器材、场地
3	联合动作：连续两个前滚翻—连续两个后滚翻、站立 重点：蹬地与团身及连接 难点：滚动圆滑	1. 学生能够明确联合动作标准，掌握辅助练习及体能练习的方法 2. 大约80%学生能够较熟练完成“连续两个前滚翻—连续两个后滚翻、站立”联合动作，有较好的动作规格；大约20%学生基本完成联合动作，动作规格一般；极少数学生能够粗略完成，部分动作规格欠缺	1. 学习联合动作评价标准 2. 分组自主练习 3. 组内自评、互评 4. 教师巡回辅导 5. 组间分层、同层对比展评 6. 体能练习：俯卧撑、仰卧起坐、背起、蹲跳起	1. 重点安排好不同层次学生场地、器材 2. 安全教育
4	肩肘倒立—向前落下成蹲立 重点：肩肘倒立 难点：直立稳定支撑，滚动圆滑	1. 学会并运用不同的保帮方法；掌握体能练习的方法 2. 大约80%以上学生能够完成辅助练习手段及基本完成肩肘倒立和向前落下成蹲立的动作，有一定动作规格；少数学生可以粗略完成，规格欠缺	1. 肩肘支撑翻臀两脚交替触垫练习 2. 肩肘支撑蹬车轮练习 3. 教师示范并交代保帮方法，分组互帮互练、互评 4. 肩肘支撑脚尖触球练习 5. 两脚夹球或夹纸肩肘倒立练习 6. 肩臂撑接身体屈伸练习 7. 肩肘倒立落下成蹲立练习 8. 教师巡回辅导，适时调整不同层次的练习进程 9. 师生展评 10. 体能练习：俯卧撑、仰卧起坐、背起、蹲跳起	

续表

课次	教学内容及重难点	学习目标	教与学的主要对策	安全措施
5	联合动作：前滚翻直腿坐—肩肘倒立—向前落下成蹲立—前滚翻—站立 重点：动作的连贯性和熟练性 难点：动作规格高	1. 能够明确联合动作标准，掌握辅助练习及体能练习的方法 2. 大约80%学生能够较熟练完成“前滚翻直腿坐—肩肘倒立—向前落下成蹲立—前滚翻—站立”联合动作，有较好的动作规格；大约20%学生基本完成联合动作，动作规格一般；极少数学生能够粗略完成，部分动作规格欠缺	1. 肩肘支撑翻臀两脚交替触垫练习 2. 肩肘支撑蹬车轮练习 3. 教师讲解示范完整联合动作 4. 分组进行前滚翻直腿坐—肩肘倒立练习 5. 直腿坐—肩肘倒立—向前落下成蹲立 6. 完整联合动作练习 7. 教师巡回辅导，适时调整不同层次的练习进程 8. 师生展评 9. 体能练习：俯卧撑、仰卧起坐、背起、蹲跳起	1. 充分活动颈、肩、腕、髋等关节肌肉 2. 采用2～3人一组练习方式，使学生掌握正确的保帮方法，对完成较差的学生加大手法的力度 3. 安全教育
6	联合动作： （同上） 重点：考查的组织 难点：较准确地评定学生的成绩	1. 掌握标准，反馈教学效果 2. 进一步地提高联合动作质量，学会准确的评价方法 3. 树立正确的审美观点，掌握审美标准，培养优美的身体姿态	1. 分组进行肩肘倒立，互帮互练 2. 互帮、互练、互评联合动作二 3. 学习掌握评价标准 4. 自主选择其一学练 5. 组内抽选，互评，记录 6. 对照标准，组间分层，同步展示，交流和评价的准确性，登记	同上
单元评价标准	运动技能： 1. 优秀（9～10分）：能够熟练掌握联合动作，动作连贯、流畅，节奏感强，身体姿态优美，表现出良好的协调性、柔韧性、力量等，无勾曲现象，规格高 2. 良好（8～9分）：能够基本完成联合动作，动作较为连贯，较流畅，动作规格尚可，少量勾曲 3. 一般（6～8分）：能够粗略完成联合动作，动作不连贯，不流畅，规格一般，有勾曲现象，动作细节不到位 4. 较差（6分以下）：不能完整完成联合动作，部分动作无法完成，缺漏动作，质量差，规格明显欠缺			

六年级“体育与健康”技巧：前滚翻（复习）教学设计

尹耀 乳山市西苑学校

一、指导思想

紧扣《体育与健康课程标准》关于“掌握体育与健康的基础知识、基本技能与方法，增强体质”，关注“让学生体验运动的乐趣和成功”等课标精神，围绕“中国健康体育课程模式”理念，关注运动技能、体能练习、运动负荷关键要点展开教学。在具体实施上，基于学生的个体差异，采取多样化的专项辅助练习，以小组合作学习任务单进行引领，进行分层复习，充分发挥学生主体作用，调动学生参与学习的积极性，提高学生的合作学习效果，提升学生的沟通、表达等人际交往能力。并从重视“运动技术的规范性”到“运动技术的运用”，实现评价要点“完成所学动作的身体姿态、节奏感、协调性、柔韧性、力量等表现力”的要求，密切与现实生活联系，提高学生应急的运用能力。在学习评价上，突出对评价标准的掌握和运用，以学生自评、互评为主，师评为辅，提升学生参与的积极性，增加学生的成功体验。

二、教材分析

前滚翻是体操技巧学习中最基础的动作之一，通过练习，能够发展学生身体柔韧、灵敏等素质，提高身体的协调。

（一）动作要领

由蹲撑开始，重心前移，两腿蹬直离地，同时屈臂、低头、含胸、提臀，以头后部在两手支点前着垫，依次经枕骨、背、腰、臀向前滚动。当滚至背部着垫时迅速收腹屈膝，上体紧跟大腿团身抱膝成蹲立。

（二）常用保护与帮助

保护者跪于练习者的侧前方，当练习者的头部将要着垫时，一手托颈，一手顺势推其背部前送成蹲立。

（三）常用练习方法

1. 团身滚动；团身滚动成蹲立。

2. 在斜面上，由高向低做前滚翻练习。

3. 在保护与帮助下做完整动作练习。

（四）具体情况分析

1. 前滚翻技术的核心

完成要求：一是滚动圆滑；二是滚动要快速，这是前滚翻技术学习的关键。从动作的原理上来说，要实现快速滚动必须加强向前的动力和速度，可以采取多种方法和手段。一是加强蹬地力量；二是推手支撑力量；三是滚翻后积极跟上体等。要实现"圆滑"滚动，关键要保持身体的"圆"形姿态。这需要在多环节的动作细节上下功夫。比如：滚翻时低头、含胸，强调依次滚过枕骨、背、腰、臀着垫，上体跟进大腿抱膝等均旨在强化"团身"成"圆"形的姿态，以减少向前滚动的阻力的问题。

2. 在本单元的定位

本单元的技巧联合动作：连续两个前滚翻—连续两个后滚翻—站立，从结构化知识学习的角度来说，学生对运动技术学习不是单一的、孤立的。因此，创设不同的运动条件，采取适当的组合练习，增加学生技术动作经验，才更加符合学生学习的规律。

三、学情分析

在正常情况下，水平四学段初一的学生应该在水平二、三的基础上对前滚翻的内容有所掌握，但现实情况并非如此。小学学段没有统一的教科书，学习内容上有一定的随意性。依据个人多年来的经验积累来看，学生差异很大。因此，课前对学生运动技术等情况要进行必要的充分的了解，准确预估学生在哪些方面可能出现哪些具体的问题，并以此作为重难点突破的参考依据。

通过对前滚翻教材分析，从具体“学”的角度考虑，不能简单地将出现不规范动作及纠正手段依次照搬，必须站在“教”的视角，对学情进行分析，考虑怎么教的问题。学生的差异是现实性存在，如何采取基于学情的教法学法，是学情分析的重要工作。

学生学习是一个由不会到会的过程，不可避免地出现一些不规范动作，大致都可以分为以下三类：无法完成动作，根据经验，这种情况较少，预计在几人左右；滚到一半，结束时坐在垫子上的，这种情况应有相当一部分人；基本完成动作，部分细节存在问题。

通过对引起这三类不同情况的原因分析，我们可以发现一些共同的特征。比如：第一类情况的出现主要是由于滚动动作经验缺乏所致，与身体素质差也有一定关系。同理，其他两类情况也可以据此采取针对性强的方法、手段进行矫正。

基于此，本节课采取分层教学，因材施教，提升学生学习方法手段的针对性，在分组学习中适当增加体能练习，充分发挥主体作用是可行的。另外，针对具备较好基础的学生，除了巩固、查漏补缺之外，学生还存在活泼好动，自我管理、合作意识不足等问题。因此，还应采取小组合作学习的方式，发挥小组长的作用，强化程序操作，不断提高学习效果。

四、教学重点、难点

重点：身体各部位依次协调配合，团身滚动。

难点：蹬地有力，滚动圆滑。

五、教学策略

1. 导入新课

通过问题进行知识回顾，明确前滚翻口诀的作用及技术动作的关键点：一是圆，二是快。重新巩固复习技术动作前正确的动作概念及核心方法，为后续练习打下扎实的基础。

2. 准备部分

一是通过慢跑“抢垫子”的游戏激发学生学习的积极性；二是通过徒手操活动相应的关节和肌肉；三是考虑部分学生基础差的实际，通过“团身滚动翻臀成蹲撑”和“团身滚动翻臀→插肩推垫子→蹲撑”专项练习，增加学生动作经验。

3. 基本部分

一是主要通过“诊断分层—小组合作—分层展评”的操作流程进行学习。诊断分层，目的在于尊重差异，突出教学手段的目的性和针对性。合作学习，在于创造不同的运动条件，调动学生参与的积极性和合作的帮扶、监督辅助作用；展评在于激励不同层次的学生展示成果，获得快感。该部分以学习任务单引领合作学习为主，大胆放手，让学生根据任务单进行学习，并将素质练习融入各层运动技能的学习和提升的过程之中。二是通过接力游戏，将立卧撑、前滚翻、连续前滚翻、跨越障碍、跑步进行不同组合，旨在强化学生运用能力，增强与实际生活的联系。同时，教师加强巡回辅导，及时梳理问题，强化合作程序性指导。三是10分钟的体能练习，基于学生技巧前滚翻学习需要及身体全面发展的需要，安排了俯卧撑、仰卧起坐、背起、蹲跳起等素质练习。

4. 结束部分

一是通过游戏胜负判罚规则，以表演节目的方式自然地引入放松；二是教师通过明确的方向性问题，引导学生纵向评价和组内互评，提高学生的反思意识和总结水平。

“体育与健康”课时教学计划

上课地点：乳山市西苑学校　时间：2015年10月　执教教师：尹耀

<table>
<tr><td>学习目标</td><td colspan="7">1. 学生能够在各自的层次内说出动作口诀及本课的练习方法，分别实现不同层次任务单的目标：第一层学生能够较好地完成连续两个前滚翻，有较好的动作规格；第二层学生基本完成两个连续前滚翻动作，规格一般；第三层学生能够体验到前滚翻团身及蹬地用力的作用，滚到一半
2. 学生在练习中比较专注，积极有序练习，在游戏中主动参与，有一定规则意识，体验到运动的乐趣和成功的愉悦
3. 在学习中能够根据分工与职责，沟通顺畅，合作有序，勇于展示和评价，表现出良好的人际交往能力。学习态度端正，注意力集中，认真思考，团结互助，敢于拼搏，勇于挑战，相互鼓励，及时互评，遵守规则</td></tr>
<tr><td>教材</td><td colspan="7">前滚翻（复习）</td></tr>
<tr><td colspan="2">教学重、难点</td><td colspan="6">重点：身体各部位依次协调配合，团身滚动
难点：蹬地有力，滚动圆滑</td></tr>
<tr><td rowspan="2">课程部分（时间）</td><td rowspan="2">教学内容</td><td rowspan="2">教师指导</td><td rowspan="2">学生活动</td><td rowspan="2">组织与要求</td><td colspan="3">运动负荷</td></tr>
<tr><td>时间</td><td>次数</td><td>强度</td></tr>
<tr><td rowspan="5">准备部分（10′）</td><td>1. 课堂常规</td><td>1. 整队、清点人数</td><td>1. 集合做到快、静、齐</td><td>1. 四列横队</td><td></td><td></td><td></td></tr>
<tr><td>2. 导入
口诀：一蹲二撑三低头，蹬地看天再推手，含胸紧腰快抱腿，蹲撑之前滚成球</td><td>2. 问题：前滚翻的动作口诀是什么？教师点拨、解答</td><td>2. 学生回答口诀，明确前滚翻技术的核心和关键，突出强化动作的细节</td><td>2. 同上</td><td></td><td></td><td></td></tr>
<tr><td>3. 游戏：
“抢垫子”：绕垫子进行慢跑</td><td>3. 带领学生绕垫子进行慢跑，随时指出存在的问题</td><td>3. 认真听教师讲解，集中注意力，按教师要求快速有序进行练习</td><td>3. 游戏：一路纵队，结束时自然保持2人一垫</td><td>3′</td><td>4</td><td>120</td></tr>
<tr><td>4. 徒手操：
伸展运动
腹背运动
踢腿运动
跳跃运动
颈腕踝关节绕环</td><td>4. 教师由慢到快的变化节奏指挥</td><td>4. 保持幅度和节奏，充分活动各关节和肌肉</td><td>4. 体操队形</td><td>4′</td><td>4×8</td><td>125</td></tr>
<tr><td>5. 立卧撑+挺身跳练习</td><td></td><td></td><td>5. 两人一组，每人一个垫子</td><td>30″</td><td>15</td><td>130</td></tr>
</table>

续表

课程部分（时间）	教学内容	教师指导	学生活动	组织与要求	运动负荷		
					时间	次数	强度
基本部分（30′）	1. 专项热身 （1）团身滚动翻臀练习 （2）团身滚动翻臀插掌推垫练习	1. 教师口令指挥学生练习	1. 认真听动作要求，相互观察，体会团身滚动动作要领，可帮助，必交流	1. 二人一组练习，互换	1′	各15	130
	2. 分层复习前滚翻一规范技能 （1）诊断分层（三层） 一层：无法完成的 二层：滚翻一半的 三层：大致能完成	2.（1）说明分层标准及素质组合练习要求，小组任务单解读、强调注意问题等	2.（1）自我诊断所属的层次，学习任务单目标、练习步骤、方法等	2.（1）根据实际随机调整	1′	2	150
	（2）分层练习	（2）教师巡回指导	（2）按照任务单目标、练习步骤等进行合作学习	（2）二人或三人一组	11′	30	160
	（3）师生展评	（3）围绕重难点，归纳学生优缺点，分组准确评价学生的动作细节，以激励评价为主	（3）学生示范，相互评价，指出优缺点及改进方法等	（3）依据场地以能够观察到学生练习情况为宜	1′	1	160
	3. 接力游戏：立卧撑3次+连续前滚翻2次+跨越1个立垫子+连续前滚翻2次返回	3.（1）图示说明游戏的方法、规则，调动队形，组织场地布置 （2）及时理顺存在的秩序、技术等问题	3.（1）参与布置场地 （2）分组练习、有效合作、遵守规则	3. 四人一组，每组成一路纵队	4′	3	180
	4. 体能练习 （1）俯卧撑 （2）仰卧起坐 （3）背起 （4）蹲跳起	4. 教师指挥下统一练习	4. 互相帮助、监督，积极练习	4. 二人一组一垫子。根据情况，适当降低难度	10′	15	180
结束部分（5′）	1. 放松："娱乐节目"表演；轻拍、跳	1. 语言激发，调动参与	1. 根据引导，放松身心	四列横队	2′		120
	2. 评价：举手对小组合作学习进行评价	2. 围绕"参与、管理、交流、效果"进行	2. 回顾表现，真实评价				
	3. 作业：素质练习	3. 强调练习方法	3. 学练方法				
	4. 小结、整队	4. 总结本课，引导学生评价教师	4. 如实参与评价				
	5. 归还器材	5. 安排学生收器材，环保教育	5. 收还器材				
	6. 师生再见	6. 宣布下课	6. 再见				

续表

<table>
<tr><td rowspan="2">课程部分（时间）</td><td colspan="2" rowspan="2">教学内容</td><td rowspan="2">教师指导</td><td rowspan="2">学生活动</td><td colspan="2" rowspan="2">组织与要求</td><td colspan="3">运动负荷</td></tr>
<tr><td>时间</td><td>次数</td><td>强度</td></tr>
<tr><td rowspan="2">运动负荷预计</td><td rowspan="2">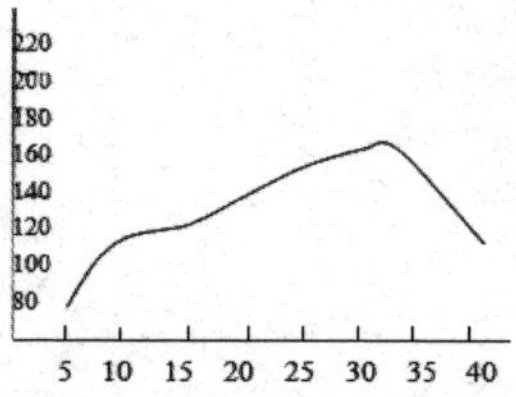
</td><td rowspan="2">场地器材</td><td rowspan="2">空矿泉水瓶子若干，纸张若干（每人1张），小垫子若干
场地：斜坡一处；靠墙一处</td><td rowspan="2">安全措施</td><td rowspan="2">1. 充分活动关节肌肉
2. 加强保帮
3. 安全教育</td><td>运动密度</td><td colspan="3">75%</td></tr>
<tr><td>平均心率预计</td><td colspan="3">150次/分</td></tr>
</table>

六、教学反思

（一）实践

由于学生存在个体差异，新生在复习前滚翻时，即便采取了小组合作学习的方式，还是容易出现合作无序或错误帮扶的情况。笔者以分层练习为基本策略，通过课堂“诊断分层—小组合作—分层展评”的操作流程，充分发挥小组合作学习任务单的引领价值和作用，突出了教学手段的目的性、针对性和合作程序性，有效地提高了前滚翻的复习效果。

1. 任务单的设计

一是分层设置任务单。根据学生的完成程度设置三个层次的任务单，并呈现三个层次的学习目标、练习方法与步骤要求等，且每层次内均可进行素质练习（素质练习内容：仰卧起坐练习每组15 × 3或俯卧撑练习15 × 3，能力差的膝关节支撑。在每个练习方法之后，安排1组素质练习。学生视能力自行选择内容和时段）。第一层，未能完成动作（见表1）；第二层，滚翻完成一半，结束时坐在垫子上（见表2）；第三层，基本完成动作（见表3）。能较好完成动作与基本完成动作的学生为一层，可安排其担任小组长。

二是前滚翻分解动作图片及口诀辅助。通过口诀归纳动作细节的标准及关键点，便于学生在练习中进行对照，及时提醒，促进技术动作的矫正。（见表4）

表1 第一层：未能完成动作

目标	练习方法及步骤	总体要求
通过保帮，在斜坡上能基本完成完整动作	（1）颔下夹纸，对墙垫子做蹬地提臀“看天”练习；  要夹住纸，用力蹬地提臀，膝伸直，抬脚跟，眼看天；结束动作时，肩部和枕骨着垫子（上图）  （2）颔下夹纸斜坡上团身滚动成蹲撑练习（要翻臀），可以保帮（右图） （3）在保护与帮助下，保帮者帮助练习者体验练习。练习者要屈臂，双手与头部三点支撑（下图）；保帮者先扶住练习者背部，后随其重心的移动逐渐缓慢撤力  （4）通过保帮，在斜坡上完整动作练习	（1）在前两个内容不用保帮能轻松完成的情况下再进行最后内容的练习，直接前扑难以滚动的可进行第三个练习 （2）2～3人一组，每人练习10～15次，练习者、保帮者、观察者进行角色分工，带着“为什么”的问题，相互交流提醒同伴

表2 第二层：滚翻完成一半，结束时坐在垫子上

目标	练习方法及步骤	总体要求
力争在斜坡上不用保帮能完成完整动作	（1）在保帮下，夹住空矿泉水瓶子+斜坡完整动作练习，抱腿要快（下图）  （2）斜坡+完整动作（1人抛，练习者滚翻后接矿泉水瓶）练习 （3）斜坡完整动作练习 （4）如果可能，尝试平地完整动作练习	（1）在不用保帮的情况下，能完成第一个内容可进行第二个练习，以此类推；（2）2～3人一组，每名学生练习10～15次，练习者、保帮者、观察者进行角色分工，带着“为什么”的问题，相互观察交流，提醒同伴

表3　第三层：能基本完成动作

目标	练习方法及步骤	总体要求
能圆润、快速地完成动作，细节规范	（1）两膝之间夹纸，解决分腿的问题 （2）加大蹬地力量（要快），解决动力不足，纠正膝关节用力后弯曲或不流畅的问题 （3）开始、结束动作力求规范 （4）尝试复习后滚翻技术 （5）尝试在两个垫子的条件下进行联合动作的创编练习	（1）在不用保帮的情况下，能完成第一个内容可进行第二个练习，以此类推；（2）2～3人一组，每名学生练习10～15次，练习者、保帮者、观察者进行角色分工，带着“为什么”的问题，相互观察交流，提醒同伴

表4　分解动作图片及口诀

前滚翻分解动作图片及口诀	注意事项
一蹲二撑三低头，蹬地看天再推手，含胸紧腰快抱腿，蹲撑之前滚成球（下图） 	两个关键点：一圆二快，即圆，滚翻时身体的外部形态；快，需要获得向前的动力

2. 任务单的使用

（1）诊断分层。首先，合作诊断：在课的基本部分，教师组织安排学生2人为一组，通过2～3次练习，相互诊断确定自己属于第几层。教师发给每名学生一份任务单（表1～表4），说明分层的标准。每张任务单都含表1～表4的内容，便于学生达到预期目标后继续由低一层次向高一层次升级时使用。其次，分层建组：每层为一大组，在本层次内学生自由结合，2～3名学生为一小组。

（2）合作学习。合作前，首先让学生了解任务单结构。教师可以第一层为例，带领学生阅读任务单，重点明确该层的学习目标、练习步骤、总体要求、注意事项、素质等。第二层、第三层和第四层的任务单，教师可略微点拨，或让小组长带领学习。其次，教师调度器材、场地，重点保证第一层的“墙垫”、斜坡的使用；第二层保证斜坡使用及空瓶子的数量；第三层关注各小组使用的垫子数量等问题，使得各层的第一个练习内容可以有序进行。合作中，首先，学生互助学习。各小组（2～3名学生）在组长带领下，依据任务单内容要求，一名学生练习，另外一名或二名学生进行保护与帮助、观察同伴情况，逐条提醒落实任务单要求。其次，教师巡回辅导，依托任务单，强调落实分工、合作程序及动作规格要求等。

（3）分层展评。合作后，首先，层内展评。教师即时询问各小组任务单内容的练习进程，抽检部分小组，以一大组为单位进行展示，自评或互评或师评。其次，层间展评。对于练习效果突出、层次有明显提升的，各层（大组间）展示观摩，教师及时引领点拨，相互鼓励。

（二）体会

1. 运用任务单的优势

某技术动作经过一阶段的学习之后，学生之间依然差距很大。在不同学段中，均存在类似情况。如果授课时，教师采取简单、统一的教学方法和手段，尤其是在同组异质的小组合作学习过程中，存在优生吃不饱、学困生吃不了的情况。从因材施教及课堂可操作性原则出发，分层教学成为一个相对较好的选择。但由于不同的层次之间，学生的小组合作学习内容、顺序上有较大差异，这对教师的课堂掌控能力提出了较高的要求，易顾此失彼。而在分层后，小组合作学习任务单的引入，在一定程度上解决了这个问题。比如：小组合作任务单对不同层次有不同的、清晰明确的目标、练习方法、步骤及要求，且分别对应了学生出现的具体问题，体现了较强的针对性。同时，分解动作图片及口诀的辅助，很好地解决了合作中的技术动作标准和依据问题。

2. 注意问题

（1）把握时机。在部分内容进行阶段性复习时，教师可参考上述做法进行操作。而在新授课阶段，学情往往有较大的不确定性，教师只有在具备了一定教学经验积累的基础上，并以良好的课堂应激能力为保障，才适合使用任务单进行操作。

（2）合理分层。一是教材、学情研究要透彻。教师要对重难点、学生易错点及纠错手段进行深入研究，做到烂熟于胸，以切实保障任务单中相应教法和手段的针对性是关键之关键。二是分层依据要明确。学生出现不同的错误往往体现其在不同能力侧面的差异，因此，纠正不同层次的问题所采用的方法、手段也会有差异。在分层时，教师应通过学生错误的外在表象分析其哪一方面能力不足或存在问题，细致地考虑该层的主要方法和手段是什么，纠正的是哪一类问题，并以此为依据分层。如：在任务单中，第二层主要是解决不能及时跟上肢成蹲撑的问题，笔者分别采用了快抱腿、斜坡、空矿泉水瓶子等手段，引导学生快速向前等，均出自同样的目的。

（3）创新组织。主要是关注器材、场地设计和调度及各层的组数、人数的处理。首先，要创设不同的运动条件（器材、场地设计）或情境，最大限度地适应各层学生的学习实际和可能性。如：创设“对墙垫子做蹬地提臀看天练习”，旨在通过“墙垫子”以支撑练习者身体的运动条件，鼓励学生蹬地提臀前倾，解决即便“低头看天”也不敢前倒的那些基础较差学生的心理恐惧问题。再如：创设“腹部夹住空矿泉水瓶子+斜坡完整动作练习”，旨在利用腹部夹住矿泉水瓶子强化收腹团身动作。改平地为斜坡场地，旨在降低难度，适应那些滚一半、坐在垫子上起不来的能力稍弱的学生，等等。其次，提前关注各层的人数、组数。不同的分层意味着不同的教学组织形式，各层的人数、组数都有可能影响器材、场地的布置。如：该练习内容2～3人小组较为适宜，在第一层中必须考虑“墙垫子”中“墙”在何处，或者“墙”如何创设、几个小组如何布置等问题。而在前述操作中，只有在课堂分层诊断后，各层的人数、组数才得到“准确”的认定。倘若教师能在分层前已经了解，则有利于最大限度地创设或现场调度器材和场地。

（4）优化使用。一是要简洁明了。由于任务单是“学生”在阅读使用，因此要力求图文并茂，通俗易懂，文字表述不宜专业性过强。二是要体现灵活性。如：任务单对各小组练习次数等要求有大致范围即可，应视学生实际水平有一定的选择性。练习内容在难度上体现一定的递进性等。三是要即时指导。首先，看图断文对学生来说，不是一蹴而就的，须循序渐进；其次，初期运用任务单学生缺乏经验，须即时反馈、矫正。在课前发放任务单，了解基本结构、思路等，也是可行的做法。四是须不断完善。如：第二层“一名学生扔矿泉水瓶，练习者滚翻后接矿泉水瓶”的练习，由于瓶子扔得过高，阻碍了学生向前成蹲撑的问题，未能达到预期目标。那么，以后在运用任务单时，即应标明目的与

时机等。（教学反思经修改后发表于《中国学校体育》杂志2015年第9期）

七、专家点评

本课较为鲜明的特点有三处：一是分层教学的实施较好地对接了学生的实际基础，因材施教，契合了以学生发展为中心的新课改理念。尤其是基于目前小学、初中学段部分教学内容衔接不够的现实，能够直面问题，做到了充分尊重学生，在一定程度上解决了泛泛而教的问题。二是小组合作学习任务单的有效运用，使得学生的学习目标明确，手段有效，层次清晰，具有较强的针对性，使得学生“跳一跳，够得着”，符合学生最近发展区的基本理论，在一定程度上解决了泛泛而学的问题。因此，无论是教学设计或是具体操作，均有一定的借鉴价值和推广意义。但同时，我们必须看到，有效的分层教学对教师、学生能力均提出了更高的挑战。比如：教师备课时对教材深度的挖掘、学生基础及学习能力等各种情况的掌握、适当教学条件的创造等都需要课前充分预设准备。同时，对教师课堂能力掌控也提出了更高的要求。这都是教师不能回避的问题。三是有效的体能练习。无论是分组时的技能学习中融入身体素质练习，而不是等待，或是专门性体能练习，均是有益的做法。我们有理由相信，只有勇于尝试，才能不断在教学中发现问题，才能真正去解决一些一直困扰我们的现实问题，继而有效地提高我们的课堂教学质量。

（于涛，乳山市教研中心艺体教研室主任）

八年级“体育与健康”足球实践课：正面头顶球单元教学计划

刘艳妮　荣成市蜊江中学

课时	学习目标	学习内容	教学建议
单元学习目标	1. 学生了解正面头顶球技术的名称和方法，愿意与同伴一起愉快、积极地参与学习和比赛 2. 通过各种练习形式，掌握正面头顶球技术，并将所学技术运用到教学比赛中 3. 发展学生腰腹肌、颈部力量及协调、速度、耐力等身体素质 4. 积极参与各种练习，在合作学练中，体验获得知识和技能的快乐；在游戏和比赛中，培养学生的竞争意识、规则意识和团队合作拼搏的优良品质		
单元教学内容	1. 正面头顶球技术（4-1）—原地、移动中头顶球 2. 正面头顶球技术（4-2）—跳起空中头顶球 3. 正面头顶球技术（4-3）—简化规则的教学比赛 4. 考核与评价（4-4）		
1	1. 学生知道正面头顶球技术是足球比赛中空中争抢及射门的一项重要技术，了解正面头顶球技术要点 2. 80%左右学生能准确地在原地用前额正面头顶球，做到上体后仰、全身协调用力，击球方向正；20%左右的学生能根据来球准确选位，击球远度3~5米 3. 在学练中，发展学生灵敏、协调、力量、速度耐力等身体素质 4. 在学练中，同学间互帮互练，通过教学比赛增强自信心，培养合作学习能力，增强团队意识	1. 正面头顶球技术（4-1）—原地、移动中头顶球 重点：前额顶球、顶球时机 难点：下肢及腰腹协调发力 2. 体能练习：有氧跳绳、平板支撑、弹跳练习、立卧撑	1. 热身与游戏 2. 游戏实践：发现共性问题 3. 根据问题采取相应措施，引导学生逐步掌握正确的技术动作 4. 挑战积分比赛 5. 素质练习
2	1. 学生知道正面头顶球技术—跳起空中头顶球技术的动作要点 2. 80%左右学生能准确地跳起用正面头顶球，做到上体后仰、全身协调用力，20%左右的学生能通过脚步移动准确判断来球，调整头顶球时的身体姿态，跳起头顶球 3. 在学练中，发展学生力量、灵敏、协调、速度耐力等身体素质 4. 在学习中，愿意配合队友练习，培养学生的合作意识，勇敢顽强、机智果断的优良品质	1. 正面头顶球技术（4-2）—跳起空中头顶球 重点：跳起正面头顶球 难点：起跳的时机及空中协调发力、顶球有力 2. 体能练习：头顶地滚球—仰卧四足搬运	1. 热身与游戏 2. 教学比赛：发现共性问题 3. 根据问题采取相应措施，引导学生逐步掌握正确的技术动作 4. 小场地教学比赛 5. 素质练习

续表

课时	学习目标	学习内容	教学建议
3	1. 学生知道正面头顶球技术在处理高空球的重要性 2. 80%左右学生能准确地用正面顶不同角度的来球，做到上体后仰、全身协调用力，20%左右的学生能准确判断来球，调整头顶球时的身体姿态，跳起头顶球 3. 在学练中，发展学生反应、灵敏、协调等身体素质 4. 在比赛中，小组间密切配合，顽强拼搏，公平竞争，培养团结拼搏，永争一流的优良品质	1. 正面头顶球技术（4-3）—简化规则的教学比赛 重点：原地，移动和空中前额正面头顶球技术 难点：空中前额正面头顶球的时机、顶球有力 2. 体能练习：挑战4分钟15米折返跑	1. 热身与游戏 2. 复习原地、行进间和跳起空中头顶球技术 3. 小场地教学比赛 4. 素质练习
4	1. 学生明确考核方法和标准 2. 85%以上的同学能够用正确的正面头顶球技术顶球，上体后仰，全身协调发力，击球有力 3. 在考核中积极进取，考出最佳成绩；为同伴考核提供帮助	1. 考核与评价（4-4） 2. 考核内容：离球门6米，接抛球用正面头顶球射门 3. 体能练习：平板支撑—仰卧四足走—立卧撑—有氧跳绳	1. 热身与牵拉 2. 宣布考核内容和标准 3. 组织考核（教师和学生考核组） 4. 总结评价 5. 素质练习
单元学习评测标准	优秀	良好	及格
	能用正确的正面头顶球技术顶球，做到上体后仰，全身协调用力，击球有力，击球距离在4~5米左右；2次有一次跳起用正面头顶球技术顶球，一次原地头顶球，至少成功一次	能用正确的正面头顶球技术顶球，做到上体后仰，全身协调用力，击球较有力，击球距离在3米以上；2次均用原地正面头顶球技术顶球，至少成功一次	能做到用正确的正面头顶球技术顶球，全身协调用力，击球距离在2米左右，2次均用原地正面头顶球技术顶球，至少成功一次

正面头顶球技术及体能练习教学设计

年级：八年级　水平四　人数：40人　教师：刘艳妮　时间：2018.11.6

一、指导思想

依据《体育与健康课程标准》关于“掌握体育与健康的基础知识、基本技能与方法，增强体质”，关注“让学生体验运动的乐趣和成功”等精神，围绕“中国健康体育课程模式”理念，关注运动技能、体能练习、运动负荷关键要点展开教学。本课是鲁教版《体育与健康》教材八年级足球单元的内容，本课引导学生在足球练习中养成思考习惯、观察习惯，使学生在“乐中练，练中想，想中做”。采取措施，由易到难，引导学生逐步掌握正面头顶球基本技术；秉承精讲多练原则，为学生创设尽可能多的练习时间。

二、学情分析

八年级学生，他们的足球基础比较薄弱，但他们对足球运动充满激情，参与积极性比较高。因此，教师选择辅助器材和练习要切合学生的实际水平，力求简单、实用、有趣，以调动学生的参与热情，激发他们积极参与到足球技术学习中来。

三、教材分析

头顶球技术是初中阶段最富有挑战、最难掌握的足球基本技术之一。在教学中，本人采用多种举措来增加趣味性，降低技术难度，帮助学生克服恐惧心理，激发学生参与学练的积极性，引导学生一步步掌握技术，并将所学技术运用到比赛中。

四、教学策略分析

针对部分学生对头顶球技术比较恐惧，为了降低难度，为学生准备软式排球，降低触球痛感；为了增加触球的次数，在学习技术的初期阶段，将足球装入网袋，促使学生反复触球；为了培养学生的防守意识，在热身阶段采用影子游戏，使游戏中的两人形影不离；为了鼓励学生用正面头顶球技术进行比赛，在规则上做出调整，采用脚踢球射门进球得1分，而采用正面头顶球技术进球得2分。

五、重难点分析

学习重点：前额顶球、顶球时机。

学习难点：下肢及腰腹协调发力。

正面头顶球技术及体能练习教学设计

年级：八年级　水平四　人数：40人　教师：刘艳妮　时间：2018.11.6（4-1）

<table>
<tr><td>学习阶段</td><td>水平四</td><td>备课日期</td><td>2018.11.6</td><td>课型</td><td>新授课</td></tr>
<tr><td>学习目标</td><td colspan="5">1. 学生知道正面头顶球技术是足球比赛中空中争抢及射门的一项重要技术，能用语言表达正面头顶球技术要点
2. 85%以上学生能准确地在原地用前额正面头顶球，做到上体后仰、全身协调用力，击球方向正；15%左右的学生能根据来球准确选位，击球远度3～5米
3. 在学练中，发展学生灵敏、协调、力量、速度耐力等身体素质
4. 在学练中，同学间互帮互练，通过教学比赛增强自信心，培养合作学习能力，增强团队意识</td></tr>
<tr><td>学习内容</td><td colspan="2">正面头顶球技术</td><td>课时安排</td><td colspan="2">八年级第四章　足球（4-1）</td></tr>
<tr><td>学习重点</td><td colspan="5">前额顶球、顶球时机</td></tr>
<tr><td>学习难点</td><td colspan="5">下肢及腰腹协调发力</td></tr>
<tr><td>教学准备</td><td colspan="5">足球门2副、足球41个、软式排球10个、标志碟24个、分队服20件、呼啦圈2个、小球网20个、即时贴40个</td></tr>
</table>

续表

教学过程						
过程	学习内容	教师指导	学生活动	组织、要求	运动负荷	
					次数	时间
开始部分 2分钟	课堂常规： 1. 集合整队，师生问好 2. 宣布课的内容与要求 3. 检查服装，安排见习生	1. 督促学生集合整队，向学生问好 2. 导入课题，提出要求 3. 安排见习生	1. 向教师问好 2. 明确本课内容与目标，建立自信 3. 见习生随堂听课	组织：四列横队站在足球场中圈 要求：明确学习内容与目标		
	队列队形练习： 原地三面转法、4列横队变8列横队、8列横队变4列横队	1. 教师口令指挥 2. 口令指挥，并跟随跑动	1. 集中注意力，积极参与 2. 团结合作，齐头并进跑动	组织：四列横队站在足球场中圈 要求：动作一致，整齐划一；齐头并进，到达指定位置		
准备部分 8分钟	一、列队、并队跑 二、足球热身操6节 三、游戏：影子追逐 四、动力性牵拉：颈部、腰部	一、引导学生练习 二、领做热身操 三、讲明游戏方法，用音乐指挥 四、领做牵拉	一、听指令做练习 二、根据老师的要求，8个小组分散在4个场地，在小组长的带领下，积极参与练习 三、在老师指引下积极参与游戏 四、跟随老师一起练习	组织： 1. 8个小组分别在4个场地进行练习 2. 充分利用整个练习场地 3. 围到教师身边进行练习 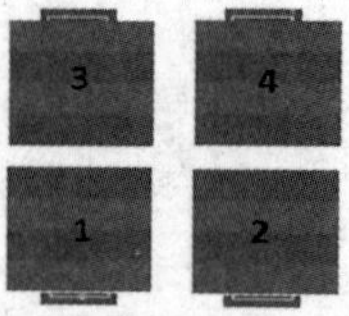 要求：积极跑动，遵守规则，充分利用场地，准备活动充分	1 1 4 1	1.5 2 2 2

续表

教学过程						
过程	学习内容	教师指导	学生活动	组织、要求	运动负荷 次数	 时间
基本部分 30分钟	一、玩球：体验正面头顶球 1. 原地顶球	一、 1. 引导学生体验前额正面头顶球	1. 同伴间合作顶球练习	1. 组织： 	1	1
	2. 双人互顶球	2. 引导学生两人的配合	2. 踊跃参与，大胆尝试	2. 组织：  要求：积极参与，大胆尝试，配合默契	1	1
	二、学习正面头顶球技术 1. 徒手练习	二、请一位学生配合老师示范 1. 统一口令下引导学生徒手模仿练习	1. 口令一：两脚前后站，两臂体前屈，上体后仰，梗颈 口令二：收腹击球	1. 组织： 	4	1
	2. 一人持固定球一人顶	2. 教会学生击固定球的方法	2. 与同伴密切配合，体会击球动作	2. 组织： 	6	2
	3. 近距离一人抛球一人顶 （1）体验	3. 讲解抛球方法及两人配合练习的方法 （1）引导学生开始尝试练习	3. 做近距离的一抛一顶练习，注意呼应 （1）互换角色一抛一顶练习	3. 组织： 	若干	2
	（2）发现问题：掌握不好顶球时机，采取措施：原地一人持摆动球，一人跪顶	（2）引导学生体验击球的时机	（2）一人站立慢速摆动球，另一人盯准时机击球		6	2
	（3）一抛一顶练习	（3）提醒击球部位与击球时梗颈	（3）巩固提高练习	4. 组织： 	6	2
	4. 拉长距离一抛一顶练习 （1）体验练习	4. 引导学生拉长练习的距离 （1）观察，指导	4. 拉长距离的一抛一顶练习 （1）观察学习		若干	2
	（2）发现问题：顶不远，采取的措施：振摆练习	（2）引导学生找到影响击球不远的原因，请一位同学配合教师做震摆示范	（2）找到原因，练习震摆		2	1
	（3）巩固提高练习	（3）引导学生练习	（3）两人默契配合，共同提高	测评：相同时间内，看哪位同学成功击球超过5米（女生4米）	若干	1

续表

教学过程						
过程	学习内容	教师指导	学生活动	组织、要求	运动负荷 次数	运动负荷 时间
基本部分 30分钟	5. 教学比赛： 足球争霸赛	5. 教师讲解示范、游戏方法 规则：采用脚传接球射门成功一次得1分；采用手抛球传接，头顶球射门成功一次得2分	5. 明确游戏规则，团结合作，争取赢得比赛	5. 组织：  要求：遵守游戏规则，团结合作，公平竞争，注意安全	1	3
	6. 素质练习： 有氧跳绳、平板支撑、弹跳练习、立卧撑	6. 示范，带领学生练习，过程性指导	6. 认真听讲，明确练习方法，踊跃尝试，挑战极限	6. 组织：  要求：练习紧凑，配合默契，积极完成练习	2	10
结束部分 5分钟	1. 集合，放松练习：静力牵拉 2. 总结 3. 布置课后作业 4. 师生再见，回收器材	1. 教师示范放松动作，在音乐的伴奏下引导学生练习 2. 教师引导学生共同总结 3. 布置课后作业 4. 与学生道别，布置回收器材	1. 快、静、齐带球到教师身边，模仿教师动作牵拉 2. 明确自身水平，找到不足 3. 明确课后作业 4. 与教师道别，回收器材	组织：  要求：放松身心，总结收获与不足，课后勤加练习，回收器材	1 1 1 1	3

预计效果				课后作业	
预计效果	生理指标	运动密度	75%	课后作业	1. 头球有哪几种技术，在网上搜集欣赏 2. 课后复习，并尝试在比赛中应用
	生理指标	平均心率	145次/分		
	综合指标	愉悦程度	愉悦		
	综合指标	参与程度	高		
	综合指标	合作程度	好		

课后反思：

授课语言不够精练，一些简单的动作教师可直接带领学生一起练习，不必过多讲解技术要点，语调过于平淡，缺乏激情，课堂号召力还是不强。在课的组织上还有很多值得改进的地方，比如：减少集合，少打断学生练习的时间，增加练习密度，让学生在最短的时间内效率达到最高。场地略小，因为学生的足球水平相对较差，可以适当增加场地大小，避免球频繁出界，学生因捡球而耽误练习时间，降低练习密度。

专家点评：

足球正面头顶球技术相对于八年级初次接触该技术的学生而言有新鲜感，也有一定难度。学生会充满好奇，有学习兴趣，又会有些许惧怕心理。以腰腹发力，用正确的部位——前额顶球是本次课的教学重点，把握顶球时机主动迎击球是本次课的教学难点所在，而如何引导学生在接近实战的情境中应用该技术是本次课技能教学的重中之重。执教教师引导学生从玩球入手，让学生感受头顶球的部位，逐渐消除学生对该技术的恐惧心理；以无球练习引导学生体会用力顺序，以顶固定球体验原地正面头顶球技术；以逐渐加大距离的一抛一顶练习，让学生由易到难地学习领会该技术。练习设计循序渐进，并用前额贴标志物、跪顶钟摆球、蹬地腰腹发力等让学生进一步明确顶球部位、顶球时机和用力顺序，有效地解决了教学重点，突破了教学难点，在简单有趣的练习中学生正面头顶球技术技能逐步形成。纵观本节课，学生练习积极热情高、学习效果好。

有些遗憾的是，课后半部分的比赛设计没有很好地应用或者拓展原地正面头顶球技术。如果以比赛形式让学生在完成各种移动练习后，用原地正面头顶球技术顶不同方向的来球，并将其射入球门，会更接近实战，并增加学生练习的挑战性，使之学以致用，并使本节课的原地正面头顶球技术教学更加趋于结构化。

（吕兵文，威海教育名家工作室主持人）

六年级“体育与健康”排球实践课单元教学计划

<table>
<tr><td>学校</td><td>威海市第七中学</td><td>执教老师</td><td>郝洪磊</td><td>年级</td><td>六</td><td>人数</td><td>44</td></tr>
<tr><td>学时</td><td>5</td><td colspan="2">学段</td><td colspan="4">水平四</td></tr>
<tr><td>单元目标</td><td colspan="7">1. 运动参与：通过本单元对排球基本技术的学习，使学生不断地产生成功的体验进而培养学生对排球运动的练习兴趣
2. 运动技能：学习和掌握排球的基础知识、基本技术，使70%以上的学生掌握准备姿势、正面双手垫球和正面下手发球的技术动作
3. 身体健康：发展学生的柔韧、速度、灵敏、耐力、协调、力量等身体素质，增进学生的健康
4. 心理健康：通过小组合作学习、解决疑问、学生展示等活动，使学生体验到成功感并喜欢排球运动
5. 社会适应：在排球活动中形成热情、开朗的性格，在学练过程中培养学生的团体意识、进取精神和合作交往的能力</td></tr>
<tr><td>教材</td><td colspan="7">排球</td></tr>
<tr><td>课次</td><td>教学内容/重难点</td><td colspan="2">学习目标</td><td colspan="3">教与学的主要对策</td><td>安全措施</td></tr>
<tr><td>1</td><td>1. 准备姿势和移动
2. 排球手型和自垫球
重点：自下而上的用力顺序
难点：所学知识在实际当中的运用</td><td colspan="2">1. 85%以上同学熟练掌握准备姿势和移动、排球的手型和自垫球的动作要领，并能够熟练地应用
2. 在学练中，同学间形成合作意识</td><td colspan="3">1. 熟悉球性
2. 教师讲解，学生模仿练习
3. 学生两人一组练习
4. 自垫球练习
5. 游戏法练习
6. 学生根据教师要求进行探究学习</td><td>伤病假学生的安排，课中准备充分</td></tr>
<tr><td>2</td><td>1. 排球正面双手垫球
2. 身体素质练习
重点：垫球手型和击球部位
难点：上下肢的协调配合</td><td colspan="2">1. 70%的学生能说出正面双手垫球的动作要领
2. 90%以上学生在移动垫球过程中能够结合移动步伐进行垫固定球练习
3. 在学习中形成不畏困难、勇攀高峰的品质</td><td colspan="3">1. 教师讲解、示范正面双手垫球的动作要领：一插、二夹、三抬、四蹬
2. 学生分组练习
3. 垫固定球
4. 学生在教师引导下进行体验，小组交流，友伴型组合练习
5. 教师总结、归纳并以口诀的形式讲解，学生再次学练</td><td>及时提醒，互帮互助</td></tr>
</table>

续表

课次	教学内容/重难点	学习目标	教与学的主要对策	安全措施
3	1. 排球正面双手垫球 2. 游戏：夹球跑 重点：直臂垫球 难点：同伴间的协调配合	1. 90%的学生能说出正面双手垫球的动作要领 2. 80%以上学生在移动垫球过程中能够结合移动步伐进行一抛一垫练习 3. 在学习中形成互相协作、善于观察的能力	1. 教师讲解、示范一抛一垫、两人对垫的动作要求 2. 学生两人一组一抛一垫练习 3. 两人一组尝试对垫练习 4. 学生在教师引导下进行体验，小组交流，友伴型组合练习 5. 教师总结、归纳，学生再次学练	及时提醒，互帮互助
4	1. 正面下手发球 2. 低难度排球赛 重点：直臂击球和击球后球的路线 难点：击球点的准确性	1. 95%的学生能够说出正面下手发球的要领 2. 85%以上学生能学会正面下手发球，隔网6米完成发球 3. 在学练中逐渐形成勇于挑战的优良品质和团结一致、密切配合的团队精神	1. 教师讲解，学生徒手练习 2. 学生分组练习 3. 观看看板，小组讨论 4. 小组长带领练习 5. 教师总结，学生分层继续学练 6. 个别纠错	合理组织，告诫学生练习时注意来球
5	1. 发球—垫球串联 2. 游戏：发球比准 重点：垫球技术正确运用 难点：发球的准确性	1. 85%的学生能够说出发球—垫球的注意事项 2. 60%的学生能够掌握发球—垫球的串联技术 3. 建立团结协作相互帮助的和谐人际关系	1. 教师讲解，并示范 2. 学生由无网近距离开始练习 3. 增加难度练习（加大距离、隔网发球） 4. 教师巡回指导 5. 教师总结，学生分层继续学练	合理组织，告诫学生练习时注意来球
单元评价标准	1. 优秀：动作流畅、连贯、协调，击球点固定且正确，有较好的击球效果，学练主动，乐于帮助，勤于思考 2. 良好：动作较流畅、连贯，击球点比较固定，无明显失误，学练主动，善于合作 3. 及格：能完成完整动作，击球点不固定，击球效果一般，学练较努力 4. 有待提高：技术动作不稳定，动作不够协调，击球点时好时坏，学练被动 评价方法：教师评价、学生评价（自评、互评）			

六年级“体育与健康”排球：正面下手发球教学设计

郝洪磊　威海市第七中学

一、指导思想

排球运动是《体育与健康》教学内容不可缺少的组成部分，是学生非常喜爱的学习内容之一。本节课遵循《体育与健康课程标准（2017年版）》精神及“健康第一”课程理念，围绕中国健康体育课程模式的要求，从运动负荷、体能练习、运动技能三个关键要点展开教学。注重以学生发展为中心，发挥学生的主体作用，提高学生的运动能力、健康行为、体育品德三方面的核心素养，促进学生身心健康、体魄强健。

二、教学分析

山东省教育出版社的教材，“五四制”初一排球有球技术学习：正面双手垫球和正面下手发球。在排球正面下手发球技术中，手击球的部位与击球时保持直臂是影响发球质量的关键所在。正确的击球部位应是在球的后下方，如果偏下球就会向上飞行，而不能过网；如果偏上，球就会下网；如果偏左或偏右，球就会向旁边飞行。手腕旋转角度的大小与击球后球的飞行方向也是密切相关的，因此，在教学中如何探讨以上问题是我们教学的重要环节。

三、学情分析

本节课的教学对象六年级男女学生。本课选择的排球正面下手发球是一项技术性较强的项目，大部分同学在小学还没接触过排球，要想在短期内学会排球的垫球、传球、发球等一系列排球专业技术，难度较大。因此在教学目标设计上，采用由易到难，一步一步升级的方法，提升学生的学习兴趣，促使学生的技术水平得以提高。在排球正面下手发球的技术中手击球的部位与击球时保持直臂是影响发球质量的关键所在，正确的击球部位是球的后下方。

四、教学重点、难点

重点：直臂击球和击球后球的路线

难点：击球点的准确性

五、教学策略

本节课的教学依据是中国健康体育课程模式的三个关键点进行设计，基本策略如下：

1. 导入新课。通过宣布本节课内容及目标让学生对本节课做好相关准备。

2. 准备部分。一是通过场地慢跑让学生学习排球场地的相关知识。二是通过排球热身操活动使得相应的关节和肌肉充分热身。三是考虑部分学生的实际，在专项准备活动练习中，通过抛接球、直臂垫球来增加学生对接下来的学习做好衔接工作。

3. 基本部分。一是主要通过循序渐进进行练习。让学生通过对逐渐增加的发球距离进行体验和练习，练习过程中体现分层教学。二是通过自制看板对重难点进行详细解说，让学生明白其中的精髓，进一步改进练习。三是通过降低难度的排球比赛，让学生在比赛中运用所学技术，并鼓励学生不断地向更大难度发球发起挑战，进而提升他们的学练兴趣。

4. 结束部分。一是通过自编操进行放松；二是师生一起总结，为下一步的学习奠定基础。

“体育与健康”课时教学计划

上课地点：威海市第七中学　时间：2019.1.18　执教教师：郝洪磊

<table>
<tr><td>学习目标</td><td colspan="7">1. 95%的学生能够说出正面下手发球的要领
2. 85%以上学生能学会正面下手发球，隔网6米完成发球。发展爆发力、协调、速度耐力等身体素质
3. 在学练中逐渐形成勇于挑战的优良品质和团结一致、密切配合的团队精神，同时体验下手发球带来的快乐</td></tr>
<tr><td>教材</td><td colspan="7">排球：正面下手发球</td></tr>
<tr><td colspan="2">教学重、难点</td><td colspan="6">重点：直臂击球和击球后球的路线
难点：击球点的准确性</td></tr>
<tr><td rowspan="2">课的部分（时间）</td><td rowspan="2">教学内容</td><td rowspan="2">教师指导</td><td rowspan="2">学生活动</td><td rowspan="2">组织与要求</td><td colspan="3">运动负荷</td></tr>
<tr><td>时间</td><td>次数</td><td>强度</td></tr>
<tr><td>开始部分</td><td>一、课堂常规
1. 集合整队师生问好
2. 检查服装，安排见习生
3. 宣布课的内容与目标

二、队列练习
1. 原地转法
2. 跨立一立正，蹲下起立
3. 齐步走一立定</td><td>1. 督促学生集合整队，向学生问好
2. 检查服装，安排见习生
3. 说明学习内容与目标

1. 教师提示动作要领，组织比赛
2. 教师统一口令练习</td><td>1. 快速集合，向教师问好
2. 收起不安全饰物，见习生见习
3. 明确本课内容与目标，建立自信
学生跟随口令练习</td><td>○○○○
○○○○
××××
××××
☺
强化课堂常规，使学生明确学习内容与目标

要求：注意力集中，动作整齐划一</td><td>2

2</td><td>1

3~4</td><td>90~100次/分</td></tr>
<tr><td>准备部分</td><td>一、热身跑（花样跑），学习场地常识

二、热身操
1. 腹背运动
2. 体转运动
3. 踢腿运动
4. 弓步压腿
5. 侧压腿
6. 活动手脚腕
三、球性练习
1. 左右手抛球
2. 左右手连续直臂击球</td><td>1. 教师口令指挥，跟我学，播放音乐
2. 及时指导和引领活动路线
3. 教师带领练习
1. 教师口令指挥
2. 引导学生喊口号
3. 教师带领练习

1. 教师讲解要求
2. 教师领做</td><td>1. 随教师一起练习
2. 保持循环间距慢跑并做各种跑的练习
1. 学生随教师统一口令模仿练习
2. 学生统一喊口号练习

1. 学生认真听讲
2. 跟随教师完成动作</td><td>组织：一路纵队绕圆形场地跑动
要求：速度适中、动作协调
组织：四排横队
✦✦✦✦✦✦✦✦
✦✦✦✦✦✦✦✦
✦✦✦✦✦✦✦✦
✦✦✦✦✦✦✦✦
★
要求：口令清楚，口号响亮，学生积极回应，遵守规则
组织：如上图
要求：学生认真完成动作</td><td>2

4

1</td><td>1

1

1</td><td>100~110次/分

130~140次/分</td></tr>
</table>

续表

课的部分（时间）	教学内容	教师指导	学生活动	组织与要求	运动负荷		
					时间	次数	强度
基本部分	一、正面下手发球 要点：1.面对球网，两脚前后站立 2.将球抛稳 3.右臂由后向前直臂摆动，用全手掌、掌根或拳击球的后中下部 4.击球后身体重心前移 二、学生徒手练习	1.教师与学生合作正面下手发球 2.讲解练习要求及动作要点 3.带领学生做徒手练习	1.认真观察教师示范 2.认真听教师讲解动作要点 3.根据教师提示完成动作	组织：四排横队 ✦✦✦✦✦✦✦✦✦ ✦✦✦✦✦✦✦✦✦ ✦✦✦✦✦✦✦✦✦ ✦✦✦✦✦✦✦✦✦ ★ 要求：认真听讲，按要求完成任务	2 2	1 10~15	130~140次/分
	三、学生两人一组相距3米练习 四、学生两人一组相距5米练习	1.教师讲解练习方法及要求 2.教师组织学生变队，并提示学生要适当加力量。教师巡回过程中，发现击球点不准确、击球姿势不对时，告知学生到指定区域击打固定球作改进练习	1.与同伴一起，按教师要求积极尝试练习 2.根据教师的提示完成动作。在击打固定球时，学生按教师提示完成动作	组织：两人一组面对面练习 由易到难，逐步增加难度，注重观察及同学间的呼应	2 2	20~30	130~150次/分
	五、结合看板纠正错误 六、继续进行改进练习	1.教师提出学生在练习过程中，出现击球点变化而导致击球线路变化的问题。让学生回答并借用看板指出相对应的方法 2.提示学生本节课的重难点 3.组织学生继续改进练习	1.积极回答老师的问题，主动参与活动 2.认真听讲和练习 3.学生根据教师提示做进一步改进练习	组织：四排横队 ✦✦✦✦✦✦✦✦✦ ✦✦✦✦✦✦✦✦✦ ✦✦✦✦✦✦✦✦✦ ✦✦✦✦✦✦✦✦✦ ★ 要求：学生根据教师的讲解认真练习	2 2	1 8~12	130~150次/分
	七、两人一组尝试性隔网发球练习 1.男生分别距离球网6米左右 2.女生距离球网5米左右 八、低难度排球赛： 做法：5人一组在6×6米的场地内，进行比赛	1.教师讲解隔网尝试性发球练习的要求 2.教师讲解比赛的规则，引导学生进行“发一接”模拟对抗赛，同学根据自己能力发球	1.根据要求认真练习 2.明确比赛规则，比赛双方相互监督完成进行比赛	根据情况进行比赛	3 5	10~20 20~40	140~160次/分

续表

课的部分（时间）	教学内容	教师指导	学生活动	组织与要求	运动负荷 时间	 次数	 强度
基本部分	九、素质练习 1. 合作跳 2. 小飞机 3. 指令跑 4. 平板支撑	教师示范，引导学生练习，巡回指导	仔细听讲，大胆尝试，积极完成任务	加强学生四肢协调性，发展腰腹肌及上下肢力量，促进学生全身协调发展	10	2~3	150~170次/分
结束部分	1. 集合 2. 放松练习 3. 总结 4. 布置课后作业 5. 师生再见，回收器材	1. 教师示范放松动作，在音乐的伴奏下引导学生练习 2. 教师和学生共同总结 3. 与学生道别，布置回收器材	1. 快、静、齐到教师身边 2. 模仿教师动作牵拉 3. 明确自身水平，找到不足 4. 明确课后作业 5. 与教师道别，回收器材	○○○○ ○○○○ ×××× ×××× ☺ 放松身心，总结收获与不足，鼓励学生多练习	3 1	1	90~100次/分
运动负荷预计	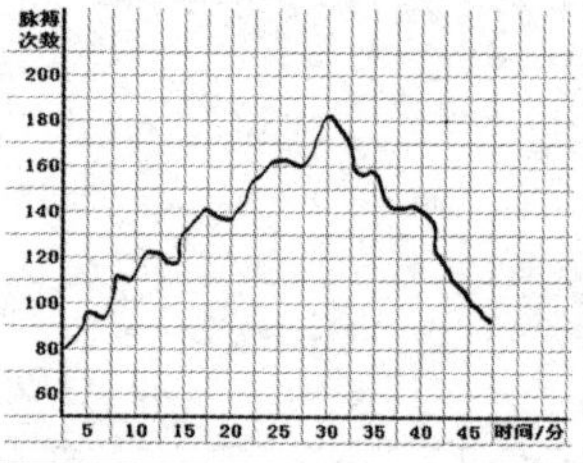 	场地器材	排球场两片 呼啦圈4个 排球44个	安全措施	告诫学生注意来球	运动密度 平均心率预计	75% 151次/分
课后反思	1. 教学重难点的把握比较到位。为了使学生更加直观地看到排球下手发球的击球点和击球后球的运行路线，我自制了一个手臂可移动的看板来当作教学用具。讲解时，让学生参与其中，使学生更加直观地看到正面下手发球的击球点和击球后的路线 2. 对待不同能力的学生就要有不同的教学方法。针对很多孩子还是找不准击球点的现象，我在排球柱旁边准备一个固定球。在教师巡回过程中，发现还是有上述现象出现，我就给他开“小灶”，给予单独指导和练习 不足的地方：在准备活动中音乐的选定没有起到锦上添花的作用，音乐的节奏感不是特别强，致使学生在跑动过程中跟不上音乐，使得活动设计很好，但效果不佳						

专家点评：

亮点：这节课是依据义务教育阶段《体育与健康课程标准（2011年版）》的要求和践行中国健康体育课程模式的理念来设计的。

（1）很好地体现了中国健康体育课程模式的三个关键点。运动负荷设计合理（运动密度是75%，学生的平均运动心率是151次/分）。课堂上教师引导学生进行直观的自主学习，团队合作探究，同时激发学生学习的兴趣，从而体现出学生为主体，教师作为引导者的课堂效果，既能让学生积极投入到主动探究学习知识中去，也能很好地解放教师，从而做到高效课堂。

（2）运用循序渐进的教学方法。在整堂课上，郝老师先进行徒手动作的讲解，从两人一组无网发球练习慢慢过渡至有网发球练习，然后加大练习距离使得学生由易到难地掌握正面下手发球这一技术动作。从掌握的情况来看，学生很容易入手也能很好地完成教学目标。在课堂上安排了10分钟左右的体能练习，方法灵活多样，让学生同时进行练习，四个练习内容也分别锻炼了身体不同部位。

（3）解决重难点的方法得当。郝老师的课堂中自制看板的运用很好地解决了本节课的重难点。学生在观看完看板之后，我从学生的练习过程中不难看出，学生有意识地按照看板展示的内容来完成动作，说明它的作用非常大，这也是整堂课的亮点。

建议：对任教班级的学情掌握情况还是不够全面，还要加强这方面的能力，提前对学情情况进行备课。

（尹耀，乳山市徐家镇中心学校校长）

水平二篮球单元教学计划

<table>
<tr><td>单位</td><td>文登区教育教学研究中心</td><td>执教老师</td><td>姜建明</td><td>年级</td><td>三</td><td>人数</td><td>32</td></tr>
<tr><td>学时</td><td>5</td><td colspan="3">学段</td><td colspan="3">小学</td></tr>
<tr><td>单元目标</td><td colspan="7">1. 体验篮球运动带来的乐趣，并在学习中增强学习的能力与自信心
2. 初步掌握拍球的技巧，提高身体的协调能力、灵敏性及控球能力，养成锻炼的好习惯
3. 培养在学习中团结互助，勇于创新、敢于自我挑战的品质</td></tr>
<tr><td>教材</td><td colspan="7">篮球</td></tr>
<tr><td>课次</td><td>教学内容/重难点</td><td colspan="2">学习目标</td><td colspan="3">教与学的主要对策</td><td>安全措施</td></tr>
<tr><td>1</td><td>篮球：原地拍球
1. 拍球不同部位
2. 游戏：合作青蛙跳
重点：五指分开，自然弯曲</td><td colspan="2">通过各种形式的拍球，巩固动作，加强学生的创新能力。初步掌握拍球的技术要领，发展灵敏性及协调性，加强协作能力</td><td colspan="3">1. 让学生了解拍球的手形与手法
2. 体验不同拍球部位
3. 站、坐、蹲等姿势的拍球、左、右手拍球
4. 单人原地、走动拍球
5. 左、右手拍球
6. 两人合作拍球：面对面、同一线</td><td>1. 保持好间距，保护好合法区域
2. 禁止踩球
3. 禁止用球疯打闹</td></tr>
<tr><td>2</td><td>篮球：行进间运球
游戏：运球躲避障碍
重点：触球部位和触球点，以及控制球的能力
难点：全身的协调性和上肢控制球的力量和方向</td><td colspan="2">学习篮球中的行进间运球；激发积极参与体育活动，提高学生对篮球的兴趣。通过这节课的学习掌握手拍球的部位问题，提高学生的行进间和运球时球在身体右侧前方（右手为例）及力度掌控的运球时能力。结合快速反应游戏，发展学生的快速反应能力</td><td colspan="3">1. 原地左（右）手运球，高度在腰、胸之间
2. 原地左（右）手运球，高度在膝以下
3. 行进间运球</td><td>1. 保持好间距，保护好合法区域
2. 禁止踩球
3. 禁止用球疯打闹</td></tr>
</table>

续表

课次	教学内容/ 重难点	学习目标	教与学的主要对策	安全措施
3	1. 篮球运球与游戏 2. 体能练习 重点：行进间运球。 难点：动作运用熟练；积极参与学习，能在对抗比赛中击打对方的球	学生能描述练习方法，说出动作名称和术语。初步掌握行进间运球急起急停的动作技术要领。培养学生运球的能力，提高运球时手脚配合的协调性	1. 教师示范并讲解行进间运球急起急停的动作方法和要领 2. 学生分小组进行散点练习 3. 教师巡回辅导，组织观摩学习、讨论评价 4. 学生分组在教师指导下集体练习 5. 分组比赛观摩学习评价，提供自我展示平台	1. 保持好间距，保护好合法区域 2. 禁止踩球
4	篮球基本功：行进间运球过障碍物 重点：过障碍物 难点：重心低，控制好球，速度快	学生能描述练习方法，说出动作名称和术语。掌握运球过障碍物的动作技术。提高学生的运球、控球的能力。提高学生学习篮球技术的兴趣，学会展示动作	1. 教师示范并讲解行进间运球过障碍物的动作方法和要领 2. 学生个人或分小组进行散点练习 3. 教师巡回辅导，组织观摩、学习、评价 4. 学生分组在教师指导下集体练习 5. 分组比赛观摩评价	1. 保持好间距，保护好合法区域 2. 禁止踩球 3. 禁止用球疯打闹
5	篮球28米往返运球考核 重点：28米往返运球考核 难点：胜任裁判职责，对28米往返运球做出正确评价	1. 认知目标：通过学习体验，100%的学生能够说出28米往返运球跑技术要点，复述出考核裁判职责 2. 技能目标：通过考核90%的学生能够熟练完成28米往返运球跑技术，其中50%的学生，往返运球成绩能够达到优秀。40%的学生经过改进技术，能够提高自己的往返运球跑能力 3. 情感目标：在考核过程中，100%的学生能在合作中完成考核任务，胜任裁判职责。形成良好的合作意识，培养敢于担当与遵守规则的良好体育道德	一、回顾学习任务单的内容 二、小组分工 三、考核比赛 1. 裁判员职能 2. 运动员评价 四、修正 1. 依据考核计绩表，分析自己的动作缺陷，进行修正 2. 自主修正 3. 集体修正 五、二次考核 六、游戏：干扰球	1. 保持好间距，保护好合法区域 2. 禁止踩球 3. 禁止用球疯打闹

三年级“体育与健康”篮球：运球与游戏教学设计

姜建明　威海市文登区教育教学研究培训中心

一、指导思想

“体育与健康”新课程标准遵循“健康第一”的指导思想，突出学生的主体地位，构建较为完整的课程目标体系和发展性的评价方式，注重激发学生的运动兴趣，引导学生掌握体育与健康基础知识、基本技能和方法，增强学生的体能；学会学习和锻炼，发展体育与健康实践和创新能力；体验运动的乐趣，养成体育锻炼的习惯；发展良好的心理品质、合作与交往能力；提高自觉维护健康的意识，基本形成健康的生活方式和积极进取、乐观开朗的人生态度。因此，本课牢牢把握“中国健康体育课程模式”的三个关键点：运动负荷、体能练习和运动技能，充分体现了学生的主体地位，发挥了教师的主导作用。

二、教材分析

篮球在体育课程标准各个水平目标中都有，不同年级达成的目标不同，是逐步深化和递进的过程。通过篮球运动的开展，能提高身体的灵活性和协调性，提升学生的团队合作意识，培养勇敢顽强的心理品质。

本节课并没有彻底教授一个技术动作，而是将篮球运球的基本动作多样化地呈现在学生面前。经过学练、在进一步熟悉各种运球练习之后，对行进间运球的能力进行评价测试，初步给学生建立篮球运球竞争的意识。

为进一步提升学生对运球基本动作的掌握和运用，在课的拓展运用部分，安排的是干扰球练习：在规定范围内，学生运球、护球，在移动中，用无球手击打别人的篮球。在躲闪腾挪的过程中，要求学生不能出现走步、二次运球等违例情况。合理使用体前变向、转身运球等动作，进行躲避，让学生将单一技术动作学练结合真实干扰的情景，将技术动作进行融会贯通，以便提升实战应用的能力。

三、学情分析

本节课教材是小学水平二（三年级）篮球单元学习。篮球教材在低水平的学段已经有所接触，但是受知识水平的限制，以及身体感知能力、控制能力的限制，学生对动作的掌握还不固定，其能力的发展也受到限制。本班学生会“拍”的应该在40%左右，但学生对篮球运球动作的技术要求没有形成正确的认知。受平时活动内容限制，男生在动作、能力的发展具有了一定的基础，并且也更愿意参与到教学活动中来；女生一般不愿意参加活动，运球动作、能力的发展就有所偏弱，同时对待体育课的热情也有所欠缺。

四、教学重点、难点

重点：行进间运球。

难点：动作运用熟练；积极参与学习；能在对抗比赛中击打对方的球。

五、教学策略

参考中国健康体育课程模式中对发展学生体能中关于运动密度的理解，本节课在练习的时候，选择的练习内容都可以采用少分组或者集体练习的方式，并且注重的是“身教”而弱化“言传”，将动作的生成放在了学生体验实践之中，有效提高了学生的练习密度。

体育课堂的目的是让学生会运动。本节课通过测试、拓展运用两个环节，有效地让学生真正理解“学以致用”的道理。

（1）课前，利用课后作业的学习任务单，将篮球运球的基本要求向学生进行介绍，鼓励学生进行自主学练。包括：手形、身法、视角、体位，等等。该策略的使用，能够有效刺激学生对知识的理解和掌握，提升学生自主学习的能力。

（2）课堂上，原地运球、行进间运球的体验练习，是对学生课前自我学习的一个检验：优生展示、特长秀、技术抢答，等等，让学生充分展现自主学习的效果。

（3）拓展应用环节，是学生对所学知识的实践应用。本环节是将各个单一技术动作（原地运球、行进间运球、变向运球等）进行融会贯通的过程，更重要的是，设置相互干扰的情境，使之更接近实战，更能体现篮球的对抗性。

三年级“体育与健康”篮球：运球与游戏

姓名	姜建明	水平	二	男生	16人
单位	威海市文登区教育教学研究培训中心	年级	三年级	女生	16人
学习目标	1. 学会行进间运球基本动作，掌握各种运球方法，100%的学生能够胜任运球测试的裁判工作，能自主完成测试；通过干扰球游戏和体能练习发展学生的速度、力量、灵敏和协调等体能 2. 能够积极主动参与篮球运球活动，掌握科学锻炼方法，养成练好的锻炼意识和习惯 3. 在游戏与比赛中，能在合作、配合中，完成任务。在小组分工中，形成良好合作意识，培养敢于担当与遵守规则的良好体育道德				
教学内容	1. 篮球运球与游戏 2. 体能练习				
重点难点	重点：行进间运球 难点：动作运用熟练；积极参与学习，能在对抗比赛中击打对方的球				
安全保障	1. 强调躲避离手的篮球，不得踩、踢 2. 检查场地的平整 3. 对学生进行安全教育，关注学生的练习，规避安全隐患		场地器材	秒表4块、评价记录表4张、板夹4个、笔4根、篮球28个、篮球场地1块	

续表

课堂结构	教学内容	教师教学与学生学练	组织队形	时间	强度
开始部分	1. 整队集合、师生问好 2. 贯彻课堂常规 3. 情境导入调动热情 4. 安全提示	1. 师生相互问好 2. 教师导入新课“看过体育比赛吗？这节课大家完成运球基本动作的学习，并体验裁判工作” 3. 教师提问比赛知识、安全知识等 4. 学生和教师互动回答问题	队形：四列横队 	1′	80 ~ 90 次/分
准备部分	1. 队列： 齐步走 跑步走 2. 运球慢跑 3. 热身操	1. 教师提出队列要求 2. 评价学生练习效果 3. 引领学生进行热身，学生积极参与热身活动 4. 规范学生动作、语言激励学生热情，学生动作到位规范，乐于融入集体活动中	1. 队列：四列横队 2. 篮球场边线，一路纵队 3. 四列横队、体操队形 	2′ 2′ 2′	120 ~ 140 次/分
基本部分	一、学习运球基本动作 1. 原地运球 2. 行进间运球（直线运球、换手运球）	1. 教师讲解示范原地、行进间运球的基本动作要领，学生模仿学练 2. 介绍高低、前后、左右、行进间等运球动作 3. 教师巡回指导纠正，学生积极投入练习	1. 原地运球：四列横队、体操队形  2. 行进间运球：底线、四组、纵队站立 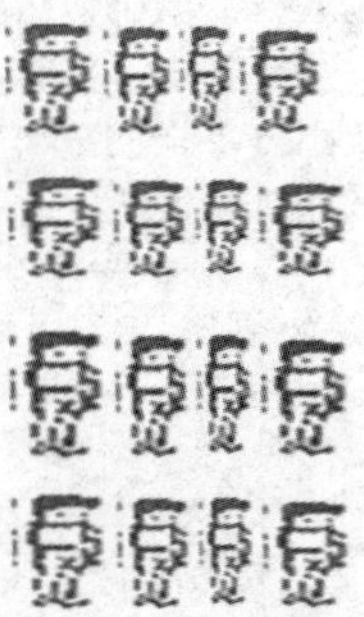	6′	140 ~ 170 次/分

续表

课堂结构	教学内容	教师教学与学生学练	组织队形	时间	强度
	二、测试 1. 熟悉裁判员职能 2. 裁判组织测试 3. 学生个体测试，完成评价	一、测试 1. 教师语言引导：课前让大家根据学习任务单，了解考核内容和裁判职责 2.师生提问并复习各裁判职能 3. 分配场地，各小组完成分工 4. 组织学生进行考核，学生认真完成测试和裁判工作	组织队形：底线、四组、纵队站立 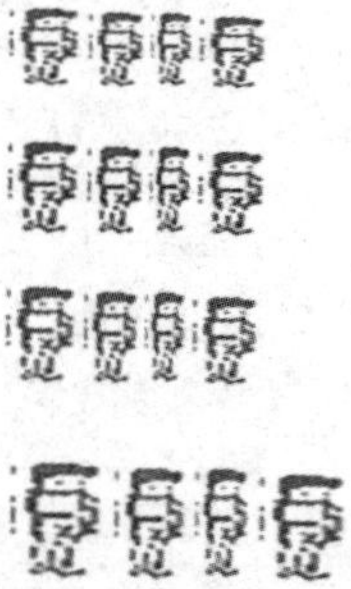	4′	130 ~ 160 次/分
基本部分	三、评价、修正动作 1. 自主修正 2. 集体修正	二、评价、修正动作 教师： 1. 对照评价记录表，看看哪些地方出现问题了？自我修正技术动作 2. 这些地方如何改进？小组探究修正动作 3. 你的成绩还能提高吗？ 4. 巡回指导、个体纠错 5. 集中指导、全员纠错，集体修正技术动作	1. 组织队形：小组站位  2. 组织队形：四列横队 	5′	140 ~ 160 次/分
	四、比赛（学以致用）：干扰球 动作：各种方式运球 规则：在规定范围内，学生运球、护球，在移动中，用无球手击打别人的篮球，不能走步、二次运球等违例	三、学以致用 1. 教师宣布比赛规则及要求，学生认真聆听 2. 担任裁判工作，学生积极参与比赛 3. 参与学生之间的互动，遵守比赛规则	组织：半个篮球场地；散点站位 	5′	150 ~ 180 次/分

续表

课堂结构	教学内容	教师教学与学生学练	组织队形	时间	强度
基本部分	五、体能 1. 跳起接高抛球（篮板球技术） 2. 矮子运球（半场） 3. 弓箭步运球（半场） 4. 俯撑交换拨球 5. 纵横劈腿运球 6. 双手头上前抛球掷远	1. 解读体能的重要性：篮球运动需要体能：跑、跳、投、闪（灵敏）、转（协调）等，学生认真聆听 2. 引领学练，学生积极参与 3. 指导纠错 4. 鼓舞士气，弘扬坚韧、顽强的品格	组织：底线出发，四组同时前进 	10′	160 ~ 190 次/分
结束部分	1. 放松练习：拉伸动作 2. 小结本课 3. 布置作业 4. 收拾器材、师生再见	1. 师生放松，引导模仿，恢复身心 2. 提问回顾本课内容，引领小结 3. 布置课后作业 4. 布置归还器材	组织队形：四列横队 	3′	90 ~ 110 次/分
预计负荷	平均心率	150次/分			
	运动密度	75%			
课后反思	学生通过学习，不但要掌握技术动作，提高技术运用能力，更重要的是能够将所学运用到实践过程当中。行进间运球的目的是为了提高学生的控球能力，而防干扰与协作能力则是运球参与篮球运动的前提。在测试之后的拓展环节，安排的是干扰球练习。即运球、护球的基础上，击打别人的球。分为个体对抗和团队对抗：个体间对抗提升个体抗干扰能力；男女团队对抗，提高个体能力以及协作能力，让学生真正理解“学以致用”的道理				

专家点评：

姜老师为我们展示了一节精彩高效的技能考核课。在姜老师的引导下，学生自主进行考核，既是运动员也是裁判员，两种角色的转变自然顺畅。在测试中，学生竞争激烈，奋勇争先。在担任裁判工作时，学生一丝不苟，严格执行。综合来看，本节课在评价的时机、方法等方面，具有很强的借鉴性。

首先，本节课的认知目标达成度高。课前，老师利用学习任务单，将要学习的内容、需要掌握的重点难点、评价的标准展示给学生。通过任务单的布置让学生知道：走步、二次运球等违例，运球的手形、身体姿势等技术要点。其次，在课堂学练过程中，学生通过担任裁判，从评价要点的加减分中，对自己的动作和能力有了比较清楚的认识，能够进行自我修正。

从姜老师的课堂教学过程中可以看出，通过第一次的考核记录，学生能够从考核评价表中看出自身的扣分原因，知道改进方向在哪里。本次考核，是从学生的运动能力、运动技术以及情感参与三个方面进行评价的。计算方式是用学生的运动成绩对照表的分数，减去技能因素扣分，情感参与作为奖加分的因素得以体现，旨在鼓励学生积极参与考核。技评分比较难衡量，因此，只是将篮球比赛中的违例现象作为重点，不但贴近实践运用，同时更便于学生观察、操作。因此，在考核结束后，学生能够清楚地从记录表中看出自己的减分项，明白了自己在学习中的不足及原因，并确定自己的修订方向。判断学生的学习情况，及时查漏补缺是教学评价的目的之一。评价标准的细化，能够有效反映学生在知识、技能运用上的缺陷，教师通过各类评价表的总结和梳理，能够清晰看出每一个学生在考核评价中表现的优劣，从而判定学生个体的整改方向，做到因材施教，关注个体，从而完成对学生的补偿性教学，促进学生学习目标的进一步达成。

最后，学生在课堂上参与评价，成为展示自我的发展平台。课前将任务单下发，同时，告知学生注意观察比赛中各角色的任务、职责，便于开展评价。在实施的过程中，要求小组进行分工，分别担任计时裁判、计时记录对照、技术动作裁判、总记录裁判以及运动员的分工，保证了人人有角色，人人有职责。任务单中的内容，非常详细地介绍了各种标准或者职责，能够很好地提高学生的认知水平，保证评价的效果。

值得商榷的地方：

（1）在评价的过程中，学生对定性指标评价的标准尺度把握可能存在差异。如：判断学生参与测试的积极性，如何判断分值？建议在学生情感态度与价值观的判断上，教师应参与其中，并且要结合日常学生的课堂表现进行判定。

（2）评价的激励作用尚待进一步提升。建议进行多轮次的评价测试，并且加大对进步幅度的奖励，让学生在练习测试中体验成功挑战的乐趣，从而利用评价结果，进一步刺激学生参与体育锻炼的积极性。

（牛晓，重庆市教科院体育教研员）

七年级体育与健康实践课　篮球：行进间单手肩上投篮单元教学计划

学校	威海市文登区天福山中学	执教老师	刘新军	年级	七	人数	40
学时	8	学段		初中			
教材	篮球：行进间单手肩上投篮						
单元目标	1. 基本掌握技术动作，并能应用于篮球教学比赛 2. 发展学生身体的灵敏性、协调性，提高学生控球的能力 3. 培养学生团结协作、顽强拼搏、积极进取的精神						

课次	教学内容/重难点	学习目标	教与学的主要对策	安全措施
1	熟悉球性练习，学习双手胸前传球技术 重点：翻腕、拨指、迎球、移动 难点：上下肢协调配合	1. 85%的学生能基本掌握动作技术，能传出1～2个好球 2. 激发学生的运动兴趣 3. 发展学生身体协调、灵活能力，培养学生团结合作、积极向上的意志品质	1. 玩球，可以创新花样，怎么玩都可以，激发兴趣，熟悉球性 2. 加强徒手模仿练习 3. 每人一球对墙传球练习，加大练习密度 4. 两人一组练习双手胸前传球，过渡到行进间的	1. 检查服饰，严禁带钥匙等危险品 2. 规定各队练习时跑动的路线，防止冲撞 3. 做好充分的热身活动
2	学习体前变向换手运球技术 重点：动作连贯，蹬跨有力，侧身探肩快，加速突然 难点：上下肢协调配合及手对球的控制支配能力	1. 80%的学生基本掌握动作技术，并能加以应用 2. 运用篮球游戏和篮球健身活动，激发学生的运动兴趣，发展学生身体协调、灵活能力，进一步提高学生的控球能力 3. 培养学生不怕困难、勇于进取的良好意志品质	1. 强化运球基本功的练习 2. 分解体前变向换手运球的动作，先练习转身—上步—探肩的动作，再练习换手运球突破技术 3. 设置障碍连续换手变向过障碍	1. 进行安全教育 2. 检查服饰，严禁带钥匙、刀具、手表、发卡之类的物品 3. 规定各队练习时跑进的路线，防止冲撞

续表

课次	教学内容/重难点	学习目标	教与学的主要对策	安全措施
3	学习原地单手肩上投篮技术 重点：蹬、伸、压、拨 难点：上下肢的协调配合，手指手腕的动作定型	1. 70%的学生基本掌握动作技术，并能加以应用 2. 运用游戏和篮球健身活动，激发学生的运动兴趣，发展学生身体协调、灵活能力 3. 培养学生不怕困难、勇于进取的良好意志品质	1. 听讲解、观看示范 2. 原地徒手模仿投篮动作，体会全身协调用力（5～8次） 3. 四人一组成正方形持球，模仿投篮动作，将球投给对面同学，体会抬肘伸臂和全身协调用力 4. 到篮筐前进行投篮练习，进一步体会投篮动作	1. 检查服饰，严禁带钥匙、刀具、手表、发卡之类的物品 2. 进行安全教育
4	学习行进间单手肩上投篮技术 重点：行进间单手肩上投篮步法（一大二小三腾空）的节奏 难点：运球跨步接球（一大二小三腾空）技术的衔接	1. 90%的学生明确行进间单手肩上投篮的步法，70%能说出单手肩上投篮的动作要领；且有一定的命中率（男2/10、女1/10），发展学生的协调性、提高手臂力量等身体综合素质 2. 在活动中与他人积极合作，在合作中学会相互观察与评价，积极参与不断进步	1. 单手举球模仿投篮练习 2. 看示范听讲解，分组徒手和有球模仿练习 3. 合作探究，看图板找自己错误动作、纠正方法 4. 优秀生展示风采	1. 检查服饰，严禁带钥匙、刀具、手表、发卡之类的 2. 用垫子包扎篮球架 3. 规定各队练习时跑进的路线，防止冲撞
5	复习原地、行进间单手肩上投篮技术 重点：动作准确、协调 难点：出手时机、手腕手指的动作	1. 所有学生明确行进间单手肩上投篮的步法，90%能说出单手肩上投篮的动作要领；且有一定的命中率（男3/10、女2/10），发展学生的协调性、提高手臂力量等身体综合素质 2. 学生能够较准确地掌握原地、行进间的肩上投篮，动作协调，提高命中率	1. 通过球性练习，提高控制球的能力，体验篮球运动的乐趣，激发主动学习的积极性 2. 原地自投自接的投篮练习 3. 行进间运球单手肩上投篮练习，着重强调，出手时机和手腕手指的动作 4. 命中率比赛	1. 检查服饰，严禁带钥匙、刀具、手表、发卡之类的物品 2. 用垫子包扎篮球架 3. 规定各队练习时跑进的路线，防止冲撞

续表

<table>
<tr><th>课次</th><th>教学内容/重难点</th><th>学习目标</th><th>教与学的主要对策</th><th>安全措施</th></tr>
<tr><td>6</td><td>学习“一对一、二对二”半场攻守练习
重点及难点：提高传球与突破、投篮三者的结合应用</td><td>1. 提高运球和保护球的能力，提高体前换手变向运球的隐蔽性
2. 在攻防练习中把学到的技能较好地进行运用，增强实用性</td><td>1. 球性练习：胯下运球、体侧前后推拉球
2. 原地运球做转身练习；个人运球技术的练习
3. “一对一”练习，防守者消极防守
4. 教学比赛中，采取优胜劣汰</td><td>1. 检查服饰，严禁带钥匙、刀具、手表、发卡之类的物品
2. 用垫子包扎篮球架
3. 规定各队练习时跑进的路线，防止冲撞</td></tr>
<tr><td>7</td><td>学习传切配合战术
重点：摆脱对手，加速空切篮下
难点：假动作的运用时机，传球在人先</td><td>1. 通过球性练习，提高控制球的能力，体验篮球运动的乐趣，激发主动学习的积极性
2. 学习简单的小的战术配合，加强多个技能的串联，培养两人的配合能力</td><td>1. 行进间胸前传接球的练习
2. “一传一切”上篮练习
3. 教学比赛加强传切配合的运用</td><td>1. 检查服饰，严禁带钥匙等物品
2. 用垫子包扎篮球架
3. 教学比赛时消极防守，严禁防守时推、拉、绊等恶劣动作</td></tr>
<tr><td>8</td><td>学习传切配合战术和教学比赛
重点：摆脱对手，加速空切篮下
难点：假动作的运用时机，传球在人先</td><td>学习简单的小的战术配合，加强多个技能的串联，培养两人的配合能力</td><td>1. 行进间胸前传接球的练习
2. “一传一切”上篮练习
3. 教学比赛加强传切配合的运用</td><td>1. 检查服饰，严禁带钥匙等危险物品
2. 用垫子包扎篮球架
3. 教学比赛时消极防守，严禁防守时推、拉、绊等恶劣动作</td></tr>
<tr><td>单元评价标准</td><td colspan="4">
<table>
<tr><td colspan="2">成绩</td><td>优90～100分</td><td>良80～89分</td><td>一般70～79分</td><td>差70分以下</td></tr>
<tr><td rowspan="2">达标</td><td>男生</td><td>投中5个球</td><td>投中3～4个球</td><td>投中1～2个球</td><td>投中0～1个球</td></tr>
<tr><td>女生</td><td>投中4个球</td><td>投中3～4个球</td><td>投中1～2个球</td><td>投中0个球</td></tr>
<tr><td colspan="2">技评</td><td>投篮动作准确，标准，拿篮板后运球动作协调连贯（原地投篮或走步不算）</td><td>投篮动作准确，拿篮板后运球动作连贯</td><td>投篮动作基本准确，拿篮板后运球动作基本完成</td><td>投篮动作不准确，拿篮板后运球动作不协调</td></tr>
</table>
</td></tr>
</table>

七年级“体育与健康”篮球：行进间单手肩上投篮教学设计

刘新军　威海市文登区天福山中学

一、指导思想

本课以“立德树人”的根本任务为指引，贯彻“健康第一”为指导思想，依据“学科核心素养”的理念和中国健康体育课程模式的要求展开教学。以教师为主导，学生为主体，充分发挥学生的自主、自练、自学能力。旨在增强学生学习能力的培养，掌握运动技能的同时增强学生体质和健康，提高学生在体育运动中的安全防范能力和社会适应能力。

二、学情分析

七年级学生绝大多数具有喜新、好奇、好动、爱模仿和乐于游戏等个性特点，他们学习新知识和掌握简单技术技能较快，协调性较好。对曾经学过的篮球技术动作掌握情况存在差异，学生的灵敏、协调性和篮球运动水平参差不齐。本课模仿学习、合作学习、探究学习、模拟实战中学习等多样化的学练设计，学生在学、练、用的过程中强化了技能的掌握和运用。

三、学习目标与教学内容分析

1. 学习目标分析

学生通过观摩教师的示范、讲解初步建立行进间单手肩上投篮的正确动作概念。课中，在教师提出问题的引导下，逐步归纳出动作要领并尝试模仿。通过教师的巡回指导、图板图解的帮助，小组成员互相帮助、探究学习，对学习中发现的问题寻求解决方法，在小组合作学习、探究学习中逐步加强这项技能的学习，提升篮球技能的学习效果。通过半场的“三对三”实战演练（比赛），加深对动作的理解和运用。采用多样化的体能练习使学生的速度、力量、灵敏、协调性等，得到进一步发展。通过篮球锻炼价值和体能训练方法的渗透，提高了学生参与课外健身的意识，逐步养成良好的自我锻炼习惯。

在体能练习的“阵地争夺战”中，有严格的规则要求，适时对学生进行规则意识教育；在持续的、高速的折返跑中，对体能和意志又是一个严峻的考验；在团队中，相互鼓励、相互帮助，对学生的合作能力、沟通能力又是一个很大的提升。

2. 教学内容分析

本节课在准备部分先进行了队列的练习，后做了球操和运球的练习，激发学生练习的兴趣，既为主教材的学习做好铺垫又能令学生充分热身，预防运动损伤的发生。

课程的基本部分从单手肩上投篮开始，体验投篮手部动作；接着做模仿练习，加深“一大二小三高跳”的跑动与最后的投篮衔接，继而过渡到慢跑中对全程动作的学练，帮助学生形成正确的动作概念；在小组合作、探究学习中改进动作；在模拟实战（比赛）中巩固技能的掌握，提高运用能力，加深对动作的理解。

体能练习环节一个集中练习和“超市一站式”训练（四个内容，循环自选），通过大运动量、多样的、按自我能力自选等调动学生参与的积极性，帮助学生在体能练习中全面提高身体素质。

放松部分，采取肌肉放松和心理按摩放松两种方式，达到缓解紧张和疲劳以及放松身心的效果。

四、教学策略分析

本科教学主要依据学科核心素养的三维目标，即运动能力、健康行为、体育品德和中国健康体育课程模式强调的三个关键点，即“运动负荷、体能练习、运动技能”进行设计。

本课准备部分中采用了队列练习，规范学生正确的行走姿势。动感球操和篮球基本功练习，激发学生学习篮球的兴趣，为主教材的学习做好铺垫。基本部分的技能学习采取了多个学习方法的组合，如：小组合作学习、探究学习、模拟比赛强化学习，等等，激发学生学习兴趣，提高学习效率。体能练习创新练习形式，改变全班一律、一个练习的模式，采用多样性、补偿性、趣味性和按能力各取所需，由此面向每个人、促进每个人的身体素质和健康的全面提高。

五、教学重难点分析

1. 本节课学习的内容是行进间单手肩上投篮，其重点是跨步拿球的时机以及完成动作的连贯性。难点是如何与其他篮球技术相结合，运用在复杂多变的篮球比赛中。动作要点掌握不准、动作不协调会造成走步违例，投篮命中率下降。因此，本课采用了模仿学练、小组合作学练、探究学练等多种方式进行学习，旨在突破教学的重难点，为学生建立一个正确的动作概念，为后续学习其他技能打下良好基础。

2. 在学习活动的组织中，模拟实战（比赛）成为组织活动的一个重点。全班40名学生，5人一组，分成了8个学习小组。每个小组1名组长，2名教练员，1名记录员，1名裁判，1名管理员。每个人1个角色，担当起角色的责任。在小组合作学习、实战模拟比赛中都要各司其职，各负其责。如此充分调动每个学生的积极性，提高了课堂的教学质量。

六、评价

课堂评价的目的就是激励每位学生的学习积极性，积极地参与到学习活动中来，促进学习目标的达成。本节课改变以往体育课忽视学生个体差异，学习成绩评价形式单一的弊端，构建了多元化的学习评价体系：既有教师从外部对学生进行的评定，又有学生对自己的学习情况进行的评价，还有学生相互间的评价；对学生在“运动参与、运动技能、进步幅度、心理健康和社会适应”等领域进行全面、综合的评价，关注更多学生的发展，重视对不同层次学生的激励，对激发学生兴趣、挖掘学生潜能起到非常巨大的作用。

“体育与健康”课时教学计划

上课地点：文登实验中学　时间：2017年6月　执教教师：刘新军

<table>
<tr><td>学习目标</td><td colspan="7">1. 认知目标：每个学生都能说出行进间单手肩上投篮的动作要领，知道篮球走步违例等规则
2. 技能目标：80%的学生能独立完成行进间运球单手肩上投篮的脚步动作以及与徒手摆脱、空切、传球等技术的整合运用，20%的学生能在别人的帮助和提示下完成动作
3. 情感目标：学生能对自己和同伴的表现做出正确的评价，自尊、自信得到提高，体验到成功的快乐。95%以上学生的勇敢、果断、顽强、合作等意志得到增强</td></tr>
<tr><td>主要教学内容</td><td colspan="7">1. 行进间单手肩上投篮技术
2. 与徒手摆脱、空切、掩护等技术的整合运用
3. 实战模拟中的运用以及角色担当</td></tr>
<tr><td>教学重、难点</td><td colspan="7">重点：跨步拿球的时机以及完成动作的连贯性
难点：球出手的时机和手腕、手指的动作</td></tr>
<tr><td rowspan="2">课的部分（时间）</td><td rowspan="2">教学内容</td><td rowspan="2">教师指导</td><td rowspan="2">学生活动</td><td rowspan="2">组织与要求</td><td colspan="3">运动负荷</td></tr>
<tr><td>时间</td><td>次数</td><td>强度</td></tr>
<tr><td>开始部分
2′</td><td>一、常规活动
1. 课堂常规，体委整队
2. 师生问好
3. 宣布本课的内容
4. 分四组，各小组推选出小组长
5. 安排见习生</td><td>1. 集合整队、检查服装
2. 师生问好
3. 宣布本课内容
4. 推荐小组长
5. 安排见习
教师评价：精神面貌和动作快慢</td><td>♀♀♀♀♀♀
♀♀♀♀♀♀
♀♀♀♀♀♀
♀♀♀♀♀♀
在老师指定地点站好</td><td>四列横队
融洽师生关系，要求“快、静、齐”</td><td>30″
3″
15″
10
2″</td><td>1
1
1
1
1</td><td>110
~
120
次/
分</td></tr>
</table>

续表

课的部分（时间）	教学内容	教师指导	学生活动	组织与要求	运动负荷		
					时间	次数	强度
准备部分 8′	二、热身活动 1. 原地队列练习 2. 绕场地做裂、并队慢跑练习 3. 球操和拉抻练习 4. 每人一个篮球在区域内做运球练习	1. 教师喊口令同学生一起做行进间队列 2. 教师口令指挥慢跑练习 3. 音乐伴奏，教师带领学生做球操、拉伸 4. 教师带领学生做运球练习	1. 学生做原地的队列 2. 在中线和边线的交叉点做列队和并队练习 3. 面向老师，呈体操队形散开，跟老师一起做 4. 在规定的区域内做运球，熟悉球性	1. 精神饱满，队列整齐，反应速度要快 2. 步伐整齐，口号洪亮 3. 认真，动作到位 4. 运球有序	1′ 2′ 3′ 2′	3 1 1 1	130~140次/分
基本部分 30′	三、学习提高 1. 学习“行进间单手肩上投篮”技术 （1）集体做走动中的行进间单手肩上投篮的练习 （2）拿固定球做行进间单手肩上投篮练习 （3）完整技术动作练习 行进间单手肩上投篮要领。口诀“一跨大步接球牢，二跨小步用力跳，三要翻腕托球举球高，四要指腕柔和用力巧”。	1. 组织学习 （1）教师做行进间单手肩上投篮完整动作展示，统一口令带领学生练习 （2）安排两人一组，提出完成动作的具体要求；继续体验“一大二小三高跳” （3）A教师提示能不能先运球再接行进间上篮动作，鼓励学生练习；B提出问题，学生带着问题进行体验学习；C针对学生练习中出现的错误，教师归纳出有关问题。出示图片，对图片上的动作进行讲解，进一步示范	1. 组织学习 （1）集体观摩老师的展示 针对老师提出的问题思考探究，集体跟随教师的口令做动作 （2）一个人持球另一个人拿球跨步做行进间单手肩上投篮 （3）根据老师提示大胆练习，根据老师提出的问题，进行有针对性的探究体验学习	1. 四列横队 要求：两人一球，一投一接，要做出完整的投篮动作  	10′	10	140~150次/分

续表

课的部分(时间)	教学内容	教师指导	学生活动	组织与要求	运动负荷		
					时间	次数	强度
基本部分30′	2. 技能运用组合的演练与提高	2. 学生练习	2. 学生练习	2. 学生练习		3~5	
	(1)徒手摆脱——接球行进间单手投篮	(1)教师提出要求，组织学生按要求练习	(1)小组长负责组织，有序进行	(1)四列横队，呈体操队形散开 要求：上下肢协调配合，动作正确			
	(2)与同伴(有球)做掩护配合后接球行进间单手肩上投篮	(2)教师提出要求，组织学生按要求练习，注意掩护的时机	(2)小组长负责组织，有序进行	(2)学生分四组练习 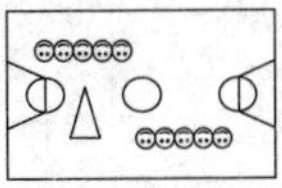	10′	7~8	
	(3)模拟实战	(3)组织学生进行模拟实战，按角色分工开展工作	(3)按角色分工开展比赛，注意新学技能的运用	(3)组织：分成四个组，在小组长的带领下进行练习 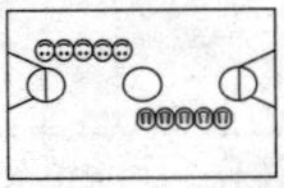			150~160次/分
		(4)引导学生进行多方面的评价，教师做好多元性的评价	(4)学生在老师的引导下从多方面进行自评、互评	体验成功感觉，培养学生观察能力互评能力		5~6	160~180次/分
	四、课课练 1. 阵地争夺战	1. 讲解比赛方法，鼓励学生努力拼搏	1. 认真倾听，积极参与	1. 组织如图： 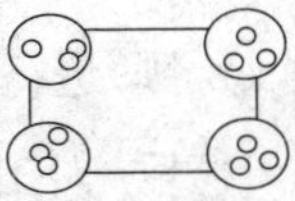 以篮球场的四个角为四个阵地，男生跑边线，女生跑底线	10′	5~6	

续表

课的部分（时间）	教学内容	教师指导	学生活动	组织与要求	运动负荷		
					时间	次数	强度
基本部分30′	2.“超市一站式素质练习” （1）不同规格哑铃的力量练习 （2）“推小车” （3）仰卧举腿	2. 示范动作，鼓励小组成员协作，组与组之间展开比赛	2. 努力突破自己，争取优胜 3. 注意安全	2. 以两个小组合为一个大组，分别挑选一项练习，时间2分钟，然后交换			
结束部分5′	1. 放松： 篮球方面的游戏 2. 收获总结 3. 收拾器材 4. 下课	1. 教师边做边引导学生练习 2. 视本课情况小结 3. 安排学生收拾器材 4. 师生道别	1. 调整呼吸，平静心情；随篮球跳动的节奏进行配音，愉悦心情 2. 学生谈收获（自评、互评） 3. 值日生收拾器材 4. 师生道别	1. 学生心静消除疲劳 要求：动作到位，全身心放松 2. 大胆发言	3′ 1′ 1′	1 1 1	120~130次/分

运动负荷预计	140~160次/分	场地器材	篮球40个、音响、标志桶	安全措施	1. 做好意外运动损伤预案 2. 做好充分的准备活动 3. 包扎篮球架，做好器材的改进	运动密度	75%
						平均心率预计	150 次/分
课后反思	本次课紧扣“运动负荷”“体能练习”“运动技能”三个关键点，遵循医学生为主体，教师为主导，“精讲多练”为主旨，突出多样化教学方法的运用，贯彻“结构化”教学理念，突出技能之间的联系，突出技能的运用。体能练习形式多样，“补偿性”的理念开展体能的练习，设计四个练习，学生在循环中进行，兴趣盎然，效果很好。但本次课也存在一些缺憾，如：教师讲得太多，没有达到预计的练习密度，有待在以后的教学中继续改进						

专家点评：

本节课，刘老师进行了篮球行进间单手肩上投篮的教学，循序渐进，学习方法有创新，但最令人印象深刻的是本次课的评价。在准备部分，教师有学习态度和技能掌握情况的评价，肯定了学生认真的学习态度，让学生带着自信，投入后面的学习。在复习原地运球时，教师抓住了优秀学生技术动作规范的特点，让其展示，并在技术动作方面给予评价、引领，促进了学生对技术动作的掌握，同时为学习行进间单手肩上投篮做好了铺垫。结束部分的3次评价，表现在三个方面：一是技能方面；二是进步幅度方面；三是情感方面。体现了评价的多元性，无论对学生的学习，还是正确的观念形成，都是一种引领和促进。但从整节课的评价情况看，共有22次评价，有10次评价集中在基本部分，这10次评价中9次有效的评价是关于技能掌握方面的，占90%，体现了老师对技能方面评价的重视，这很值得学习。关注学生的发展，我们的评价还要从学生学习的态度、进步的幅度等多方面进行，以树立学生的自信，让他们体验成功，激发他们热爱体育、积极参与体育活动的热情。另外，在团队的合作探究学习方面也可以进行评价，如：在以小组为单位，探究学习行进间单手肩上投篮的技术动作时，对于探究学习表现积极，同伴间能互相学习，共同研讨的小组，应及时地给予表扬鼓励，激发团队合作探究学习的积极性，提高团队的凝聚力。

（姜建明，威海市文登区教育教学研究中心体育教研员）

七年级“体育与健康”耐久跑单元教学计划

<table>
<tr><td>学校</td><td>威海市文登区天福山中学</td><td>执教老师</td><td>荣燕光</td><td>年级</td><td>七</td><td>人数</td><td>40</td></tr>
<tr><td>学时</td><td>5</td><td colspan="3">学段</td><td colspan="3">初中水平四</td></tr>
<tr><td>单元目标</td><td colspan="7">1. 通过各种手段和方法，激发学生对耐久跑学习的认识，提高运动兴趣
2. 90%的学生借助运动场地器材、自然地形等进行耐久跑学练，掌握耐久跑基本技术、呼吸方式和节奏
3. 培养学生吃苦耐劳、团结协作、顽强拼搏、永不言弃的精神品质</td></tr>
<tr><td>教材</td><td colspan="7">耐久跑</td></tr>
<tr><td>课次</td><td>教学内容/重难点</td><td colspan="2">学习目标</td><td colspan="2">教与学的主要对策</td><td colspan="2">安全措施</td></tr>
<tr><td>1</td><td>趣味耐久跑
重点：建立正确耐久跑呼吸方法
难点：有节奏的跑动与呼吸的协调配合</td><td colspan="2">1. 95%的学生能用语言表达出耐久跑的呼吸方法
2. 85%的学生能调节跑动中的呼吸节奏；学生能够通过脉搏测量心率的方法，判断运动负荷大小（130~150次/分钟）；提高学生耐久跑的能力，发展学生心肺耐力素质等
3. 90%的学生在比赛中能够遵守规则诚信参赛；学练中体验吃苦耐劳、顽强拼搏的精神，在合作中培养团结协作、互帮互助的优良作风</td><td colspan="2">1. 通过设计不同场地情景，利用游戏比赛等提高学生学习兴趣
2. 小组合作探究，培养相互合作精神
3. 通过音乐伴奏进行耐久跑
4. 利用辅助器材解决教学重难点</td><td colspan="2" rowspan="2">1. 课前提示：衣裤口袋不放硬物（如：眼镜、发夹等）
2. 课前检查：场地平整没有尖锐物体（如：小石头、钉子等）
3. 每个环节提出不同要求
4. 特殊体质学生见习，不要求上课
5. 做好学生安全教育</td></tr>
<tr><td>2</td><td>1. 弯道跑
2. 游戏“跑字母、螺旋”（利用拔河绳设置图形）
重点：建立正确弯道跑技术
难点：摆臂与身体重心的协调配合</td><td colspan="2">1. 90%的学生能用语言表达出弯道跑的技术动作特点
2. 85%的学生能正确运用弯道跑技术；提高学生耐久跑的能力，发展学生心肺耐力素质等
3. 92%的学生在游戏中能够遵守规则诚信参赛；学练中体验吃苦耐劳、顽强拼搏的精神，在合作中培养团结协作、互帮互助的优良作风</td><td colspan="2">1. 小组合作探究
2. 蛇形跑、螺旋跑、“8”字跑
3. 利用篮球场圆圈进行图形跑
4. 音乐、辅助器材情境教学</td></tr>
</table>

续表

课次	教学内容/重难点	学习目标	教与学的主要对策	安全措施
3	自然地形跑 重点：建立正确跨越、翻越、绕越、钻越等动作 难点：跑动与跨、翻、钻、绕的协调配合	1. 95%的学生能正确选择各种越过障碍物的技术动作 2. 80%的学生能合理分配体力，完成越过障碍路线，提高学生耐久跑的能力，发展学生心肺耐力素质等 3. 学生在学练中能够体验吃苦耐劳、顽强拼搏的精神，在合作中培养团结协作、互帮互助的优良作风	1. 按照跑动路线完成跨越、翻越、绕越、钻越等越过障碍物动作 2. 利用场地线及各种器材设计路线 3. 学生创新完成各种地形跑	1. 课前提示：衣裤口袋不放硬物（如：眼镜、发夹等） 2. 课前检查：场地平整没有尖锐物体（如：小石头、钉子等） 3. 每个环节提出不同要求 4. 特殊体质学生见习，不要求上课 5. 做好学生安全教育
4	800~1000米定距离跑 重点：建立正确耐久跑呼吸方法 难点：有节奏的跑动与呼吸的协调配合	1. 95%的学生能用语言表达出耐久跑的技术动作特点 2. 85%的学生能正确运用各种跑的技术；合理分配体力，提高耐久跑的能力，发展学生心肺耐力素质等 3. 92%学生在游戏中能够遵守规则诚信参赛；学练中体验吃苦耐劳、顽强拼搏的精神，在合作中培养团结协作、互帮互助的优良作风	1. 发扬团队合作，形成团队跑 2. 学生自主编排队形，提高合作跑的能力 3. 采用定时竞赛跑，提高跑的能力	
5	考核女800米，男1000米 重点：建立正确耐久跑呼吸方法 难点：有节奏的跑动与呼吸的协调配合	提高跑的能力及社会适应的能力	计时跑与综合考核	
单元评价标准	在本单元学习中，采取多种评价方式对学生成绩进行评价，打破传统耐久跑中按时间多少来评价成绩的模式。在评价的方式上，采用学生自评—学生互评—小组评价—教师评价的模式进行。在评价内容上，既有学生态度、心理和行为的评价，又有学生体能和技能的评价。改变以往用一个评价模式去评价学生的现象，充分体现因人而异的评价原则，让不同能力、不同层次的学生都能跑出快乐、享受成功，为培养良好的锻炼意志品质打下坚实的基础			

七年级“体育与健康”耐久跑教学设计

荣燕光　威海市文登区天福山中学

一、指导思想

本课根据“体育与健康”课程标准，依据“学科核心素养”的理念和中国健康体育课程模式的要求展开教学。围绕课改的精神和宗旨，贯彻“健康第一”“快乐体育”的指导思想，体现结构化教学的一种现代教学理念。以学生的发展为本，充分发挥学生的主体地位，挖掘学生的潜能。因此，在教学的总体设计上，立足于面向全体学生，关注每个学生的发展，使每个学生学有所得、学以致用、学有所获。本课以发展学生心肺功能，培养学生坚强的意志、磨炼顽强的毅力为目的。通过转变学习方式，努力营造一种愉快、科学、合作的学习氛围，使课堂教学在形成常规的情况下，养成学生遵守规则的习惯，并从多变而有序的教学中感受到奔跑的乐趣，培养学生深层次的纪律感和体育兴趣。关注学生的个体差异，注重体育基础理论的及时传递，培养学生的自信心和吃苦耐劳的能力，使学生带着浓厚的兴趣和愉悦的心情，积极主动地完成学习目标。

二、学情分析

本次授课的学生是七年级的学生，活泼好动，求知欲强，他们一般对“规范”的技术教学兴趣不高。同时，这一时期的学生身体各项素质正处于身体快速增长期。耐力素质普遍不高，耐力练习因其枯燥、痛苦而受到学生普遍抵制，而耐力一直是我们对学生素质考核的重要一项。因此，要从学生实际出发，进行创设情境教学，使学生不知不觉地进行运动，学习技能，增强体能。通过教师的启发、引导每位学生以饱满的热情、积极的姿态，投入到耐久跑学练中，使学生在玩中练、练中玩，享受到在运动中做主人的快乐，并通过玩来完成耐久跑的学习目标，养成吃苦耐劳、主动参与的习惯，增强自信心，增进团体合作意识。

三、学习目标与教学内容分析

（一）学习目标分析

95%的学生通过学练能用语言表达出耐久跑的呼吸方法。85%的学生能调节跑动中的呼吸节奏；学生能够通过脉搏测量心率的方法，判断运动负荷大小（130~150次/分钟）；提高学生耐久跑的能力，发展学生心肺耐力素质等。90%的学生通过比赛、游戏，遵守规则诚信参赛；学练中体验吃苦耐劳、顽强拼搏的精神，在合作中锻炼学生团结协作、互帮互助的优良作风。

（二）教学内容分析

耐久跑一直是师生不愿提及的话题，学生感到枯燥和折磨，老师感到教法匮乏，学生懈怠无法监控，师生、生生难以互动等。而耐久跑是提高学生体能水平的有效手段。本节课通过变速跑、间歇跑、团队竞赛跑的方法，用恰当的阶段性速度要求和合理的分组，使学生通过快跑达到一定的运动强度，通过慢跑的呼吸调节得到适当恢复。通过在预设路线上反复完成一定强度的不同速度的跑的练习，最终，达到改善和提高人体心肺机能，促进身体均衡发展的目的。根据目标确定了三个教学环节：

1. 激发兴趣、情趣导入阶段：主要目的是鼓励学生在愉快的环境中喜欢上体育课，通过慢跑和跑的练习达到热身的目的。

2. 保持兴趣、掌握技能阶段：主要目的是，发展学生心肺功能，提高学生耐力素质，培养学生吃苦耐劳、顽强拼搏的精神。围绕着目标选择了两个练习内容：①变速跑；②团队比赛。

3. 兴趣延伸、身心恢复阶段：①通过呼吸调节和游戏消除学生疲劳，提高学生的满足感和对下一节课的期待；②课后小结，师生畅所欲言、共做主人、科学评价、体验成功。

四、教学策略分析

根据教材内容特点和七年级学生身心发展规律，活泼好动、规则意识差的特点，创新利用武术棍规范学生练习行为和积极性，促进学生运动参与。通过结构化教学，让学生在比赛中将所学知识运用于实践，提升学生终身体育观念。

1. 在教学方法上，打破传统的以操场跑为主的模式，以游戏的方式进行耐久跑练习，将运用类比赛、游戏与学习的内容相结合，丰富教学内容，注重结构化教学，促进学生学习的参与性。在学习中，通过多种学习评价，增强学生的自尊、自信、自强不息的品质。

2. 在课的组织上，教师是引领者，设计、创造、组织、协调各教学环节内容的设置、游戏的安排。在场地设计方面，打破原有的传统模式，把练习场设计成各种图形，创设学生喜欢的情景，让学生在大自然的怀抱中尽情地享受运动的乐趣。

五、教学重点、难点分析

如何让学生在持久的有氧运动中得到锻炼是本次课教学的重点，即建立正确耐久跑呼吸方法，有节奏的跑动与呼吸的协调配合则是本次课的难点。

教学过程中，如何组织调动学生是组织教学的重难点。本节课采用集体教学、小组学练的方式组织教学，通过体验练习、结构化情景教学等教学方法在练习中合理组织，使学生快速掌握学习内容，解决教学重难点。

七年级“体育与健康”趣味耐久跑课时教学计划

上课地点：威海市文登区天福山中学　执教教师：荣燕光

学习目标	1. 95%的学生能用语言表达出耐久跑的呼吸方法 2. 85%的学生能调节跑动中的呼吸节奏；能够通过脉搏测量心率的方法，判断运动负荷大小（130~150次/分钟）；提高学生耐久跑的能力，发展学生心肺耐力素质等 3. 90%的学生遵守规则诚信参赛；学练中体验吃苦耐劳、顽强拼搏的精神，在合作中锻炼学生团结协作、互帮互助的优良作风
教材内容	趣味耐久跑
重点难点	重点：建立正确耐久跑呼吸方法 难点：有节奏的跑动与呼吸的协调配合
安全措施	1. 课前提示：衣裤口袋不放硬物（如：眼镜、发夹等）；2.课前检查：场地平整没有尖锐物体（如：小石头、钉子等）；3.每个环节提出不同要求；4.特殊体质学生见习，不要求上课；5.做好学生安全教育

教学过程

结构	教学内容	教师指导	学生活动	组织形式及要求	时间	次数	运动负荷
开始部分 激趣收心阶段 3′	**欢乐总动员** 一、课堂常规 1. 体育委员整队、报告人数 2. 师生问好 3. 布置学习内容、提出练习目标要求 4. 检查服装、安排见习生 二、队列练习 原地反口令三面转法	一、课堂常规 1. 检查服装 2. 师生问好 3. 提出目标，并讲明要求 4. 语言导入、激发学生战胜困难的信心 二、队列练习 1. 教师提示动作要领 2. 教师指挥练习	一、课堂常规 1. 精神饱满、队伍安静整齐 2. 师生问好 3. 认真听讲，明确目标 4. 按教师安排见习 5. 群情振奋，产生对课的期待 二、队列练习 生跟随口令练习	组织：四列横队 ✦✦✦✦✦✦✦✦✦ ✦✦✦✦✦✦✦✦✦ ✦✦✦✦✦✦✦✦✦ ✦✦✦✦✦✦✦✦✦ ★ 要求：听从指挥，按口令进行练习 要求：注意力集中，动作整齐划一	2′	4~6次	70~85次/分 80~100次/分

续表

教学过程							
结构	教学内容	教师指导	学生活动	组织形式及要求	时间	次数	运动负荷
准备部分	**动力加油站** 一、热身跑，熟悉场地 各种跑的练习 前踢腿跑 左右侧踢腿跑 后踢腿跑	一、热身跑 1. 教师口令指挥，“跟我学”，播放音乐 2. 及时指导和引领活动路线 3. 教师带领练习	一、热身跑 1. 随教师一起练习 2. 保持循环间距慢跑并做各种跑的练习	组织：一路纵队绕圆形场地跑动 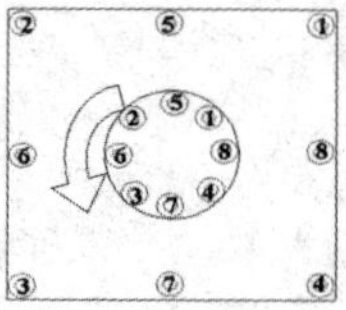 要求：速度适当，动作协调	3′	1～2次	100～140次/分
	二、集体徒手操 1. 振臂运动 2. 体转运动 3. 腹背运动 4. 活动各关节	二、集体徒手操 1. 教师口令指挥 2. 引导学生呼号 3. 教师带领练习	二、集体徒手操 1. 生随教师统一口令模仿练习 2. 生统一喊口号练习	组织：围成圆圈  要求：口令清楚，口号响亮，学生积极回应，遵守规则	1′	四个八拍	90～110次/分
愉悦身心阶段 8′	三、追击游戏 做法：学生相背站立并且闭眼，教师暗选几名同学，比赛开始，被选中同学单脚跳追拍其他同学，被拍到的同样用单脚跳追拍	三、追击游戏 1. 教师讲解游戏做法，强调遵守游戏规则，注意安全 2. 点评比赛结果	三、追击游戏 1. 学生听教师口令，积极主动练习 2. 学生尝试练习一次 3. 分组比赛	组织：如上图，围成圆 要求：遵守游戏规则，注意安全	3′	2	130～160次/分
	四、小游戏：贪吃蛇 做法：每组队长为蛇头依次找本组同学搭肩成一路纵队到本组练习地点	四、贪吃蛇 1. 教师带领学生一起练习 2. 提示时间15秒内完成	四、贪吃蛇 学生听教师口令进行练习	组织：一路纵队 要求：快速找到位置，注意安全避让	1′	1	100～120次/分

续表

教学过程							
结构	教学内容	教师指导	学生活动	组织形式及要求	时间	次数	运动负荷
基本部分 增智促技阶段 30′	**相信自己我能行** 一、原地摆臂体验呼吸 所有同学均匀站在圆上，面向圆心，体验两步一吸两步一呼或三步一吸三步一呼的呼吸节奏	1. 师提出问题：在中长跑中你的心肺有何感受？跑动中的呼吸方式是怎样的？ 2. 师讲解耐久跑中呼吸的方法、节奏 3. 引导学生原地演练呼吸的节奏	1. 生回答 2. 随教师做有节奏的呼吸练习	组织：围成圆 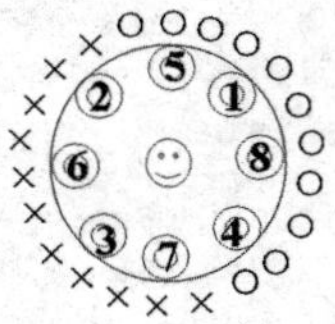 要求：前后摆臂，肩放松，前摆大小臂夹角略小于90°，后摆略大于90°	2′	2	90~120次/分
	二、协调一致游戏（体验跑） 1. 8个小组按照设定路线根据音乐节奏，在一定时间内做慢跑，体验两步一吸两步一呼或三步一吸三步一呼的呼吸节奏 2. 跟随音乐和教师的语言提示调节呼吸 3. 测量即时心律	1. 指导分组，讲解练习内容、方法，练习协调一致跑 2. 提示呼吸方法、节奏 3. 播放《跑操音乐》语言提示呼吸的节奏，以及正确的跑步姿势 4. 引导学生变速跑 5. 引导学生做呼吸调整练习 6. 引导学生测量心率	1. 在小组长的带领下在各自场地进行体验练习 2. 小组随音乐手持木棍统一节奏跑 3. 学生在变速跑中体验呼吸节奏，以及正确的跑步姿势 4. 在慢跑中喊出自己小队的口号 5. 学生边走边放松 6. 通过测量脉搏	组织： 8个小组一路纵队沿设定路线走动 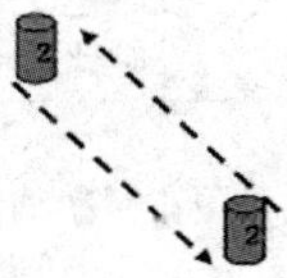 要求： 1. 跑步节奏协调 2. 遵守跑动的“交通规则”从标志桶右侧循环练习 3. 慢跑阶段主动调节呼吸	7′	6~8次	120~140次/分

续表

教学过程							
结构	教学内容	教师指导	学生活动	组织形式及要求	时间	次数	运动负荷
基本部分 增智促技阶段 30′	三、保卫家园游戏（间歇跑） 做法：5位男生先站在起跑线后，比赛哨声响起，男生同时出发，按照规定路线（一个正方形+一个椭圆形），跑一个循环，跑动中最后一名同学需在对角组取一面红旗，跑回放入本组后，女生开始出发，依此类推，男生4个循环，女生3个循环	1. 请每组组长到老师处领取游戏说明书 2. 引导4个小组共同探究行动路线、方法、规则 3. 重点提示遵守游戏规则 4. 学以致用，提升呼吸节奏 5. 提出跑动中的相关技术要求和方法：摆臂、步法、呼吸 6. 提示跑快的同学可以带着跑慢的同学一起跑进，协助同伴渡过难关	1. 小组成员采用合作探究的方法积极解读说明书 2. 小组成员按说明书要求，完成设定的循环路线 3. 体验有节奏的呼吸，渡过耐久跑难关 4. 等待或完成练习的同学，给正在跑动的队友加油助威	组织：分成人数相等的4个小组，按规定路线站在起点 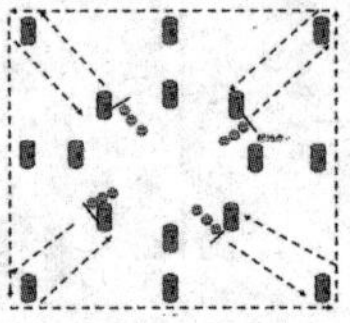 要求： 1. 按规定路线跑动 2. 在跑动中如果需要超越时，请遵守交通规则，从右侧超越	6′	3~4次	150~190次/分
	四、齐心协力划大船（团队合作跑） 做法：5人一组站成横队，比赛开始，5人并排手持木棍绕2个标志桶呈“8”字跑，跑中调节呼吸	1. 教师利用平板电脑说明游戏做法 2. 讲解比赛的规则要求 3. 提出跑动中的相关技术要求和呼吸方法，达到学以致用的目的	1. 学生观看视频，理解游戏做法 2. 在教师的指导下体验练习 3. 在规定时间内比一比哪组跑“8”字次数多	组织：同上 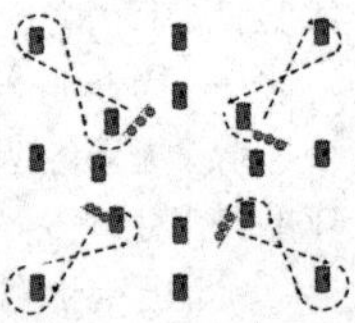 要求：注重团队合作、遵守规则、诚信参赛	5′	2~3次	160~190次/分
	五、素质练习 1. 俯卧撑擂台赛 2. 仰卧支撑，单腿上举 3. 仰卧起坐 4. 仰卧收腹举腿	1. 教师示范动作 2. 教师统一口令练习 3. 教师引导利用木棍练习仰卧起坐和收腹举腿	1. 学生两人一组，做一次俯卧撑，击掌一次 2. 学生随教师口令练习 3. 小组长统一口令练习	组织： 要求：练习积极，听从指挥	10′	各30次×2组	150~180次/分

续表

教学过程							
结构	教学内容	教师指导	学生活动	组织形式及要求	时间	次数	运动负荷
结束部分 恢复身心阶段 4′	**我快乐我收获** 一、放松 1. 游戏，吹气球放松 2. 拉伸练习 二、师生谈收获 三、安排值日生收拾器材、下课	1. 讲解、示范 2. 交流本课的体会 3. 安排值日生收回器材 4. 宣布下课	1. 播放《放松心灵》音乐，跟随教师的引导做拉伸的练习 2. 相互交流畅谈合作的快乐 3. 协同教师整理器材	组织： 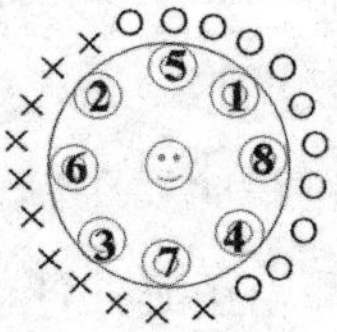 要求：身心放松避免受伤 要求：畅所欲言，注意力集中	3′ 1′	1 1 1	90 ~ 110 次/分
课后巩固延伸	制定个人的运动处方，科学进行锻炼：运动的最佳时间选择下午3点至晚9点，长短控制在20 ~ 40分钟，心率控制在130 ~ 150次/分钟，能够和同学或家人积极利用学校、社区的自然地形或沙滩进行耐久跑练习		课的负荷预计	最高心率：170 ~ 190次/分钟 平均心率：135 ~ 140次/分钟 运动密度：75% 练习强度：150 ~ 180次/分			
场地器材	标志桶16个，音响1台，标志旗、跑动路线说明书4份，平板电脑8台						

专家点评：

（1）创新点比较多，教学方法、教学内容趣味化，通过矿泉水瓶、木杆等各种新颖的简易器材很好地解决了教学重难点，将耐久跑变“枯燥”为“有趣”，变“厌学”为“乐学”。

（2）教师利用信息技术手段引导学生通过小组合作，共同探究运动路线和游戏规则。视频制作简单明了，用很短的时间让学生领会要领，充分发挥了信息技术的辅助教学作用。

（3）教学模式情境化，教学练习游戏化，练习中播放音乐，提供宽松、愉悦的学习氛围。

（4）注重小群体学习的组织练习，加强了团队合作意识，让学生全员参与。通过一根杆让每名学生不掉队，体验感悟，观察评价，在练习中收获，在收获中提高。

（5）学科核心素养的渗透，体验运动之美，达到身心和谐发展。本节课教师注重挖掘教材本身渗透德育，让学生在耐久跑的毅力体验中发扬吃苦耐劳、拼搏进取、迎难而上的坚韧性格；在小组的合作学习中，培养了团结合作、互帮互助、关心友爱的品质；在游戏中建立游戏规则意识，让学生遵守游戏规则，公平竞赛，并且在比赛中能够尊重对手，互相鼓劲，用欣赏的眼光发现身边的美。同时，教师用正确的评价方式，评价每一名学生，告诫学生第一不是唯一，努力才是人生方向，等等。

（6）教学评价能体现多元性。本课以学生自评、互评，教师激励性评价为主，学生也通过评价渗透了学科素养，体现了健体育人的理念。

（吕晓峰，威海市教研中心体育教研员）

七年级体育与健康实践课　田径：跳高单元教学计划

<table>
<tr><td>学校</td><td>山东省威海市文登区三里河中学</td><td>执教老师</td><td>于文明</td><td>年级</td><td>七</td><td>人数</td><td>40</td></tr>
<tr><td>学时</td><td>4</td><td colspan="2">学段</td><td colspan="4">水平四</td></tr>
<tr><td>单元目标</td><td colspan="7">1. 绝大多数学生能说出跨越式跳高的正确做法
2. 多数男生能用正确动作跳过1.05～1.10米高度，多数女生能跳过0.95～1.00米高度
3. 在不断尝试跳跃更高的高度中，培养勇于拼搏和挑战精神</td></tr>
<tr><td>教材</td><td colspan="7">田径：跨越式跳高</td></tr>
<tr><td>课次</td><td>教学内容/
重难点</td><td colspan="2">学习目标</td><td colspan="3">教与学的主要对策</td><td>安全措施</td></tr>
<tr><td>1</td><td>教学重点：单脚起跳和双腿连续摆动

难点：落地时身体的稳定</td><td colspan="2">1. 90%的学生能自己说出单脚起跳动作要领，其他同学能在他人提示下说出
2. 80%的男生和女生能跳起后头部触碰到气球，其他学生能将头部最大限度接近气球
3. 在挑战中培养勇敢、不服输的意志</td><td colspan="3">1. 为了让学生头部能触碰到空中的气球，学生只有跳得更高
2. 让学生比较单脚起跳和双脚起跳的高度，自动选择单脚起跳</td><td>1. 准备活动要充分，尤其要做好踝关节的准备活动
2. 在跳起后的落地点放上小体操垫</td></tr>
<tr><td>2</td><td>教学重点：屈膝蹬地和双腿向上摆动

难点：过杆动作，以及衔接</td><td colspan="2">1. 90%的学生能自己说出跨越式跳高动作要领，其他同学能在他人提示下说出
2. 80%的男生和女生能跳过第一个高度，50%的男生和女生能跳过第二个高度的障碍物，其他学生根据实际情况降低标准
3. 在刻苦练习中体验成功来自勤奋</td><td colspan="3">1. 为消除学生畏惧心理，让学生在只有一端支撑的横杆上练习
2. 为了做出双脚连续在空中摆动动作，要求学生跳起后，两脚都能碰到1米左右高度的气球</td><td>1. 在跳起后的落地点放上小体操垫
2. 横杆上用泡沫做软包装</td></tr>
</table>

续表

课次	教学内容/重难点	学习目标	教与学的主要对策	安全措施
3	教学重点：双腿向上蹬地发力，并能连续向上摆动 难点：跳到最高点时，身体能跨过跳杆	1. 90%的学生能自己说出向上单脚跳得更高的动作要领，其他同学能在他人提示下说出 2. 80%的男生能跳过1.05米，80%的女生能跳过0.95米，其他学生根据实际情况降低标准 3. 在挑战更高目标中享受胜利喜悦	1. 为了做到全力向上跳起，将空中的气球增加高度，让学生用头部触碰 2. 为了达到跳起后身体能越过横杆，将起跳点近移，跳起后，头部还能触碰到气球	1. 准备活动要充分，尤其要做好踝关节的准备活动 2. 在跳起后的落地点放上小体操垫
4	教学重点：能准确知道学生的跳跃高度 难点：对考核成绩不理想者的能力提升	1. 学生能知道自己跨越式跳高的高度 2. 80%的男生和女生能在考核中熟练做出正确动作，其他学生在教师辅导后，动作有显著提高 3. 学生在不断成功中品味胜利喜悦	1. 组长和体育骨干辅助教师做好协调、记录、调整高度等裁判工作 2. 对考核成绩不理想者在专设的场地上强化提升	1. 课前要强调在不断挑战自我时，要考虑到体能，防止受伤 2. 学困生在专设场地强化练习时，由体育委员负责组织
单元评价标准	1. 能正确说出跨越式跳高动作要领 2. 男生能跳过1.05米的高度，女生能跳过0.95米的高度 3. 积极参加学习和练习，在学练中有情感体验和获得感			

跨越式跳高教学设计

于文明　山东省威海市文登区三里河中学

一、指导思想

根据体育健康课程标准的要求，依据“学科核心素养”的理念和中国健康体育课程模式的要求展开教学。在教学中坚持“健康第一”的体育教育思想，注重兴趣教学和循序渐进的教学原则；贯彻落实目标与教学评价一致性的教学精神；面向全体学生，关注个体差异；培养学生的小组合作和竞争意识；渗透德育教育。

二、教学分析

跨越式跳高是七年级跳跃单元的主要项目，是发展学生跳跃能力的最基本动作。该动作运用单脚起跳，跳过一定高度的障碍，有一定难度，大多数学生有恐惧心理。因此，在教学方法的设计上要做好以下两点：一是找准技术的重点，即屈膝蹬地和双腿连续向上摆动，分析技术的难点，即过杆动作衔接，围绕重难点设计新颖、有效的教法。二是不用“冰冷生硬”的跳高铁架和横杆，巧妙运用辅助器材，消除心理恐惧。

三、学情分析

本课为七年级教材内容，跨越式跳高是比较枯燥、单调的教学内容，七年级的学生注意力不能持久，自制力较差，容易不感兴趣。但七年级的学生活泼好动，模仿性强。因此，可以针对学生们的心理特点，创设怎样跳过障碍的情景，来充分调动学生学习的积极性。通过绳梯和悬挂的气球等场景的设计来直观地学习动作，同时，又用竞赛的形式提高学生对跨越式跳高的学练兴趣。

四、教学重难点

教学重点：屈膝蹬地和双腿连续向上摆动。

教学难点：过杆动作衔接。

五、教学策略

（1）为消除学生畏惧心理，将软塑料做的1米左右长的横杆一端固定在立柱上做横杆，让学生大胆练习。

（2）为激发学生的练习兴趣，把充满气的气球悬挂在比学生身高高出30厘米左右高度处，让学生跳起头顶气球，比一比，看谁能顶到气球。

（3）为了让学生主动做出双脚连续在空中摆动动作，把充满气的气球悬挂在学生腰部的高度处，要求学生跳起后，两脚都能碰到气球。

“体育与健康”课时教学计划

上课地点：山东省威海市文登区三里河中学　时间：2018.10.21

执教教师：于文明

学习目标	1. 认知目标：90%的学生能自己说出跨越式跳高动作要领，其他同学能在他人提示下说出 2. 技能目标：80%的男生和女生能跳过第二个高度，50%的男生和女生能跳过第三个高度的障碍物，其他学生根据实际情况降低标准 3. 情感目标：在挑战中培养勇敢、不服输的意志；在与同伴交流中增进友谊、挖掘智慧
教材	跨越式提高
教学重、难点	重点：屈膝蹬地和双腿连续向上摆动 难点：过杆动作衔接

续表

课的部分（时间）	教学内容	教师指导	学生活动	组织与要求	运动负荷		
					时间	次数	强度
开始部分	1. 集合 2. 队列练习：三面转法、齐步走一立定、跑步走一立定	1. 集合队伍，师生问好，情境导入新课 2. 口令指挥队列	1. 精神饱满，动作迅速 2. 认真听讲，有感而发，步伐一致，口号洪亮	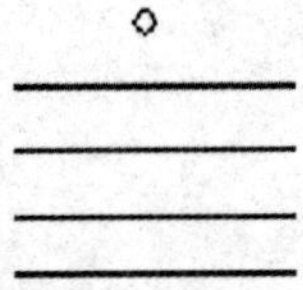 要求：动作整齐	1′ 4′	1 2	90~110次/分
准备部分	热身跑和徒手操	1. 带领学生热身跑 2. 专项准备活动 3. 教师语言引导“怎样跳过路上遇到的障碍”，引出单脚起跳的跨越式跳高	1. 充分活动好身体的各个关节，防止受伤，达到热身的效果 2. 同伴互相配合帮助一起游戏	组织：围绕练习场地跑动 要求：各关节活动充分	4′	2	120~140次/分
基本部分	一、跨越式跳高 1. 探究练习：跳过“横杆” 2. 针对性练习一单脚屈膝蹬地跳起触球 3. 针对性练习二双腿斜上摆动踢球 4. 拓展练习 5. 比赛	1. 引导学生在双脚跳过障碍后，尝试单脚跳过“横杆”，提示：“有时双脚起跳不一定比单脚起跳跳得高。” 2. 教师巡回指导，发现有单脚起跳跨过横杆的同学，引导其他同学模仿 3. 教师示范动作，引出教学内容。让学生观看视频，注意观察起跳脚放置的位置和起跳腿的动作 4. 指导学生做起跳后头顶触球的练习 5. 再次观看视频，提示学生观察起跳后两腿在杆上的动作特点，引导学生说出来 6. 指导学生设置场地和器材，做两腿的斜上摆动腿踢球的练习 7. 指导学生设置不同高度的横杆，按体能分组练习，比一比看谁升级多	1. 积极练习，认真观察、尝试练习 2. 模仿练习 3. 仔细观察 4. 快速按照要求设置场地，积极比赛，互相鼓励，加油 5. 认真观察，体会动作 6. 快速按照要求设置场地，积极比赛，互相鼓励，加油 7. 同组同学练习一轮后，积极参与比赛 8. 设置场地，大胆挑战，注意安全	组织： 1. 5人一组 2. 用绳梯组成助跑路线 3. 在立柱的不同高度悬挂气球 要求： 返回时跑步走，在绳梯上做高抬腿、小步跑、交叉步跑的练习 挑战比赛组织与要求： 1. 调整气球的高度，适应比赛 2. 男生和女生组同时比赛	3′ 4′ 4′ 5′ 5′	1 2 2 2 3 5	160~180次/分 170~210次/分

续表

<table>
<tr><th rowspan="2">课的部分（时间）</th><th rowspan="2">教学内容</th><th rowspan="2">教师指导</th><th rowspan="2">学生活动</th><th rowspan="2">组织与要求</th><th colspan="3">运动负荷</th></tr>
<tr><th>时间</th><th>次数</th><th>强度</th></tr>
<tr><td>基本部分</td><td>二、素质练习：
1. 游戏：不服再来
两人对做仰卧起坐，用石头、剪刀、布分出胜负，负者每次多做10个
2. 游戏：顶牛
两人对立，四掌对推，失去重心者负
3. 比赛：谁先倒下
两人比赛平板支撑，先倒下者做10个俯卧撑
4. 一分钟跳绳</td><td>1. 介绍游戏规则和要求
2. 引导和鼓励同学坚持到底，不服输
3. 提示同学讲诚信，守规则</td><td>1. 学习比赛和游戏规则
2. 积极参与游戏，遵守比赛规则
3. 思考取胜策略</td><td>素质练习组织与要求：
1. 2人一组
2. 遵守比赛规则</td><td>10′</td><td>4
1
1</td><td>180~220次/分</td></tr>
<tr><td>结束部分</td><td>一、拉伸练习：“应声落地”游戏
二、总结</td><td>1. 引导学生随音乐放松
2. 点评本课，表扬鼓励
3. 布置回收器材</td><td>1. 伴随音乐，拉伸充分
2. 自评、互评，互相鼓励
3. 回收器材，师生再见</td><td>1. 学生散点站位
2. 向老师主动靠拢
3. 男生在体育委员组织下进行</td><td>3′
2′</td><td>2</td><td>70~90次/分</td></tr>
<tr><td rowspan="2">运动负荷预计</td><td rowspan="2">最高心率达到220次/分，出现在36分钟左右</td><td rowspan="2">场地器材</td><td rowspan="2">小垫子12块、足球标志杆12根、升降支架4个</td><td rowspan="2">安全措施</td><td rowspan="2">在跳起后的落地点放上小体操垫横杆上用泡沫做软包装</td><td>运动密度</td><td>75%</td></tr>
<tr><td>平均心率</td><td>155次/分</td></tr>
<tr><td>课后反思</td><td colspan="7">从同学们的欢笑声和积极跑动中能看出学生很喜欢参与本节课，说明本节课的设计和教学策略是成功的。观课量表反馈的数据能看出学生的认知目标和技能目标达成度很高，情感目标达成度稍差，但有待于进一步提高，练习密度和强度也达到了课前预设</td></tr>
</table>

专家点评：

通过观测学生挑战不同高度目标的练习过程，能看出本节课技能目标的达成度很高。课后随机询问女生2组5名同学，有4名同学准确地说出跨越式跳高的动作要领，1名同学在提示下也能说出动作要领，达成了本节课的认知目标。教师的教学策略和方法在以下方面值得借鉴和学习。

（1）注重学生的学法指导。课中教师的第二次示范动作，为了引导学生观察起跳腿的屈膝蹬地动作，教师用手反复拍打起跳腿，把学生的注意力吸引到起跳腿上。第三次示范动作，目的是让学生的观察重点放在两腿如何连续摆动上，教师用两手做了一个连续的波浪摆动，形象地把不便于观察的瞬间动作变成易于理解和清楚的慢动作，便于学生观察学习。

（2）信息化教学手段运用合理。跨越式跳高技术的起跳、过杆、落地动作在瞬间完成。学生很难看清自己和同伴动作的优缺点。教师让组长用平板电脑把动作记录下来，学生通过回放和慢放可以及时发现自己和同伴的问题，学习起来有的放矢，极大地提升了学习效率。

（3）场地器材的设置巧妙、合理、有效。用软包装的横杆极大地降低了学生的恐惧心理；气球悬挂在不同高度，让学生用头触，用脚碰，新奇好玩，便于学生掌握动作要领；绳梯和横杆的位置摆放经过几个简单的变化，既规划了助跑路线，又让等待者可以做小步跑、高抬腿、跨步跳等练习，提高了课堂练习密度。

建议在起跳高度选择上，可以让学生在开始的尝试环节找到适合自己的高度进行练习，这样针对性更强，学习效率更高。

（吕兵文，威海教育名家工作室主持人）

鲁教版七年级“体育与健康”足球单元教学计划

丛培胜　威海市文登区葛家中学

<table>
<tr><td>单元目标</td><td colspan="5">1. 认知目标：能够用语言表述足球的停、传、运等技术的动作要领
2. 技能目标：80%的学生能够在练习和比赛中熟练运用足球停、传、运等基本技术
3. 情感目标：懂得尊重他人，能够与他人团结合作，共同完成各种练习和比赛任务</td></tr>
<tr><td>教材</td><td colspan="3">足球运球绕杆射门</td><td>课时</td><td>6</td></tr>
<tr><td>课次</td><td>教学内容</td><td>教学重点难点</td><td>教学目标</td><td colspan="2">教学策略</td></tr>
<tr><td>1</td><td>1. 脚内侧踢球技术
2. 在移动过程中进行脚内侧踢球</td><td>重点：脚内侧踢球的脚型及触球部位
难点：踢球动作的协调性和脚对球的控制掌握能力</td><td>1. 能够正确表述脚内侧踢球的技术要领
2. 80%的学生能够熟练运用脚内侧踢球技术
3. 懂得尊重他人，并学会与他人进行合作学习</td><td colspan="2">1. 小组讨论、探究性的学习、总结及练习
2. 组与组间的互助学习
3. 循序渐进的教学模式
4. 学生间的动作展示</td></tr>
<tr><td>2</td><td>1. 脚内侧踢、停球动作技术
2. 在移动过程中进行脚内侧踢球</td><td>重点：脚内侧踢、停球的脚型及触球的部位、力量
难点：踢、停球技术协调性和脚对球的控制能力</td><td>1. 能够熟练说出脚内侧踢球的技术要领
2. 80%的学生能够熟练运用脚内侧传、停球技术
3. 能够与他人合作完成练习和比赛任务</td><td colspan="2">1. 教师讲解示范
2. 小组讨论，练习
3. 组间的竞争比赛
4. 教师评价总结</td></tr>
<tr><td>3</td><td>1. 复习熟悉球性的各种练习
2. 足球的传接球游戏</td><td>重点：掌握一些熟悉球性的练习方法
难点：传接球的协调配合</td><td>1. 能够说出各种球性练习和传接球练习的练习方法
2. 学会通过各种方法来提高球性
3. 能够与他人合作完成传接球练习</td><td colspan="2">1. 教师讲解
2. 学生根据挂图小组练习
3. 教师示范动作
4. 学习纠正错误动作
5. 小组展示</td></tr>
<tr><td>4</td><td>1. 学习足球的脚内侧踢球技术
2. 教学比赛</td><td>重点：支撑脚的位置和脚触球的部位
难点：支撑腿的弯曲，主动迎球后撤时间的掌握</td><td>1. 能够熟练说出脚内侧踢球的技术要领
2. 90%的学生能够使用正确的动作完成脚内侧踢球
3. 能够与他人合作完成比赛任务</td><td colspan="2">1. 教师讲解示范
2. 区别对待不同的学生
3. 观看挂图
4. 自我评价，自主练习
5. 强化练习
6. 分组展示
7. 探究评价总结</td></tr>
</table>

续表

课次	教学内容	教学重点难点	教学目标	教学策略
5	1. 学习足球脚内侧运球技术 2. 运球射门练习	**重点**：变向及换脚踢球的时机掌握 **难点**：连续过杆时脚步的转换	1. 能够熟练说出脚内侧运球的技术要领 2. 90%的学生能够使用正确的动作完成脚内侧运球 3. 学会帮助他人和与人合作	1. 根据自己情况练习 2. 重点帮助能力弱的同学 3. 互相学习，评价 4. 组织运球射门比赛，提高学生的学习热情
6	考核：足球运球绕杆射门技术	**重点**：变向换脚踢球的时机掌握 **难点**：连续过杆时脚步的转换	1. 学生明确考核方法与要求 2. 80%的学生能够顺利完成运球绕杆射门技术，20%的学生能够不断改善动作，提高动作完成质量 3. 能够与他人合作完成测试任务	1. 学生根据教师指导积极练习 2. 教师个别指导 3. 根据录像记录情况进行小组讨论，查找不足，努力纠正错误动作 4. 安排优秀学生进行展示 5. 组织运球绕杆射门比赛，激发练习兴趣 6. 组织考核，检验学习成果

鲁教版七年级　足球：运球绕杆射门教学设计

丛培胜　威海市文登区葛家中学

一、指导思想

本课以“健康第一”的理念为指导思想，采用中国健康体育教学模式，通过教师引导、学生小组合作探究、师生共同评价、组织测试和比赛等教学过程，进行运动技能学习和体能锻炼，达到一定的运动负荷，并在此过程中培养学生的竞争意识、合作意识、规则意识和实践能力。

二、教材分析

足球运动作为世界第一大运动是中学生比较喜欢的运动项目，足球运球绕杆技术也是七年级足球教学的重要内容，学生学习和掌握足球运球绕杆技术，对提高学生的力量、速度、耐力和灵敏等身体素质有很大帮助，同时，还可以增强心血管系统、呼吸系统等内脏器官的功能。对培养学生良好的心理品质也有重要的意义与价值。

三、学情分析

本次授课对象为七年级学生，这一学段的学生正处在生长发育的关键时期，虽然好奇心和模仿能力较强，但规则意识以及学习持续性较差，需要教师时刻进行提醒，并尽可能增加练习的趣味性。因此，在课堂上尽可能设置比赛环节，激发学生的练习兴趣，增强学生的学习热情。

四、教学重难点

重点：变向换脚踢球的时机掌握。

难点：连续过杆时脚步的转换。

五、教学策略分析

课的开始部分设置运球过障碍物练习，以达到熟悉球性、热身及取用器材的目的。基本部分采用以学生练习为主，教师指导为辅，目的就是让学生有足够的时间提高动作完成质量。考核部分改变传统的由体育教师为主测试的考核方式，改为以学生为主的自练自测的考核方式，引导学生积极参与到测试过程中来，通过组织考核，让学生明确考核项目的具体要求和评价标准，加强学生对考核项目的深刻理解。同时，由于有了学生的参与，考核过程会更加高效，也有利于课堂效率的提高。在考核之后设置小场地足球比赛，既可以巩固所学动作，又能激发学生的练习兴趣，还能提高学生的实践能力。

“体育与健康”课时教学计划

上课地点：葛家中学　时间：2018年10月　执教教师：丛培胜

学习目标	1. 能够用语言清晰表达足球运球绕杆射门的动作要领 2. 90%的学生能够合理运用运球技术完成绕杆射门练习，10%的学生能够不断改善动作，提高动作质量 3. 能够与他人进行团队合作，共同完成测试任务
教材	考核：足球运球绕杆射门和体能练习
重点难点	重点：变向换脚踢球的时机掌握　　难点：连续过杆时脚步的转换

续表

课的部分（时间）	教学内容	教师指导	学生活动	组织与要求	运动负荷		
					时间	次数	强度
开始部分2′	**课堂常规** 1. 体育委员整队，报告人数 2. 师生问好，宣布本课内容及要求 3. 检查服装，安排见习生	1. 检查人数 2. 向学生问好，宣布本课内容、要求及注意事项 3. 安排见习生，提醒学生系好鞋带	1. 集合整队快、齐、静 2. 向老师问好，专心听讲，明确课堂要求 3. 检查服装，系好鞋带	组织：四列横队 要求： 1. 快、齐、静 2. 精神饱满 3. 注意力集中	2′	1	80~100次/分
准备部分7′	**队列练习** 1. 队列：行进间向左、向右、向后转走 2. 热身练习 跟随教师做运球绕障碍物练习 3. 肌肉拉伸练习 大腿后侧肌肉群拉伸练习 大腿前侧肌肉群拉伸练习 身体各部位肌肉群拉伸练习 压腿 活动膝、踝关节	1. 口令指挥学生进行队列练习 2. 带领学生在音乐伴奏下进行足球运球过障碍物练习 3. 带领学生一起做准备活动，语言提示学生注意问题并鼓励学生积极练习	1. 根据教师口令指挥进行队列练习 2. 跟随教师一起在音乐伴奏下做运球过障碍物练习 3. 在教师口令指挥下做肌肉拉伸练习	组织：四列横队 要求： 1. 认真听讲 2. 按照教师口令练习 组织：四路纵队 要求：熟悉球性，提高控球能力 组织：四列横队 要求：充分活动开各关节和肌肉群	1′ 3′ 3′	1 3 4×8	120~140次/分

续表

课的部分（时间）	教学内容	教师指导	学生活动	组织与要求	运动负荷		
					时间	次数	强度
基本部分32′	**足球绕杆射门练习** 要领：轻踢球，快追球，早变向，换脚踢，控制球，跑不了	1. 分8组进行绕杆射门练习，安排学生轮流用平板电脑记录学生练习情况 2. 巡回指导评价 3. 组织各组根据录像进行分组讨论，帮助有问题的学生纠正动作	1. 认真听讲，积极练习，运用平板电脑记录练习情况 2. 根据教师指导努力纠正动作 3. 根据视频找出存在问题并进行纠错	组织：八路纵队 要求： 1. 态度端正，练习积极 2. 认真讨论，帮助同学找出动作存在的问题，努力纠正动作	10′	8~10	140~160次/分
	考核：足球运球绕杆射门 分8组，每组4人进行测试，1人测试，1人发令计时，1人进行技评，1人记录，轮流进行	4. 安排学生进行展示 5. 公布考核方法及要求 6. 组织和指导学生进行分组考核，并公布测试成绩	4. 根据展示查找差距，努力提高动作完成质量 5. 根据分工安排进行测试 6. 遵守规则，争取优异成绩		4′	1~2 1	120~140次/分
	二对二小场地足球比赛	7. 提出比赛规则及要求，进攻方至少要1次运球过人才能射门	7. 明确比赛要求，公平公正比赛	3. 进行比赛、测试以及体能练习时，要严格遵守规则 4. 评委要认真负责，努力做到公平公正	8′	2~3 2~3	140~160次/分
	体能练习 1. 人体时钟 俯撑，根据教师口令转向该钟点方向 2. 立卧撑 3. 纵跳抱膝 4. 仰卧运球 仰卧，将球物置于腹部，手脚并用将其运到指定位置	8. 讲解练习方法及要求 9. 组织学生有序练习并及时评价	8. 按教师要求认真完成各种练习 9. 队友之间互相鼓励	组织：分8组 要求：积极参与，遵守规则 组织：八路纵队 要求：努力坚持，永不放弃	10′	2~3 2~3	180~220次/分
结束部分4′	1. 整理放松 2. 总结讲评 3. 回收器材 4. 师生再见	1. 提示放松动作的要点 2. 总结学习及考试情况，表扬先进，鼓励后进 3. 布置学生收拾器材 4. 宣布下课	1. 认真放松 2. 专心听讲 3. 积极收拾器材 4. 执行下课礼节	组织：四列横队 要求： 1. 放松时态度认真 2. 收送器材积极主动	4′	1	100~120次/分

续表

<table>
<tr><td rowspan="2">课的部分（时间）</td><td rowspan="2">教学内容</td><td rowspan="2">教师指导</td><td rowspan="2">学生活动</td><td rowspan="2">组织与要求</td><td colspan="3">运动负荷</td></tr>
<tr><td>时间</td><td>次数</td><td>强度</td></tr>
<tr><td rowspan="2">运动负荷预计</td><td rowspan="2">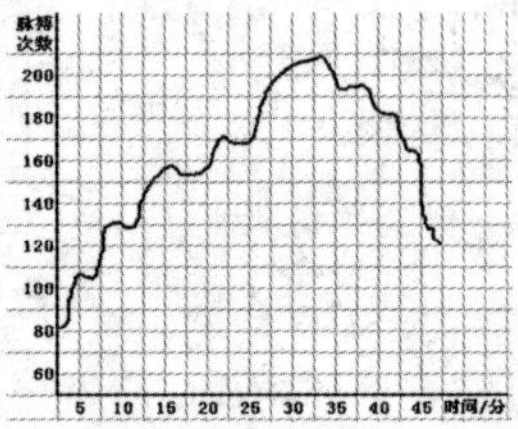
</td><td>场地器材</td><td colspan="5">足球33个；音响1套；标志杆40；秒表8块；记分册8套；标志碟40；平板电脑8；呼啦圈4个</td></tr>
<tr><td>安全措施</td><td>服装符合要求，准备活动充分，遵守课堂纪律，动作规范合理</td><td>运动密度</td><td>75%</td><td>平均心率</td><td>140~160次/分</td></tr>
<tr><td>课后反思</td><td colspan="7">本节课本着“健康第一”的指导思想，运用中国健康体育课程模式，科学合理地设置“学、练、测、赛”等教学环节，引导学生通过自主、合作、探究等学习方式，不断巩固技术动作，努力提高动作的完成质量，课堂学习目标完成较好</td></tr>
</table>

专家点评：

本节课，教师能够认真落实“健康第一”的指导思想，遵循教育规律科学合理地设置教学环节，通过“学、练、测、赛”等教学手段，将技能学习与测试和体能训练有机结合在一起，即重视学生运动技能的掌握，不忘发展学生的综合体能。课堂练习密度较高，运动负荷适宜，学生学练积极性高，课堂目标达成度较高。

课的开始部分以情景导入，很好地激发了学生的学习兴趣。准备部分通过设置与课堂内容高度关联的运球过障碍物练习，达到热身和熟悉球性的目的。基本部分通过改变过去教师测评的考核方式，让学生积极参与到考核中来，既提高了课堂效率，又让学生进一步明确了动作的标准和要求。通过设置小比赛，要求学生在比赛过程中将本节课学习的足球运球过人和射门动作应用3~5次，有效提高了技能动作在比赛中的运用能力。整个教学过程“学、练、测、赛”有机结合，让学生循序渐进地掌握了技能动作，并能运用技能动作进行比赛活动。体能练习环节设置了上肢力量和腰腹肌力量练习，让学生在体能得到全面锻炼的同时，顺便回收了体育器材，从而使整堂课完整高效。

（姜建明，威海市文登区教育教学研究培训中心）

足球运球绕杆射门测试方法及评分标准

丛培胜

一、场地器材

平整场地或足球场，测试区域长33米，宽8米，场地四周设置明显的标志线。起点线至第一杆距离为5米，各杆间距5米，共设5根标志杆，标志杆与两侧边线相距3米。标志杆高不低于1.2米，测试用球的规格为5号足球。

二、测试方法

被测试者站在起点线后准备。发令后，被测试者运球向前，依次绕杆；球通过最后一个标志杆后，完成射门，球过球门线，计时停止。以秒为单位记录测试成绩，精确到小数点后1位，小数点后第2位数非“0”时进1。每名被测试者测试两次，如果前两次成绩无效，则继续测试，直至测出有效成绩为止。

三、注意事项

测试过程中出现未从指定区域出发、出发时抢跑、手球、漏绕标志杆、碰倒标志杆、人或球出测试区域、射门不进的，成绩无效。

四、评分标准（附后）

测试成绩按照满分100分计算，计时成绩占70分，技评成绩占30分。具体如下表：

（一）技术评定标准

等级	分值	技术评定要求
优秀	27～30	控球稳，变向灵活，绕杆速度快，运射动作衔接好，射门准且有力
良好	24～26	控球较稳，变向较灵活，绕杆速度较快，运射动作衔接较好，射门准且有力
及格	18～23	控球较稳，绕杆速度适中，运射动作衔接较好，射门准且有一定力度
不及格	18分以下	控球不稳，变向不灵活，绕杆慢，运射动作衔接不好，射门无力

（二）计时评分标准

初二男子足球运球绕杆射门评分标准

分数	成绩	分数	成绩	分数	成绩	分数	成绩	分数	成绩	分数	成绩	分数	成绩
70	12.0	60	13.0	50	14.0	40	15.0	30	16.0	20	17.0	10	18.0
69	12.1	59	13.1	49	14.1	39	15.1	29	16.1	19	17.1	9	18.1
68	12.2	58	13.2	48	14.2	38	15.2	28	16.2	18	17.2	8	18.2
67	12.3	57	13.3	47	14.3	37	15.3	27	16.3	17	17.3	7	18.3
66	12.4	56	13.4	46	14.4	36	15.4	26	16.4	16	17.4	6	18.4
65	12.5	55	13.5	45	14.5	35	15.5	25	16.5	15	17.5	5	18.5
64	12.6	54	13.6	44	14.6	34	15.6	24	16.6	14	17.6	4	18.6
63	12.7	53	13.7	43	14.7	33	15.7	23	16.7	13	17.7	3	18.7
62	12.8	52	13.8	42	14.8	32	15.8	22	16.8	12	17.8	2	18.8
61	12.9	51	13.9	41	14.9	31	15.9	21	16.9	11	17.9	1	18.9

初二女子足球运球绕杆射门评分标准

分数	成绩	分数	成绩	分数	成绩	分数	成绩	分数	成绩	分数	成绩	分数	成绩
70	13.5	60	14.5	50	15.5	40	16.5	30	17.5	20	18.5	10	19.5
69	13.6	59	14.6	49	15.6	39	16.6	29	17.6	19	18.6	9	19.6
68	13.7	58	14.7	48	15.7	38	16.7	28	17.7	18	18.7	8	19.7
67	13.8	57	14.8	47	15.8	37	16.8	27	17.8	17	18.8	7	19.8
66	13.9	56	14.9	46	15.9	36	16.9	26	17.9	16	18.9	6	19.9
65	14.0	55	15.0	45	16.0	35	17.0	25	18.0	15	19.0	5	20.0
64	14.1	54	15.1	44	16.1	34	17.1	24	18.1	14	19.1	4	20.1
63	14.2	53	15.2	43	16.2	33	17.2	23	18.2	13	19.2	3	20.2
62	14.3	52	15.3	42	16.3	32	17.3	22	18.3	12	19.3	2	20.3
61	14.4	51	15.4	41	16.4	31	17.4	21	18.4	11	19.4	1	20.4

成长经历篇

永远在路上

——专业成长视角下撰写教学反思的实践与体会

尹耀　乳山市徐家镇中心学校

个人简介：尹耀，男，山东乳山人。1993年毕业于文登师范学校，本科学历，高级教师。现任乳山市徐家镇中心学校校长。曾获威海市教学能手、教育科研先进个人、威海名师、德育工作先进个人等荣誉。2015年5月入选“威海市教育名家（初中体育）工作室成员”。主持及参与课题研究8项，荣获威海市优质课、课题研究优秀成果、创新成果奖一等、二等多次。曾在《中国学校体育》《体育教学》《基础教育参考》《班主任之友》《教育艺术》《威海教育》等杂志发表研究文章40余篇。

从教格言：教育需要浪漫的理想主义情怀，同时更需要冷静的现实主义精神。世上没有理想的教育，但我们并不能因此放弃教育的理想。

叶澜教授曾经说过：“一个教师写一辈子教案难以成为名师，但如果写三年反思则有可能成为名师。”这句话强调了反思的重要性。因为反思的过程必然伴随着深度的思考，能够有效增强教师解决问题的意识，继而提高个人业务能力和教育教学水平。因此，写好教学反思，从专业成长的角度来说，是十分必要的。以下的文字是我通过撰写教学反思性论文促进自己成长的一些实践与体会，期望能够抛砖引玉。

自2002年始，我需要经常写一些学校的公文。这种文体有一定的严谨性，不可信笔涂鸦，尤其是要面向老师或家长的“公开性”的文字，不同于日常口语交流，需要仔细推敲。记得新学期要给家长写一封信，无非是说明新学期的一些工作内容及思路，期望获得家长的关注和支持，我用稿纸写了两页，反复地涂改，折腾了一个晚上。好在“万事开头难”，只要迈开了第一步，并能不断地坚持历练，慢慢地水平就一定能够得到提高。自2010年起，我在各类期刊发表了多篇文章，有4篇论文入编人民教育出版社出版的《中小学体育教学疑难问题会诊》一书。2017年，我被聘为《中国学校体育》杂志“教学实践”栏目涉外编辑，也曾主持多个课题研究并获奖。这些文章，大都属于反思性的论文，有力地支撑了这些研究活动，并为我赢得了荣誉。回顾撰写反思的历程，我主要有以下四点感受，与大家分享。

一、坚持学习，勤于思考——写作之根

1. 经常阅读体育期刊、专著和文章

参加工作初期，当时学校条件差，信息沟通受限，个人自费断断续续订阅过《新体育》《田径》《中国学校体育》《篮球》《体育与科学》等期刊。但由于年龄、阅历、视野等因素影响，部分学术性太强的文章，根本看不懂。比如：当时《体育与科学》《中国学校体育》的部分文章，处于瞧热闹层次的居多。让我印象深刻的是20世纪90年代创刊的《体育教学》，封面就是从日本留学回国的毛振明博士的手绘线描图，朴实、简单，甚至还有点寒酸，但是，其中的内容对我有较强的吸引力。政教处订阅的《中国体育报》除了新闻内容外，隔三岔五地在报纸边角位置有一篇幅不大的“教学园地”板块，内容比较接地气，对日常体育教学与训练有一定的指导价值。那时，我看完的报纸大都卖了废品或者办公室生炉子使用，我去政教处翻看觉得有用的内容就自己悄悄拿来制成剪报，也算是“废物”利用。

日常教学研讨中同事之间不免有分歧，自然会引发思考：到底什么样的教学才是最好的？无法解答的时候，就去县城书店找。书店中关于体育方面的专业书籍不多，更不用说体育“教学”书籍。于是，我只能从期刊的邮购启事中获得一鳞半爪的信息。1997年前后，毛振明博士撰写的《探索成功的体育教学》是令我对体育教学思想有了初步认知的第一部专著。这本书用通俗易懂的语言

解释了一些体育教学最基本的东西：能否这样教？为什么教？用什么教？怎么教？这对踏上工作岗位仅4年的我有很多启发。

后期，由于工作需要，我也断断续续地读了一些国内外现当代的教育和体育方面的专著。比如：《让教师成为行动的研究者》《给教师的一百条建议》《课程与教学论》《教育心理学》《教学设计——心理学的理论与技术》《脑神经科学》《差异化教学》《体育课程与教学研究的方法论》《动作技能的学习与控制》《人类动作发展概论》《体育学法论》等。

阅读让我始终密切关注一些新理念、新方法，这个过程也成为思维碰撞的过程，开阔了自己的视野，渐渐地也形成了自己的一些认识和见解。

2. 坚持网络学习，提升学习层次和高度

网络学习，真正又给我打开了一扇窗。在2002—2011年的10年间，由于兼任学校管理工作，使自己的职业角色变得有点模糊起来。整天忙碌于学校工作，个人对体育教学专业方面的东西关注度不高。2011年春，因为体育课的意外事故导致椎间盘突出症，在4个多月的时间里，我一直不能上班。而当你在忙碌的工作中突然停下来的时候，自然而然会静下心来深度思考某些让你产生困扰的问题："我是谁？我要到哪里去？"相对而言，学校管理的某些问题不如专门从事体育教学来得纯粹。在这10年间的职业角色上，自己缺乏一个清晰而准确的人生定位。

翻开那个古铜色的小本子——中华人民共和国教师资格证。从这个意义上来说，我们在本质上还是属于专业技术人员，而最能代表专业技术的是教师的资格；然后，才是学校管理方面的工作。体育教学本身是最能体现教师专业资格的东西，那么，其专业性就是不可替代的！

CCTV10频道有个"大国工匠"栏目，每一期会有来自不同领域的工匠们通过多种比赛的形式角逐全国总冠军。某期是汽车维修技师的比赛，其中一个环节让我记忆犹新：主办方故意将汽车预设了几个故障，技师不能采取仪器进行检测，而是通过试驾直接判断车辆存在哪些问题。取得冠军的选手，快速准确地找到了设置的4点故障，并在规定时间内完成修理。优秀技师的专业水准，让人叹为观止。

扪心自问，作为一名体育教师，自己的专业性如何？所谓的专业性，至少应有以下两个方面的含义：一是体现在不是谁都可以教的，而现实情况并非如此，教师身上存在专业知识与技能全面性及深度不足等问题。二是教学问题的诊断和解决能力。针对学生中的运动学习或教育过程中的问题，体育教师不但可以快速发现，而且能够立即拿出有效办法和措施予以解决，这才是专业性的体现。而事实上，相对于技师诊断故障维修车辆或医生开处方治病而言，我这个体育教师的专业性还远远不够。

教育教学是复杂的既教书又育人的过程，要实现这个过程，必须依靠教师入职之后大量的学习与积累。因此，我也是时候老老实实地学习一些专业方面的真东西了。

当时，我正在治疗椎间盘突出，在酷暑难挨的夏天，我卧床牵引治疗了大约40天，又适逢暑期的远程研修。一方面，为了缓解疼痛，转移注意力；另一方面，为了兑现自己内心的承诺，研修全程我只能躺着看专家讲座的视频，一边治疗，一边学习；一边锻炼，一边趴着打字，每个字都经过认真思考，每份作业都不糊弄。

其实，我的想法比较简单，以前学习条件有限，现在直面专家，进行系统学习，怎可不用心？那一年，山东省远程研修的首席专家是课标的主要制定者华东师范大学的季浏教授，其权威性和方向性对基层体育课改具有很强的指导和引领价值。当时，《中国学校体育》杂志还有个博客圈，为保持圈子正常运作，诸多来自一线的体育教师担任圈子的管理员。专家、学者、体育教师、杂志编辑都可以零距离点评，几千人的圈子，几十万的点击率，还有5个QQ群，每个群都有上千人，很有人气，探讨的话题也有一定的层次。特别优秀的文章，会被评为精选文章，就有机会被杂志社直接取稿。在这样的圈子里，可以分享交流自己的一些认识和思考，不同的观点碰撞、交锋，使自己的能力也得到了提升。在此期间完成的文章《例析有效分组教学四关注》发表于2011年第8期《中国学校体育》杂志上。

3. 转换心态，坚持一边工作，一边学习

不断学习是教师职业的基本要求，而日常工作往往是枯燥的。我时时告诫自己，要转变思维，学会从工作中找乐趣。比如：学校或上级教研主管部门会检查手写备课等，很多老师感慨没多大使用价值，因为存在和教科书内容相符，与实际授课安排又不相符的问题。学年教学计划、进度计划、单元计划、课时计划等，我都会从规范性和实用性上较个真儿。平时训练计划，我至少也要列一个纲要。在这些看似“无用功”的工作中寻找有价值的东西，并不断地学习、巩固和完善，慢慢地使自己的工作有了质量。

在对待成人函授等继续教育学习的态度上，当时较普遍的认识就是“混文凭”。坦率地说，我其实也有懒惰的思想，但是换一个角度想，既然已经来了，老师要点名，又不能走，索性学一些，最起码多少还有点收获，否则，就是浪费时间，一点价值也没有。平常每次上室外课回来，我都重新回顾一下上课的内容，并通过文字或图画，及时整理下来。所以，我上篮球课的笔记，曾被函授班的教授拿到班级上展览、传阅。在历时五载寒暑假的函授学习中，除了第一年寒假，因为学校工作原因，我晚去了两天而缺考外，没有落过一节课。这样，以积极的心态坚持下来，函授学习对指导自己日常的教育教学，提升个人专业素质和执教能力的确发挥了很大的作用。

再比如：查阅资料时的学习。记得2011年《中国学校体育》杂志草根争鸣论坛举办过一场关于“先教技术还是先教战术”的话题讨论。要发表观点，必须有理有据，因此，需要查阅《国家体育与健康课程标准》实验稿、修订稿等资料有无该方面的论述，而这个过程，也是一个学习的过程。我针对该话题撰写的总结文章《理清技战术关系，正确解读战术引领和带动技术的教学策略》发表于2011年第10期。2013年，浙江省五城市曾举办一个跨区域的课堂教学研讨活动，部分授课的视频以及现场研讨的活动视频都放至杂志的“博客圈”，并通过《中国学校体育》杂志平台征集稿件。大家对“往返跑”与“折返跑”的概念界定有歧义，我就查阅了《国家学生体质健康标准》《人类动作发展概论》《国家足球训练队YOYO体能测试内容及方式》等一系列文献资料，并引用了Newell约束模型的相关理论，撰写了《折返跑与往返跑概念的界定》一文，发表于2013年《中国学校体育》第3期。

此外，我还积极参与其他学科的研讨学习。自2002年始，我担任过学校教导主任、政工主任、副校长等职务，由于学校要求每名干部都要包学科，这就促使我们必须要做多个学科教学的明白人。在听课或教研的过程中，我把自己当成一个无知的学生正儿八经地去“学”，向其他学科的优秀教师“学”。而恰恰是这种“从不会到会”的学习过程，使得我能够更多地从学生的视角来审视教师的“教”，也恰恰契合了“以学定教”的教学理念。我先后分别承包了数学、物理、语文、英语等多个学科，也有了自己的一些思考。在前述主持或参与的课题研究中有4个是非体育学科课题，正是由于不断向其他学科教师们学习，我在参与研究、整理和撰写这些课题研究成果的过程中，才真正获得了成长。而参与其他学科教学教研是一个拓展学习的过程，学科不同，理念相通，这个过程丰富了我的教育教学技能，优化了我的体育教学能力，相互促进，相得益彰。

在我参与过的20余次外出培训学习期间，除了完成学习任务外，撰写反思文章已成为习惯，而这些学习的过程对转变观念、开阔视野、提升能力都是有益的。

因此，坚持学习、勤于思考是写作的基础。所谓“文章本天成，妙手偶得之”，如果没有日常主动学习的基础，恐怕是不可能的。

二、勇于实践，善于总结——源头之水

目前，我们的体育课从授课内容及过程管理等规范性上来说，与文化课相较有一定的自由度、灵活度，这是劣势，不太容易受学校领导及老师们的重视；但同时，必须看到这也是我们的优势，许多新理念或值得借鉴的做法得以出现在体育课堂上，我们可以大胆地进行改革和尝试。

比如：前滚翻的学习，小学就在教，初中还教。而实际上，初中阶段有的学生已经学会了，而有的学生还是滚不过去，学生之间的差异很大。如果不考虑学生基础，仅仅以一个标准按部就班地授课，优生吃不饱，差生吃不了，无疑是低效的。因此，我设想采用分层方式，按照“自主诊断——小组合作——展示评价——拓展提升”的基本流程，每个层次设置不同的运动条件和练习的

方法、手段等，以适应不同学生的基础，提升练习的针对性。三个层次分别是：基本完成的为一层，滚翻到一半的为一层，滚不过去的为一层。这样，每层的目标和重点解决的问题不同。但是，上课时，逐个表述每层的运动条件及方法等耗时费力，我就给各个层次的学生设计引入了"学习任务单"。后来，学生阅读任务单也比较慢，我就删减修改，配上图示，归纳提炼要点，阅读起来力求直观；图示不够灵动，课前我就用手机录个视频，上课布置任务、分组等简单而快速。我把其中有价值的实践体会总结出来，撰写了一篇文章《小组合作学习任务单引领初一复习前滚翻的实践和体会》，发表于2015年《中国学校体育》杂志第9期。

再比如：我们基层进行篮球赛经常会有这样的体会，如果哪个队有个大个儿中锋，往往对比赛结果能够起到关键性的作用，而我个人认为，基层中小学对中锋初期训练的主要内容包括以下几点：一是要位。二是要位后脚步训练，前后转身、顺步、交叉步、跳步急停、跨步急停等。我们和乳山市姜鹏老师带的队有过多次交手，深知姜老师对中锋的脚步训练非常有心得，但如果中锋在内线要不到位置，脚步再好也没有用。三是中近距离的打板投篮训练（后期再进行空心投篮的训练），但很多基层中小学的教练对训练的重点并不清楚，尤其是当比赛的防守强度稍微加大，一个较突出的问题是中锋在内线无法灵活地要到位置，自然更谈不上后续进攻投篮、策应等问题。

中锋内线要位的训练是中小学生训练比赛最基础的技术。但是，我查阅了有关文献，没有这方面的论文。于是，我就把自己在中锋训练中的具体做法和体会作了整理，分别从原地要位（前、后、侧）和移动要位（与前后转身及脚步结合）两大方面，并与限制区两侧及罚球线的区域移动、不同方式的传接球、消极防守转为积极防守等方面结合，认真地梳理了一些有效练习方法与手段。最后，梳理为《中锋内线要位技术训练常见问题及有效的练习方法》一文，发表于《中国学校体育》杂志2012年第2期。

类似的文章，其实是体育教学与训练的实践反思和总结体会。我想，每一个体育老师都会有许多类似的东西，只要善加运用，都是很好的文章素材。

三、善于发现，坚持积累——成长之花

有的论文是实践经验的总结，有的可以是所见所闻的思考，甚至是对他人的质疑或争辩，这就需要我们善于从身边去发现，并把这些问题和思考、意见与建议等，及时整理出来，并养成勤动笔的习惯，坚持积累，最终就能实现自己的目标。

（1）善于发现。比如：在2011年暑期远程研修江苏王老师的初三“山羊分腿腾跃”课中，学生普遍出现第一腾空不足的问题。为此，王老师在山羊头的两侧加了一条皮筋，以提高学生第一腾空的高度。结果，由于学生担心脚会碰到皮筋，又出现了屈腿的问题。于是，王老师大声招呼，然后又后移起跳板，但学生勾脚尖、屈腿的问题依然比比皆是。

针对这个问题，我进行了相关分析：一是第一腾空的相关技术分析。支撑跳跃是借助踏板形成向后、向上的反作用力，从水平方向垂直方向转化，要求是上体含胸前压，加大与躯干夹角的快速入撑的腾空动作。助跑与踏跳的结合以及上下肢正确的身体姿势和运动轨迹，往往决定着第一腾空的高度和质量。二是学生需要明确的几个问题。学生的提臀方向及运动轨迹是否正确，为什么要后拉起跳板，学生是否清楚是先第一腾空还是先支撑器械。然后，提出了具体的解决策略，将皮筋后移至合适距离并降低高度，并针对此教学辅助手段存在的问题进行了理性的思考：突出专业性，把握准确性，重视差异性。这个问题看起来是教学过程中的小问题，但是，辅助教学手段运用不当，反而不利于运动技能的掌握。针对该问题的发现而撰写的文章《巧用橡皮筋辅助山羊分腿腾跃教学》，发表于《中国学校体育》杂志2012年第5期“教学实践”栏目。

再比如：2017年威海市教育名家（初中体育）工作室教研活动中有一节双手头上投实心球展示课。为了纠正学生出手点低和出手角度小的问题，授课教师采取的辅助教学手段是将排球通过网兜和一个铁环与足球门横杆相连接，然后让学生双手持排球进行投掷。

该辅助手段有三个优点：一是以排球代替实心球，降低了球的重量，更有利于学生专注于出手角度及出手点低等问题；二是铁环与网兜的有机结合，使

学生将球出手后，大致运动轨迹是一定的（最初是向前、向上），有利于从视觉上理解球出手后的方向感，建立正确的技术概念；三是球绕横杆回环，可以循环反复练习，较之单纯投掷实心球再捡球，可以省去反复捡球的麻烦，增加学生课上练习的次数。如能运用得当，不失为有效的教学辅助手段。

而事实上，学生在练习过程中问题很多。从现场情况看，问题主要表现在以下几个方面：一是学生持球时身体姿势各有不同，球的位置有在脸前的，也有在头正上方的，还有在头后上方向的，学生胳膊有直臂也有曲臂的；二是学生在做准备姿势时，脚下所站的位置各不相同，有踩住球门下的端线的，也有两脚跨线前脚超过端线的，还有在端线后的；三是球出手时与出手后的身体姿态各异，有仰头的，有球出手后回环又打在自己头上的，也有最后用力出手后立即猫腰低头俯身向前跑的情况。造成上述问题的原因：一是学生对正确的技术动作缺乏准确的理解；二是教师对技术细节缺乏具体细致的要求；三是对辅助手段运用时可能出现的问题、干扰及相应的解决策略准备不足。

而正确的解决策略：一是落实“三后”要求。首先，注意强调双脚站立的位置，即“线在脚后”，如果是双脚左右开立，双脚在球门线之前50厘米左右；前后开立的后脚要在球门线前；其次，持球时将球置于头后，且双臂屈肘，即“球在头后”“肘在头后”。二是适当改造辅助器材。排球与球门横梁之间依次设置不同的长度连接，以适应不同身高的学生。或者，连接采用弹性胶皮或胶管，能够在一定范围内进行适当的拉伸。如果这样，即便部分学生的脚下站位略有不当，通过落实“线在脚后”“球在头后”“肘在头后”的准备姿势也能适当弥补，有利于身体形成反弓、屈臂、快速发力。最终，梳理为《巧用辅助手段，提高课堂教学质量》一文，发表于《中国学校体育》杂志2017年第9期。

（2）坚持积累。一是要强调即时性。针对一些有感触的思考，要在第一时间记录下来。灵感往往来自那一瞬间碰撞的火花，即便工作再忙，也要简单记录，否则，后期容易忘记。等到杂志有专题性的组稿，就可以围绕主题适当修改或详细展开后投稿。记得针对山东暑期远程研修中存在的一些乱象，我之前写过一篇文章《关于暑期远程研修中存在的问题及对策》，后期《中国学校体育》杂志“教师教研”栏目有一个关于“教师培训”专题组稿，由于有了前期的积累，略一修改，便发表于2013年第9期杂志上。二是要适当搁置。搁置有时是一种思想的沉淀。我在2007年1月曾写过一篇名为《要不要惩罚》的时评性文章，总觉得其中的很多观点及策略不够成熟，也没有更好的思路，就一直搁置。2017年，《中国学校体育》杂志草根争鸣论坛组织了一期关于《奖励与惩罚》的专题讨论。10年后再看之前的文字，我又有了一些新的想法，后经修改，以《合理惩戒三原则》为题投稿，最终也发表了。

四、关注选题，反复锤炼——自然之果

（1）研究杂志。一是对接栏目特点。提前有针对性地研究一些杂志的文章及栏目的特点，你会发现，这其中的文章很多都是你曾经思考过的东西。而要提高投稿的命中率，可以将文章适当分类，把握文章的特点，从最擅长写的一类为突破口，充分发挥个人优势。比如:《中国学校体育》杂志的“教学实践”“一线话题”“教学研究”等栏目的侧重点会有不同。二是关注专题组稿。此类组稿类似于命题作文，2011年，《中国学校体育》杂志“特别关注”栏目针对山东在全国率先提出要将体育列入高考（四个项目）的信息，发布了专题组稿的启事。而威海市实行体育中考并将其计入总分的历史已有相当长一段时间，部分有价值的做法或经验值得总结和推介，而体育高考与中考毕竟还有一些不同之处。基于此，我先将2007年至2011年6年间威海体育中考内容走向与高考内容进行了对比分析，再将怎么考的对比走向分析，主要从组织的规范性、考试项目的确定及分布、考试分值和计分方式及影响度等，查找其更深层次的原因，并提出了相应的建议。“威海体育中考与山东体育高考的对比思考”一文发表于《中国学校体育》杂志2011年第7期。

（2）精心选题。一是不要贪多求大。找一个点、一个视角、一个层面，争取写出比较深刻的东西，文章很容易就录用了。牛顿曾经说过：“如果说我看得比别人更远些，那是因为我站在巨人的肩膀上。”这句话说得非常有道理。其实，创新不是大步子，往往是一点一滴地慢慢进步。二是具有借鉴意义或者创新价值。写完，先问自己：写出自己独到的心得了没？能给别

人以启示或借鉴、学习意义没？换言之，是否具有“人无我有，人有我优”创新价值。如果都是肯定的，谁也不用找，肯定能发表。这两条也是2011年我和兵文老师在网上交流时，他给我的投稿建议。在此，与大家分享。

（3）反复锤炼。一是文字力求准确清晰。比如：论文体裁的结构、表达方式等特殊要求都需要认真研究，题目、标题要准确，切忌似是而非。二是表达的条理性和逻辑性。比如：文章有几个大方面，小标题力求精到，前后之间的逻辑关系等也要明晰。三是反复修改，百折不挠。觉得自己修改确实有难度的，初期可以找人帮助改，看看别人是怎么改的，然后自己再改。当然，最好还是自己改。我在《中国学校体育》杂志的第一篇文章，就是在文登王占芬老师的帮助下，逐字逐句帮助分析，自己修改了五六遍才完成的。《中国学校体育》杂志“博客圈”中浙江宁波万里国际学校王兴发老师关于17次退稿最终发表的经历，激励、鼓舞着很多未发表论文的体育教师继续坚持以写作的方式在专业成长的道路上行走。

总之，撰写文章的过程不过就是体育场上的一场长跑，无非是你跑得快一点，我跑得慢一点。但是，只要你不放弃，足够努力，大家都能成功地到达终点。

上述分享，不是重点强调撰写论文的指导方法，更多的是个人过程性的感想和体验。个人觉得，坚持撰写反思的价值不能仅仅定位于发表了几篇文章，其核心是让我们养成自觉“思考”的习惯，提高解决问题意识和能力，并获得解决问题的成就感。苏霍姆林斯基曾经说过：“如果你想让老师的劳动能够给教师带来乐趣，使天天上课不至于变成一种单调无味的义务，那你就应当引导每位教师走上从事研究这条幸福的道路上来。”我们如果能够站在自身专业成长的高度和意义上来看待撰写教学反思的过程，它的价值和意义就大了很多。

总之，论文写作的过程就是研究精神绽放的过程。最后，衷心地期望大家能够在追求专业成长的道路上也享受到职业的幸福。

足球特色发展　助推专业成长

刘艳妮　荣成市蛃江中学

个人简介：刘艳妮，女，山东荣成人。1997年毕业于文登师范学校。本科学历，一级教师。现任荣成市蛃江中学体育教研组长。曾获威海市教学能手、优秀教练员，荣成市名师、优秀教师等称号。2015年5月入选“威海市教育名家（初中体育）工作室成员”。获得过山东省优质课一、二等奖、初中体育教师基本功二等奖、优秀课程资源一等奖、省优课；执教过2节地市级公开课；撰写了多篇文章在《基础教育参考》《体育教学》等刊物上发表；参与2个市级规划课题研究，主持过国家重点项目子课题和教育部重点课题子课题的研究，均已结题。

从教格言：从教之路无坦途，教育教学要创新，机遇挑战常相伴，怀揣梦想勇向前。

我校是荣成市首批开展校园足球的学校，我是荣成市首批投身校园足球发展的体育教师之一。在近10年的足球教学与训练中，个人在足球专业方面得到成长，并带动一群人成长。下面从足球特色教学、足球特色活动、足球特色训练以及足球特色科研四个方面介绍本人的足球特色成长之路。

一、足球特色教学，普及提高的主阵地

2012年11月，我校开展校园足球活动。随着活动开展的深入，我逐渐认识到校园足球主要任务是普及，普及的对象是全体学生，而普及的主阵地就是足球课堂。自2016年，我校被评为全国青少年校园足球特色学校以来，我校更加

重视足球教学。作为校园足球的先锋，在足球教学中，实现个人的再成长。

（一）优化足球教学师资

我是我校唯一的足球教练，与大多数基层足球教练一样，不是科班出身，在足球上一直是门外汉，获得足球教学与训练的途径只有网络，但网络上大都是一些针对专业足球队员的教法，而针对一线教学的指导是少之又少。正在一筹莫展之际，恰逢习总书记对校园足球的高度重视，上级各级主管部门为一线教师提供了丰富多彩的培训活动，我有幸参加了全国足球特色学校教练员培训、威海市足球教练员培训、山东省足协“E级”教练员培训、山东省“玩转英超”女子足球教练员初级培训等各级别的培训，促使本人的足球专业素养迅速提升。

（二）优选足球教学内容

2016年5月，在工作室吕兵文老师的带领下，我参与了华师大汪晓赞教授主持的国家社科基金（教育学）重点项目“聚焦深化教育领域综合改革的青少年体育问题及对策的研究”（项目编号：ALA150010），开展了子课题的研究，针对我校实际，提出了“优化足球教学资源 提升学生运动参与水平的实验研究”的课题，在研究中根据学生的实际水平，开发了校本课程玩转足球，弥补了鲁教版体育课本中足球教学内容少，技术动作偏难的问题。足球课变得内容丰富，生动有趣，学生更加喜欢足球课。

（三）优化足球场地器材

我校拥有一个11人制标准足球场，40个教学班，1850多名学生，生均面积不足3平方米，为了给学生创设更大的运动空间，必须从场地、器材的开发与有效利用两方面做文章。

（1）优化场地，有效利用。因为班级多，同时上课的班级至少4~6个班，最多12个班同时上课，为了给学生创设最大的运动空间，利用标志桶或标志碟来圈定小场地，为学生创设多分组、少等待、多练习的环境，以达到增加练习密度的目的；根据标志牌的颜色变化来划分场地，给学生以视觉美感，同时达到区分练习小组的目的。学期初，将每位教师的授课班级汇报给各年级排课老师，由他们统筹安排体育教师授课，让不同年级错开上课时间，尽量做到每节课最多6个班同时上课，确保每名教师每节课最多带2个教学班同时上课（我校体育课特点是每节体育课2个平行班级同时上课）。

为了增加学生的有效运动面积，征得学校领导的支持，在我校操场的东南角安装了两组趣味游戏器材：一组是4个大小一致，规格一致的九宫格球门；一组是形状一致，大小高矮各不同的4个小球门组成的大小球门。为了增加趣味性，每组器材都开发了多个玩法，充分体现一材多用原则，吸引更多的学生参与到游戏中来，同时，作为单项吉尼斯挑战赛的项目深受学生喜爱。

（2）优化器材，激趣增效。优化足球教学器材，缘于多年带足球训练的经历，也是足球教学需要。开展校园足球活动的前几年，没有上级拨款，学校经费紧缺，操场上只有自制的7人制足球门框两副，没有配备相应的足球门网，射门时球飞得很远，学生频繁地捡球浪费了很多踢球的时间，为了解决这一问题，本人联想到我们荣成的地域特点，因渔业发达，废旧渔网肯定不少。于是，我向当地的一位渔民要了一批废旧渔网，利用周末训练之余，与几个足球队员一起裁剪、制作、安装，将4个球门都安上足球门网。自从安上了足球门网，捡球的时间减少了，练习效率提高了。废旧渔网做成的足球门网非常结实耐用，这样的足球门网陪伴了我们两年多。在此期间，我撰写的论文《巧用废旧渔网制作足球门网》发表在《体育教学》“场地器材”栏目。

为了降低难度，增加练习密度，在讲足球优质课时开发了“反复踢球器”，虽然没有什么技术含量，但制作简单，在学习足球的基本技术初期非常实用。我参加2012年的威海市足球优质课脚内侧踢球技术评选中，运用自制的“联合反复踢球器”，获得一等奖；2014年，我撰写的论文《反复踢球器的制作》发表在《体育教学》“场地器材”栏目；2018年，我参加威海市足球优质课正面头顶球技术教学，凭借“单个反复踢球器”，获得二等奖；同年，参加中国教育科学研究院组织的教具开发评选，成功入围。

足球教具制作、运用及相关论文的发表，足球优质课、微课、优课获奖，各种荣誉渐渐积累，促使我在2014年被评选为威海市教学能手，也为本人走上专业化发展道路奠定了基础。

二、足球特色活动，校园文化的闪光点

随着校园足球活动开展得深入，我每年参与组织学校开展校园足球嘉年华活动。足球嘉年华内容包括单项吉尼斯挑战赛、足球节等丰富多彩的活动，通过开展以上活动，吸引更多的学生参与到足球运动中来，体验足球运动带给他们的快乐，同时也体验到失败带来的痛苦与失落，学会用积极的心态去面对，在运动中身心得到磨砺，茁壮成长。

（一）吉尼斯挑战赛

吉尼斯挑战赛主要比拼足球技艺的极限，包括单项的和团队的比拼，其中单项的比拼有以下几种。

我是颠球王——颠球比多

在4m×4m的场地内用正脚背或者大腿颠球，在规定场地内颠球有效。比赛方式有两种，一种是一次性颠球比多，一种是相同时间内颠球累加比多。一次性颠球比多对参与学生的技术要求相对比较高，通常是各班的精英队员，而限定时间的颠球累加比多，这种方式得到班级大多数学生的认可，因为大部分学生连续颠球的次数相对较少，累加计数的方式容易被接受。此项比赛高水平和一般水平的学生都可以参加，有利于大面积开展。

我是草上飞——运球折返

所有参赛的同学分成相同人数的若干个小组，有序站在起跑线后。比赛方式有两种，一种是比赛哨声响，第一组同学每人带球跑进15米，当球压线后折返，在不丢球的情况下看哪位同学最先返回起点。此游戏主要考验的是单个学生完成一个折返的速度。一种是每人完成规定次数的折返接力，以小组完成任务的时间来确定名次。在游戏中，如果丢球，必须追回球于丢球地点继续比赛。运球过程中不限脚法，但要求一步一带球跑进。

乾坤大挪移——传球比快

两人一组，相距8米，用一球进行脚内侧传接球比赛。原地传接球的方法

有两种，一种是两脚球，即接球同学先用脚内侧接住球，然后用脚内侧将球传给同伴；一种是一脚球，即接球同学用脚内侧一脚将队友传来的球回传给队友，采用规定数量比快，比如：成功完成传接50次，看哪个小组最先完成，或者采用相同时间内看谁完成的次数多。此游戏主要考验的是学生传球的准确性及团队成员的配合。

除了单项比赛外，还有团队争霸赛，不仅考验参赛队员个人的技术，更看重团队的整体水平，我校开展团队比拼的比赛有以下几种。

快速进家门——直线踢准

每个小组第一名同学控球站在踢准线后，其他同学一路纵队站在相距1米处站好。游戏开始，第一名同学用脚内侧踢球，使球穿过前方用两个相同颜色的标志碟摆放的小门。小门的宽度与踢准的距离有关，如果距离较远，门适当大些，如果距离较近，球门的距离缩短些，小门的宽度在100~150cm。当球穿过小门或从小门旁边滚过时，踢球的同学快速捡球，然后用脚内侧踢球技术将球回传给第二名同学，第二名同学在踢准线后接球，接到球后继续游戏。以此类推，直到最后一名同学将球成功回传给本小组第一名同学。游戏结束，看哪个小组用时最短，成功进小门的次数最多，如进球次数相同，时间短者列前。

丛林凌波微步——运球绕杆

在每个小组的游戏场地内摆放6个相距3米的标志杆，终点摆放一个标志碟，参与游戏的队员一路纵队站于起点线后，当游戏哨声响，第一名同学带球绕杆前行，带球绕杆过程中可以用单脚带球，也可以用双脚带球，但不可将标志杆碰倒（每碰倒一次加时3秒），当绕过第6个标志杆后以最快的速度带球绕过标志碟返回起点，当人球都到达起点后第二名同学接球继续游戏，直到最后一名队员带球返回起点，游戏结束，看哪个小组用时最短。

九宫格大战——射准比拼

在九宫格射准游戏场地，将射准点设置在离球门9.15米处，球门网上设置9个得分点，得分点分别位于四个边角与中间部分，根据难易程度分别设置分数。方法是将参赛队员分成甲乙组，根据抛掷硬币来决定哪个小组最先踢第一球，双方按顺序依次踢准一轮，类似于点球大战。如：8个队，通过抽签确定分组，通过一轮淘汰赛，胜者直接晋级年级前4强，负者进入年级后4名，再通过淘汰赛决出名次。

多点开花——射球进门

在大小门游戏场地完成，由于比赛场只有一个，而我校的特点是同年级两个班级同时上课，利用体育课进行比赛，每班参赛人数男女均等。如：男10女10，每名同学2次射门机会，射门点为离球门9.15米的正中央的罚球点，或者选择扇形的左右45° 角或0° 角的各点，只要标准统一即可。如以正中央的罚球点为例，射进正中央的大门得1分，射进两侧各小一点的球门得2分，射进最远端的左右两个最小的门得3分。每名同学2次射门机会，取最佳成绩记绩，一轮过后记录每个班级积分，积分多者名次列前。

（二）足球节

为了促进校园足球的普及，每年初一新生入学的第一个学期通过开展足球节来吸引更多初一新生参与到足球运动中来，让更多的学生参与足球运动，通过活动增进彼此间的交流，享受足球带来的乐趣，促使身心得到全面发展。

参与人数：初一新生，10个班，每班男、女各10人，共200名学生。

场地划分：用胶带圈定练习场地

一号区域：带球网颠球

器材：带球网足球20个，标志盘8个

方法：每人一个带球网足球，在教练的指导下，进行正脚背、大腿、脚内侧颠球，每项技术体验3分钟后，将足球从球网里取出来，然后依次用以上三种动作来体验颠球，指导教师根据学生颠球的质量逐个进行指导，纠错，并提出改进建议，为了提高学生的练习密度，减少捡球的次数，再次引导学生将球装进球网，进行巩固练习。

二号区域：运球折返

器材：足球20个，标志盘20个，分队服11件（9件黄色，2件红色）

方法：学生4人一组，每人一球，分别采用脚内侧、正脚背、脚背外侧技术运球绕两个相距8米的标志碟进行练习，待学生运球技术逐步熟练，可以以小组为单位进行运球比赛。

进阶：将参与游戏的学生分成人数相等的两个小组，每组挑选一名队员（穿红色分队服）作为追逐者。游戏开始，一组同学（穿黄色分队服）运球从场地的一端到另一端用球压场地线，压线一次得一分，然后返回场地对面压线再得一分，过程中追逐队员负责干扰破坏，每被破坏掉一次，减一分；另一个小组利用场地的另两条线进行游戏，相同时间内看哪位学生累计得分最多。

三号区域：短传球练习

器材：足球10个，标志盘20个

方法：小队内友伴组合，每两人一组，用一球进行练习，先两人相距8米进行定位传球，要求采用脚内侧传球技术，分别用两脚球、一脚球进行传接球练习。为了考验学生传球的准确性，在两人中间的位置放置两个相距1米的标志碟，要求传球时必须穿过两个标志碟，为了增加难度可以缩短2个标志碟之间的间距。

进阶：为了增加练习的趣味性，在练习场地内放置多组相距1米的不同颜色的标志碟作为小门，可以规定相同时间内哪个小组传接球过任意小门次数最多，也可以规定相同时间内传接球过一种颜色的球门或者规定传过不同颜色小门的次序来进行游戏，在游戏中不仅考验二人的配合，同时引导学生学会观察、呼应。

四号区域：翻标志碟游戏

器材：足球20个，两种颜色的标志盘各10个

方法：将参与游戏者分成人数相等的两个小组，分别站在本方场地内，每个场地内放置10个正面朝上的标志碟（两队的标志碟颜色不同）。游戏开始，所有学生跑到对方区域翻开对方的一个标志碟，然后返回本方区域将一个标志碟恢复正面朝上，要求每人每次只允许翻开或恢复一个标志碟，不可固定在原地保护本方标志碟，相同时间内看哪方正面朝上的标志碟数量最多。

进阶：学生带球参与游戏，翻碟的同时必须控制好球，不可丢球或弃球去翻碟，否则翻碟无效，要求学生做到一心二用，游戏初期场地可适当增大，随

着脚下控球水平的提高，可以缩小场地，增加游戏的难度，令游戏更有挑战性。

五号区域：球性练习

器材：20个足球，10个标志碟

方法：学生进入场地后，每人一球，教练员引导学生用自己熟悉的脚法带球跑动，然后做熟悉球性的练习，其中原地的球性练习包括踩踏球、脚内侧扣球、揉球的练习和行进间的向后踩拉球、前搓球、侧拉球等技术，从走动开始，待熟练掌握技术后可进行跑动带球练习。

进阶：两人一组，进行前搓球、后拉球、侧拉球的比赛。

六号区域：传球接龙游戏

器材：1个足球

方法：将参与游戏的学生分成人数相同的两个组，分别穿上不同颜色的分队服，游戏开始，一组同学进行手抛球接力，另一组学生进行抢断，要求同组同学间传接球时要大声将传球的数量喊出来，不允许同小组两人之间反复传接，必须传接给第三人才可连续计数，如果中途被另一小组同学抢断，则重新计数，看哪个小组最先连续传接6次，游戏采用3局2胜制。

进阶：当学生的防守意识和位置意识逐步形成，采用脚传球接力，要求必须用脚内侧传接球。

通过组织丰富多彩的校园足球活动，学生们开阔了视野，创新思维得到发展，沟通协调能力得到提高，统筹规划能力得到提升。

三、足球特色训练，校园竞技的突破口

我最初接触足球，就是校园足球训练，尤其是开展校园足球初期，校园足球工作的重点是校园足球队的训练与比赛。在此，将多年实践经验与大家分享。

（一）强足球，内强教练

在带足球队之初，我是一名具有10多年篮球队带队经验的篮球教练，而足球队的队员是由篮球队临时改踢足球的一批队员，足球对我和队员们来说都是

新生事物，在最初半年我对队员们说得最多的一句话是："老师和同学们一起学习！"为了令自己及早进入角色，做一名合格的足球教练，身边的足球资源有限，我从电脑上学技术，从网上邮购专业足球教练书籍翻阅，向身边优秀的高中教练求教，同时抓住任何一次外出学习的机会，向全国不同级别的足球教练学习，向外国的足球教练学习，从一名纯粹的草根教练，不断地吸取多元营养，在各级领导的关怀下，接受阳光雨露的滋润逐渐破土露出青涩的草尖尖，逐步成长为一名合格的基层足球教练。

2017年，我参加山东省足协举办的山东省"E级足球教练员"培训班学习，与年轻学员一起学理论，练技术，参与活动，最后以优异成绩通过考核，获得"E级足球教练员"证书。2018年12月，我参加山东省体卫艺组织的全国唯一的一个"玩转英超"女子教练员培训班学习，虽然我是一个工作了23年的老教师，在班里年龄最大，但我依然有一颗年轻的心，我愿意与年轻的教师并肩学习，一起奔跑，一起做练习，一起做作业，一起参加考试，与她们在一起，感觉自己依然年轻。就像我们的校园足球才刚刚起步，还很年轻一样，我愿做风一样的女子，伴随校园足球一起奔跑，共创美好未来。

（二）强足球，外引助教

随着校园足球的深入开展，要想挤进威海市的足球联赛赛场，单单依靠学校的体育教师是远远不够的，应向外界招手，吸引社会上一些有足球功底的，乐意为校园足球作贡献的爱心人士进校园，协助校园足球发展。

（1）聘请校外辅导员。那是我带足球队的第二年，最先走进我校的是邻居单位的一位小伙子，他每天下班后会到操场上和我一起带领学生完成足球训练。可喜的是他不仅会踢足球，还特别会教，知道哪些基本功对现阶段的初中生最有用，哪些基本技术是比赛中最需要的，我们一起讨论技术，研究练习的内容，每周五踢大场比赛，通过比赛发现问题，利用周六多练技术，然后再通过比赛来检验。通过两年多的扎实训练，我校男队在2016年的全市足球联赛中，告别千年老二的窘境，取得冠军，同年女队获得第二名，成绩的取得得益于校园辅导员的倾力相助。

（2）外聘足球俱乐部。2016年起，我校先后被评为全国青少年校园足球特色学校、山东省足球传统项目学校，首次获得财政专项拨款，有了专项基金，学校特别重视足球队的发展，征得同意后，拿出专款聘请足球俱乐部进入学校，为学生提供更专业的足球训练。2017年，在荣成市的足球联赛中，我校成绩优异，女队代表荣成市参加威海市足球联赛。因特殊原因有3名绝对主力队员不能参赛，于是，我带领9名队员参赛，赛场上队员们团结一心，顽强拼搏，脚都磨破了，替补队员全都替换上场。酷暑中，在各种不利因素的制约下，我与俱乐部老师一起制订作战方案，与学生一起，拿下了关键场次的比赛，最终取得第三名的优异成绩。

2019年，学校继续聘请俱乐部教练进校园。我们携手并肩，带领男队以绝对的实力获得荣成市足球联赛冠军，并首次以学校组队的形式代表荣成参加威海市的联赛。虽然与威海市足球强队有差距，但我们相信在未来的几年，我们的足球技战术水平会一步一个脚印更上新台阶。

校园足球在前行的道路上，一人前行，步履维艰；一群人前行，脚步会越来越矫健，道路越走越宽，也会走得更长远。

四、足球特色科研，专业发展的必经路

2015年3月，我跟着初中体育名家工作室远赴华师大参加课题研究学习，通过学习了解到课题研究不仅是大学教授的专利，我们一线教师也可以做课题研究，研究的内容就来自我们的教学实践，以解决教育实践的实际问题。

在此之前，我在个人的专业发展过程中只讲过优质课、公开课，发表过几篇论文，课题研究一直处于空白阶段。我深知如果想在专业上有更进一步的发展，做课题研究是必由之路。由于多年的带足球队和足球教学经历，我发现校园足球发展还有很多方面严重滞后，很多针对中小学足球教学的资源开发、技能评价标准十分匮乏。

2016年6月，在华师大汪晓赞教授带领的研究生团队的指引下，我接受了非常专业的课题研究指导，初次开始接触课题研究，主持参与了汪晓赞教授申报

的国家社科基金重点项目“聚焦深化教育综合改革中的青少年体育问题及对策”的子课题“优化足球教学资源 提升学生运动参与水平的实验研究”。在研究的过程中，因学校工作的原因，很多活动我没有追随工作室团队一起到现场接受最直接的指导，但会后，我会向我们工作室参会的成员借来PPT、图片等资源自学，不明白的地方通过电话向他们请教，再不明白就通过微信向华师大课题团队的研究生求教，从他们的只言片语中，不断琢磨专业术语的含义，实在不行还能上网查询资料，慢慢钻研。虽然过程非常艰辛，但我不仅没有被重重困难捆住手脚，还在大家的帮助下，一层层地揭开了“课题研究”的神秘面纱。

2017年11月，在吕兵文老师的带领下，参加了他主持的全国教育科学“十三五”规划教育部重点课题“中小学教育质量监测机制的研究”的子课题“初中足球技能监测指标体系的开发研究”，再次作为主持人带领团队进行研究。再次做课题，相对第一次从容很多，但这次的研究不是实验研究，研究方法上有很大的不同，很多方法只能从网上查找，反复研读，直到彻底弄明白。在课题立项答辩过后，吕兵文老师及鲁东大学的课题指导小组，先后为我们作了两次专业培训。通过培训，我对课题研究的认识更深一步，在作课题研究的时候不再盲目，研究的方向明确，步骤清晰，按照实施方案一步步地作研究。2018年10月，通过答辩，顺利结题。

经历两次课题研究，我深有感触，作为一线体育教师很难接触到课题研究，多亏工作室吕老师为我们创造如此专业的课题研究机会，所以我倍加珍惜。过程中，很多同行的同行会有这样那样的顾虑，认为子课题对晋级无用，觉着没有必要下这么大的功夫来作子课题研究，或者直接退出，或者半途而废，甚至学校的领导直接跟我说子课题无用，各种质疑声不断，但我不在乎最终的一纸证书，我在乎的是学习的过程。在今后的专业道路上，如果有机会再做课题研究，我会倾尽所学在课题研究之路走得更加稳健与扎实，为校园足球的发展贡献出绵薄之力。

五、足球特色联盟，区域发展的领头雁

2019年正月，应体育教研员王东升老师的邀请，成功竞聘了足球特色联盟的主持人。我认为我有这个能力与实力，同时，我愿意带领足球特色团队的成员们一起，为荣成校园足球事业的发展作出一点贡献。

我成功竞聘上主持人后，根据王东升老师提出的要求，站在全市足球特色发展的角度，统筹规划，制定新学期工作配档，分别从足球特色教学、特色大课间、特色训练、特色课题研究四个方面设置工作方案。

（一）足球特色教学

（1）课时保证。小学一、二年级每周两节，三至五年级每周一节，初中每周至少一节足球体育课。

（2）授课内容。一是根据学校的学情，自由选择教学内容，自制校本教材，或者以联盟校为单位，集体研讨，确定教学内容，分工合作编写校本教材，然后分工制定教学设计，每学期每个学段至少完成16节教学设计。特色校开发的足球校本教材内容与课本内容并不冲突，应该是补充与充实。二是根据大课间内容来确定足球课的练习内容。三是根据课题研究的内容来确定授课内容，为课题提供真实有效的数据。

（二）足球特色训练

（1）组建足球社团。在足球队的基础上进行扩充，将一些足球爱好者吸纳进足球社团，争取每班培养4～6名足球社团成员。每周至少开展1次活动，培养足球骨干力量，在常规课、优质课、展示课、公开课上发挥足球特长，带动身边学生参与足球运动的积极性，做教师的好帮手，并成为足球特色大课间表演的主力军。

（2）打造精品足球队。每个学校打造两支足球队，挑选热爱足球运动的专职体育教师带队训练，开发校内资源，包括场地、器材、人员等；引进社会资源，将一些爱好足球，并乐于援助校园足球发展的人员，最好是拥有教练员资格证书的人员引入校园或者是将足球俱乐部请进校园，助力校园足球的发展。

（三）足球特色大课间

各校根据自己的实际开发足球大课间，先提出设想，足球联盟“三定一主题”：定时间、定地点、定主题进行研讨，研讨的内容包括出场的方式（从教学楼直接带到操场，或是在教学楼间站位，统一指令下同时带进操场）、音乐的选择、内容的确定、时间的把控、带回的路线与方式等。

大课间遵循几个原则：

（1）趣味性原则。内容的选择要具有趣味性、适合学生的年龄特点。

（2）适宜性原则。音乐的选择要符合学段特点，小学段要活泼与灵动，初中段要充满青春的朝气与活力；运动量要适宜，小学生的心率达到110～130次/分，初中生的心率达到140～160次/分。

（3）合理性原则。如果需要器材，那么，器材球放哪儿，用时如何取，用完如何放，其他器材的取放怎样才更合理？

（4）定位性原则。场地的划分与定位。根据练习内容怎样划分、怎样定位能够提高练习密度，怎样的整体效果才更美观。

（5）独特性原则。有条件的学校可以聘请花式足球教练进校园，可以培养一批高水平的花式足球选手，在大课间分组练习环节，在主席台前的跑道上做花式足球表演，为足球大课间增色。

（四）足球特色嘉年华

足球嘉年华包括班级足球单项挑战赛（吉尼斯）、足球联赛、足球节等。

（1）足球吉尼斯。各校可根据大课间的内容、体育课的授课内容来确定足球单项吉尼斯的比赛项目，通过比赛将成绩计入班级百分考核，引起班主任的重视，达到普及与提高的目的。

（2）足球联赛。以年级为单位，采用班级淘汰赛制，男女混合赛，外聘班级足球教练，每周末开展活动。比赛时裁判、啦啦队、宣传队、后勤补给队等全部由学生来完成，达到全员参与、共同成长的目的。

（3）足球节。每班挑选多名（男女生各半）学生参加足球节活动，足球节设置6～8个趣味练习内容，可以是基本功练习，也可以是足球小游戏，每个练习场地由一名体育教师组织，也可以请社会上足球爱好者参与组织，采用分组轮换的形式进行练习，整体由一名指挥者控制每组的练习时间，时间一般为90分钟，也可根据活动需要自行调控时间。

（五）足球特色课题

对全市开展校园足球学校的体育教师发放问卷，对教师教学中出现的难点问题进行汇总，针对全市足球教学中的共性问题，提炼课题研究的内容，发挥覆盖面广、参与研究的学校多的优势，大面积进行试验，采集数据，分析数据，争取运用课题研究的成果来服务一线教学，促进区域足球的发展。同时带动一批人做课题研究，走专业化发展道路。

通过一系列举措，我市足球教师的专业素养不断提升，校园足球向全方位、纵深方向发展，最终受益的是校园足球特色校的孩子们，令他们享受足球运动带来的健康与快乐。

在校园足球的道路上，我愿化作学生足球专项成长路上的铺路石，助他们健康茁壮成长；我愿与一切投身校园足球发展的人们，携手并肩，共创校园足球的美好未来。

你，值得更好的

郝洪磊　威海市第七中学

个人简介：郝洪磊，男，山东昌邑人。2008年毕业于鲁东大学体育学院，本科学历，一级教师。现任威海市第七中学德育处主任。获得过山东省远程研修优秀学员，威海市学校体育先进工作者，区教坛新星、教学能手、体育学科带头人、党员先锋、教体楷模等荣誉称号，多次被评为省、市、区优秀裁判员、优秀教练员。2015年5月入选“威海市教育名家（初中体育）工作室成员”。曾获市优质课程资源二等奖、省课程资源二等奖、市优秀校本课程三等奖、区优质课一等奖、市优质课二等奖、市优课、执教区公开课。

从教格言：心有多大，舞台就有多大。

作为一名体育教师，毕业十年来，我一直扎根农村，在环翠教育这片沃土上生根发芽、茁壮成长。我始终牢记作为一名教师的使命与责任，不忘初心，砥砺前行，用自己的实际行动来回报让我快速成长的环翠教育。在此，我将从毕业到现在的成长历程和这一路的心得体会写下来，希望能给大家带来一些启发，或者给刚毕业的老师提供一些经验。

一、谁的青春不迷茫

刚毕业那会儿，需要从学生转变角色为老师，我确实有些水土不服。

2008年，大学毕业后，我走上了教育教学工作岗位，当我还沉浸在“自此成为一名光荣体育教师”的新鲜感时，没想到现实却骨感得令人措手不及。

清晰地记得，我报到时，学校运动会的训练工作正在如火如荼地开展着。初来乍到的我，一来便面临着巨大挑战：学校安排主修排球的我接手投掷运动员的训练工作。虽然是大学毕业，自以为有一身的“武艺”，但真正开始训练后我才发现，自己想得太简单了——所学的专业知识与实际应用不符。如何能把投掷练出成绩，这需要时间，也需要实践。同样，从学生到教师的角色转换也需要时间。就在我对教学和训练工作感到迷茫时，学校主抓投掷队的彭老师，也是学校给我任命的师父，雪中送炭般为我指点了迷津：“不怕不会，就怕不学。”一语点醒梦中人，我开启了“疯学”之门：向周围老师学，向教材学，向网上查找的资料学，总之，想尽一切办法把该会的学会了。接下来的训练中，常常是我这边才学会了动作要领，就赶紧教给学生。当学生出现问题时，我先仔细观察，然后再请教，自己回去摸索实验，反复琢磨有了结果后，再赶紧去纠正学生。说起来容易做起来难，我和学生一起学习投掷技术，从不会到会，从会到精，这是一个漫长的过程。2015年4月，当我带领学生夺得威海市中小学田径运动会男子组和女子组标枪比赛双冠军时，站在我身旁的文登体校标枪教练员问我：“老师，你是标枪专业的吗？”我回答：“不是，我是学排球的。”紧跟着他回了我一句：“老师，你一个学排球的，来跟我们投掷教练员抢饭碗，还让不让我们吃饭了？”虽然这只是一句玩笑话，当时的我也只是不好意思地笑了几声，但是作为“外行”的投掷教练，能被这样看待，能取得这样的成绩，这就是对我之前努力的最好肯定。

所以说，刚工作时的迷茫都是正常的，关键是我们得及时调整自己，积极应对忙乱，尽快融入新环境。只有先让自己扎下根，才有可能茁壮成长。

二、勤练多学是不二法宝

体育教师这个工作外显性强，需要讲解，也要经常做动作示范。但刚被分到威海七中时，我的篮球、普通话等基本素质并不是特别优秀。当时，身边接触较多的彭昭明、姜永涛、孙华庆、宋静静等多位老师就经常鼓励我，我也一直以优秀教师们为榜样，苦练教学技能。行家一出手，便知有没有，体育教师尤其如此，我在学生面前，举手投足尽量展示出体育阳刚的魅力，从行动上潜移默化地引导学生感受体育的美。利用住校期间的便利条件，我果断选择和学生一起训练，每天复习一遍所有学过的技术动作，包括田径、体操、武术、健美操等，并在这个过程中认真体会动作要领，仔细揣摩教学方法。发现问题及时向当时还没退休的体育专业出身的王天仿校长、彭老师等人求教，不断改进，提升自己。正因为有了这样的勤练多学，才有了今日的成绩。

三、今天，你观察了吗——向身边的人学习

因为经验缺乏，工作之初认真观摩别人的课、请老教师听评自己的课就成为我迅速成长的途径。听王校长的课，我发现他给学生做的示范动作总是既美观又大方，教学用语也总是很得体，同时，他还很注重对学生情趣的激发和自尊的维护。学生们都非常喜欢王校长的课，也很尊重王校长。我想，这个结果一定得益于他平时对自己的严格要求："教书育人是教师的天职，也是教师的基本使命和主要工作。体育教师无论是上体育课还是训练课，都要做到早去、晚回。不能学生都去了，老师还未到；学生没有走，教师先走了。"一位副校长，平日杂务缠身，在临近退休时还能一切从严要求自己，不得不让人佩服。在训练时，王校长既抓紧学生训练，又能加强对年轻教师的培训，他几乎每周都要给我们体育教师开一次会，总结一下一周的教学情况，并了解运动员的学习、训练情况，然后，再针对运动员性别、年龄、心理特征、前段时间的训练情况等因素制订不同的训练措施和方案。与我们一起讨论如何选材、如何训练、如何上课时，他尤其注意听取年轻教师的意见，并给予针对性的鼓励和引导，让我们意识到如何将知识与实践最巧妙地嫁接，从而帮助我们迅速地成长起来，使我们在适应烦琐教学训练工作的同时，自身也获得了极大提高。现在回视那个初出茅庐的自己，确实应该感谢他的引导与帮助。

身边像这样帮助我成长的人有很多。2014年，因教育局下发的规程有所变动，群体项目训练新加入了跳绳和踢毽两个项目。我们学校体育教师少，不得已让彭老师接手了群体项目的训练。都是新加入的项目，彭老师也得一切从零

开始。彭老师是一个做事认真的人，除了每天的田径训练，还有学校修修补补的总务工作也需要他完成，加上家里还有突发事情要处理，那段时间彭老师都累病了，却还在咬着牙坚持，从没耽误一点点学校的整体训练工作。最终，他带领的踢毽队在区、市两级比赛中均喜获了第一名的好成绩。也正是因这种精神，我们学校的毽子队，之后连续多年都蝉联环翠区和威海市踢毽比赛的冠军。只要有钉子精神，认准目标下大力气，定会获得不错的成绩。

哪怕是新毕业的老师，都可能会带给我们很多收获。像在铅球训练中，为了提高学生的出手速度，我们学校一位刚毕业的体育老师就想出了用富有弹力的橡胶管作为训练道具，辅助学生训练。这种做法既提高了学生的训练兴趣，又提高了学生的训练成绩。在这一年的田径比赛中，他带领的男女队分别取得了第一名的好成绩，确实令人刮目相看。

我想，正是因为这些可贵的品质，才能让我们的成绩不断突破。2011年，我当上了体育组教研组长，也正是这一年，我们学校在区中小学生田径运动会上取得了全区第一名的好成绩。要知道，之前几年里我们的成绩一直止步前四名，而这一年，居然能把常年雄霸第一的老大哥学校给拉下来，说实话，我们高兴坏了！作为组长，在总结这次进步的时候，我觉得与团队中每位成员的表现是密切相关的。也正是因为人人都有这种团队精神，我们体育组才能连续多年被学校评为突出贡献团队。在这样的团队中，我或者任何一个人，都是不好意思偷懒的。

以上这些，皆是团队对我的影响。一句话：优秀的团队让我们一起走得更远。

人们常说，遇良师不学，遇良友不交，遇良机不握，此乃人生三大悲哀，我深以为然。在考一级裁判之前，其实我对排球裁判工作一窍不通。这个时候，非常幸运地，我遇到了排球裁判界的前辈王丽老师，她确实是我的良师。考前，只要遇到不明白的裁判法和案例，我就向她请教，细到裁判员的手势、哨声、记录表填写注意事项，大到裁判法的背诵技巧、排球案例分析、裁判站位等问题，事无巨细，王丽老师都给予了我耐心的指导和帮助。最终，我也顺利地通过了国家一级裁判考试，理论和实践总得分在全省排第二名。跟着她学习，让我在获得知识的同时也看到了她身上的耐心与热心，这令我肃然起敬。同样是因为裁判工作，我曾经还接触过省内一名技术精良的裁判，此前就听说他特别爱学习，同他交谈后更令我惊讶。他说他家里放着3本裁判法，1本在卧室，1本在沙发，还有1本在厕所，只要有空就拿起规则进行背诵。如果有人随便问他一条规则，他都能熟练地回答出这条规则在这本书的哪一页哪一个位置。好学如斯，这是一般人做不到的，自然也就达不到人家的水平。所以，干一样就得学一样，学一样就得精一样，我从他身上学到了高度自律的优秀品质。

观察与学习从来都是息息相关的，无论向什么人学什么，只有用心与钻研才能令我们快速成长。

四、术业有专攻——打造属于自己的特色

“贴标签”这3个字不知道大家如何理解，在我看来，给自己贴上标签，是一种理想和现实的结合。教育工作大同小异，每天做的工作也基本是雷同的，很多人时间一久就会产生职业倦怠，这是不可避免的。怎么办？任由自己消沉下去？这肯定不是好的决定。所以，在日复一日的工作中，找到属于自己的方向，坚持做下去，你会有不一样的收获。

在2014年底的督导检查中，我们体育组代表学校进行了创新创优项目展示。展示项目排球最后荣获了二等奖，也使得我校成为全区初中学段唯一一个获得体育创新创优奖项的学校。为了将排球发展成学校特色建设的健体项目，我们组做出了艰苦卓绝的努力。

就像很多人知道的，“排球”就是我身上的标签。这个标签是怎么来的，今天就和大家分享一下。

刚工作的时候，整个威海地区没有排球比赛，我的专业得不到发展，但我又不想荒废所学。于是，便开始寻找机会培养学生的排球兴趣。在课堂上，我慢慢地发掘排球运动员；在大课间活动上，我也加入了两人对垫排球、排球比赛及游戏。慢慢地，我们学校的排球氛围变得浓厚了许多。通过我的努力，许多同学从不喜欢打排球到爱上打排球，在不断的积累中产生了成就感。后来，

因“五大联赛进校园”活动的徐徐展开，结合学校“健康教育”特色和我的特长，学校于2012年初成立了排球队。

俗话说，万事开头难。用“一穷二白”这个词来形容当时的排球训练一点都不为过。“一穷”，是因为训练场地、训练器材这些东西要啥没啥；“二白”，则是因为在此之前学校根本没有训练和比赛经验，学生也多是毫无排球基础的“小白”，很多素质不错的学生甚至都没摸过排球。但既然排球队已成立，再艰苦也得想办法练。没有场地，我们只好在学校后操场圈了两块沙子地，一边组织学生训练，一边利用课余时间呼吁全体体育老师齐上阵来修理场地。这种场地沙多地滑，跑跳时根本抓不住脚，有的学生不敢跳，敢跳的又很容易就擦伤。区体育局的都局长来参观考察时，也看到了这一点，并提了出来。学校领导经过多次商讨，终于想出了解决办法：在不影响篮球场地使用的情况下，把篮球场变作篮、排球两用场。就这样，经过多方努力，暑假刚过去校篮球场上就架起了排球架，排球数量也从最初的13个逐渐增加到了100多个。慢慢地，学生还有了自己的训练服、比赛服和护膝等。

硬件的问题解决了，我们便开始对学生的训练水平提出了更高的要求。有的家长不理解、不支持孩子训练，我就打电话沟通或请班主任帮忙，再不行就直接去家访。学生没基础，就从垫球、传球、发球等基本功抓起，一点点纠正和规范动作。为尽快抓出实效，我们真是想出了各种各样的办法。学生看见球不知道该谁接、该怎么接，我们就设计出了“往返跑”训练，让学生快速跑，到达中点时摸地，再快速返回，这样极大地提高了学生身体的灵敏性；学生跑位时老是跑不对，甚至是跑偏了方向，我们就运用“云梯跑”的训练，让学生快速跑进跑出还不能踩线，这样既训练了学生身体的协调性，也提高了学生的判断力；学生扣球时经常找不对位置，掌握不好起跳的高度和扣球的力度，我们就因地制宜，利用排球场边上的垂柳做道具，让学生排队轮流起跳摸高处的树叶找空间感；有些女队员因为手疼、怕累，对排球训练有排斥心理，我们就为学生组建了QQ群，加强队员之间的训练经验和感受交流，及时了解学生心理动态；为了使他们了解更高水平的比赛，我还多方联系，利用节假日休息时间，出钱带领学生坐车去一中、二中、市体校和其他兄弟学校训练。就这样，起早贪黑，全年无休，克服两地分居的不便，我坚守在“排球”这块阵地上。平日训练加上节假日全无休的训练和实战切磋，终于使得校排球队取得了长足的进步。

2013年是个机遇年，因为从这年开始，区教研中心开展了对全区片区一体化管理的实践与探索。借着这股东风，我们将排球人才的培养提早到小学阶段，离我校较近的普陀路小学、锦华小学和千山路小学都配备了排球器材。针对如何培养一支高素质的排球队伍，我们几所学校作了不少探索，也一起外出去潍坊、淄博和徐州铜山棠张中学等地学习。锦华、普陀路等小学首先沿用中学的做法，通过本校的排球校本课程来普及排球知识，展示排球运动的魅力，激发学生的学习兴趣。然后组建起自己的排球队，利用周末或课余时间跟七中低年级的排球队进行切磋和交流。此外，小学体育年轻教师也经常就选材方法、训练方法、技战术配合、赛前注意事项等，与我们排球教练进行沟通和学习，还有老师经常针对一个技术动作和我进行更深入的探讨，我校排球老师也多次应邀前往小学进行训练工作的临场指导。除此之外，当七中与体校排球队打比赛时，小学排球队的老师们也会带领自己的队员到场观摩学习。这一系列活动的进行，既锻炼了学生的体格，开阔了学生的眼界，也使得小学里的排球爱好者越来越多，为进入初中之后的排球人才选拔打好了广泛的人才基础。

队员在增多，技术在提高，但有个问题也随之浮现出来：排球能为这些队员的将来做些什么？很显然，眼前对他们来讲最重要的就是中考。为了追求更高的竞技水平，也为了队员的文化课不掉队，2017年3月，我向学校申请免费为排球队员进行课后托管。整整一学期的时间，每天从傍晚放学到晚上九点半，我都是先看着学生吃饭，再看着学生写作业，最后再和孩子们一起训练。当别的同事已经早早睡下，我们才拖着疲惫的身躯往回走，常常10点以后才能到家。过程虽艰苦，可也是快乐的，尤其是当看到孩子们的巨大进步时，当听到下了夜班来接孩子们的家长的感谢时，一切都有了意义。功夫不负有心人，在这一年里，我带领的排球队先后夺得了区级和市级中小学生排球赛男女双冠、市运动会排球项目三个组别的冠军。除此之外，排球队里的7名同学也全部考入威海二中，得以进入更高学府继续深造。

为了更好地促进排球运动的发展，除了带队训练、参加比赛，我也参与了大量的裁判工作，在做中学，在学中做，教学相长练排球。我总是提醒自己要多向老裁判请教，多向同行请教，多看别人是怎么吹罚的，别人的技战术是怎么安排的，做一个用心的裁判的同时，也做一个不断改进的教练。

春种秋收，有了耕耘才会有收获。在2012年全区首届中学生排球比赛中，我指导的校男排夺得冠军，优秀队员还代表区里参加了全市的中学生排球比赛，同样也取得了第一名的好成绩。有了这些成就，2012年，我校被区体育局挂牌为“排球后备人才训练基地”，为学校争得了极大的荣誉。在2012—2019年期间，我训练的男、女排在威海市、环翠区已达八连冠。2014年8月，我校男排首次代表威海市参加山东省排球比赛，在17支参赛队伍中取得了第四名的好成绩。2019年，我校女排代表威海市参加省级排球赛并获得了第三名，这也是威海校园排球在省级赛场的历史最好成绩。这些成绩的取得，又让我们学校被授予“威海市业余训练先进单位”“威海市排球传统项目学校”“山东省排球传统项目学校（优秀）”“威海市竞技体育先进单位”等荣誉称号。至今，学校排球队培养出的国家一、二级运动员已有30多名。排球，成了学校一张响亮的名片。排球的学习也使孩子们受益良多，他们大都凭借着排球特长考入了高中，得以继续深造。2015—2019年连续5年，我校的排球队员都是以包揽前三名的专业成绩考入高中的。升入高中之后，他们并没止步于此，而是继续练习排球，并多次帮助威海二中夺得市比赛的冠军，高中毕业后又借助排球特长考入大学。已经升入二中的周佳琪同学回顾她的排球学习历程，兴奋地说：“我从开始的怕疼、怕吃苦、怕耽误学习，到训练得越来越有信心，再到作为主力队员参加省里的比赛。现在的我作为二中女排的队长又带领全队取得了高中组的冠军，未来，我还想向我梦想中的大学发起冲击。”

7年之前，张村片区只有七中在“做”排球。如今，我们已经形成了以七中为基地，小学、初中、高中、大学四个学段衔接的“魅力排球共同体”。一个小小的排球，牵动着多方的关心和支持，为区、市两级带来荣誉，让学校提高了知名度，使学生多了进入高校的机会，让家庭因为孩子而更加幸福美满，于我而言，这是多大的幸运！又是何其的幸福！

奋斗的路上结出累累硕果，我也得以茁壮成长。因为成绩突出，我先后多次被区级、市级教育局、体育局评为优秀教练员，还被授予了“威海市学校体育先进个人”的光荣称号。2012年，在市体育优质课程资源评比中，我执教的排球正面双手传球课，获得了市级二等奖。2012年12月，我被评为“环翠区第九届教坛新星”。同年底，在山东省排球一级裁判考试中，我顺利通过并晋升为山东省一级裁判员。2013年12月，我编写的“八年级排球教学单元”在山东省优秀课程资源评选中被评为二等奖。2014年4月，在环翠区优质课评选中我获得第一名，并在5月份参加威海市体育优质课评选，获得二等奖。2014年6月，我被评为“环翠区教学能手”。2015年1月，在环翠区体育教师冬季培训中我执教了公开课。同年5月，我又入选了威海市体育名家工作室成员。工作室共有8位成员，我是环翠区唯一一个，也是最年轻的一个。2018年5月，经过笔试和面试，我成为环翠区体育学科带头人，同年底还被评为党员先锋和山东省优秀裁判员。2019年1月，我又被威海市人民政府授予“竞技体育先进个人”荣誉称号。同年，我被区教育和体育局评为“教体楷模”，执教的排球正面下手发球课被评为省级优课。

成绩的取得令人欣喜，可我实实在在地知道，这些成绩的取得只是之前踏实上进工作的衍生品。努力了，有些果实就成了水到渠成的事。这一路走来，也发现努力的过程比结果更重要。换句话说就是：越努力，越幸运。成绩的取得，自然离不开平时的点滴积累和努力。有句话说得好：用力做事只能把事情做完，用心做事才能够把事情做好。只要我们认真研究了，在体育教学之路上一定会见到属于自己的风景。

五、外面的世界很精彩

一个人要想取得长足的发展，还必须得去见见高手，这样才能知道自己的短处和潜力。

无论是以前的原芳校长还是现在的谷娥校长，都为我们学校的体育发展提供了很多方便，特别是排球。谷校长到我们学校后，先后多次派体育教师外出学习排球技术，让我们无论从理论知识还是实际操作方面，都开阔了眼界，有了提高。

加入名家工作室后，我也跟着开阔了眼界，先后到华东师范大学、江苏镇江、内蒙古鄂尔多斯等地方参观学习，跟着吕兵文、汪晓赞、季陆、陈蔚芸、孟岘、俞文东、黄巍等专家学习，让我知道了自己所欠缺的。我开始明白，即便是体育教学也需要多方融合；我们要学着用科学的观点来审视体育教学中的有关问题；在体育课上只有让学生动起来才能让课堂密度提起来；教师的精讲不是一句空话，而是有评价方法的；体育与健康也有学科特色的核心素养；体育课的“三个一”，包括一个内容、一个组合和一个游戏……这些理论对我的体育教学有着深远影响。

除了名家工作室，2018年初，我还加入了环翠教育执行成长班。这个成长班里的成员都是来自教育局、教研中心和各学校的精英人物，每个人都有自己的专长，他们为人低调，善于主动学习和成长，跟他们在一起，我总感觉自己还有很多要学习的。有了这样一群同学，经常听听他们的看法和做法，真的是“听君一席话，胜读十年书”。在聆听中借鉴别人先进的做法，可以让自己少走弯路。向他人学做事前的“顶层设计”，既能迅速高效地保证做事结果，还能让同事通过一次次配合信服你，愿意选择跟你共事。他们还教会我要坚信学校坚持特色建设的最终结果，虽然短期间内不一定会有显性成果，但是一定会对学生学习素质的提升有深远的帮助。

一路走来，我的个人角色也在不断调整。2015年8月，在学校领导的赏识与信任下，在同事的帮助下，我从体育教师成长为学校团委书记。2018年8月，又从德育处副主任变为德育处主任，主持学校德育工作。说实话，岗位转变前，我也对自己的人生有着很高的向往，但真正踏上新的岗位时，却总会想念以前的种种好。“春天偷的懒，秋天真的很难还；不要让明天辛苦奔波的你，怪罪今天虚度时光的自己。”这些感悟是我岗位转变之后感触最深的。当体育教师时，就是做好自己专业内的事情，除此之外一得空还能休息一会儿。可是，当真正走向中层岗位，我才发现更多的时候是需要同时处理好几样工作的。79个班3500多名学生，安全、纪律、卫生、就餐、大课间……诸多事项扑面而来时，如何更好地应对这么冗杂的事务，除了能力之外，也需要工作经验的积累，更需要工作技巧的琢磨。

现实生活中，我非常羡慕那种能把工作和生活兼顾得很好的人，反观自己却是个不能把工作和生活分离开的人，所以，妻子常常说她嫁给了我，我嫁给了工作。成绩的取得只代表一个阶段的结束与另一个阶段的开启，而在工作这条路上，却没有终点。

总结一下我工作的这10年，迷茫期：静下心神，认真观察，积极融入；积累期：多学多做，换位思考，壮大自我；发力期：天道酬勤，迎难而上，矢志不渝。我一直在路上，主动成长，学无止境。

成功是有惯性的。我时常告诫自己，不要让日复一日的疲沓感消磨了斗志，要用做排球的心态去面对工作中的每一件事。无论是作为体育教师、教练员、裁判员，还是一名德育工作者，都要肩挑责任，勇于承担。成绩属于过去，未来永远在路上，我们能做的，就是活在当下，踏踏实实走好每一步，幸福就会和你不期而遇。

感谢名家工作室，不仅为我的专业成长提供了多次宝贵的学习机会，也让我能在工作10年的阶段节点静下心来回望走过的路，仔细梳理自己的得失，更好地鞭策我的下一个10年、20年。我也深深感谢市教育局和教研中心给我提供了这样一个平台，并感谢吕老师和工作室的其他成员给予我这个小老弟的指导和帮助。我会珍惜这样的相遇，在这个团队里继续成长并发挥自己最大的作用，为体育教育事业贡献自己的一份力量。

一根稻草，扔在街上，就是垃圾；若是与白菜捆在一起拿到集市上去卖，就是白菜的价格；如果用来捆绑大闸蟹拿到超市里去卖，就是大闸蟹的价格。一个人与不同的人在一起就会体现不同的价值，一个人与不同的平台捆绑在一起也会体现不同的价值！我们与谁同行，真的很重要。所以，给自己定个目标吧，团结你的团队，用有所作为成就他人的同时，也成就自己。愿每个人，都不虚度每一个10年。你要坚信：你，值得更好的！

抓课堂教学教研　提升自身专业素养

姜建明　威海市文登区教育教学研究培训中心

个人简介：姜建明，男，山东省文登人。1993年毕业于文登师范学校，本科学历，中共党员，一级教师。文登区教育教学研究培训中心体育教研员。曾获山东省体育教育学会先进工作者，威海市教学能手，区委区政府嘉奖奖励、优秀教研组长、教学先进个人、名教研员等称号。2015年5月入选“威海市教育名家（初中体育）工作室成员”。获得山东省优质课、基本功比赛一等奖。执教山东省公开课。在省级以上刊物发表论文20余篇。参与全国教育科学十三五规划教育部重点课题“中小学体育教学质量监测机制的研究”。多次在威海市教学研讨会做经验交流。

从教格言：发现每个孩子的优点，激发他们自主成长。

一、乡下任教两年，树立良好课堂常规意识

1993年7月，我从文登师范学校体育专业毕业，分配到了我的母校铺集中学，担任体育教学工作。由于新校舍没有完全建好，我留守老校区任教初一级部的体育课。刚毕业的我教学经验为零，教学设计只会简简单单地罗列内容，不懂如何去完成教学目标，不会用多种教学方法与手段去解决重难点。我将师范院校里老师教我的，原封不动地教给学生，根本不会考虑不同年龄段学生的接受能力是不同的。第二年，初一级部搬到了新校区，体育组一共4人，分别是于德才、吕兵文、于霞老师和我。在不经意的观察中，我发现于德才老师在课堂上的威严是我没有预想到的。他在学生面前一站，不用开口讲话，学生立刻鸦雀无声，课堂规范有序。吕兵文老师的课堂是丰富多彩的，灵活的教学方法，

多样的激励语言，学生的参与度非常高。我认识到自己的教学经验非常缺乏，需要向老教师学习。没课时，我就去观摩其他教师的课堂，学习教学经验与方法，我逐渐养成了重视课堂常规教育的好习惯。

二、城区任教3年，专业能力快速增长

1995年8月，我调到文登市实验小学工作。文登市实验小学是我市第一个实验学校，建于1986年，当时的教研室、教师进修学校全在实验小学院里，丰富的资源促使实验小学教师队伍建设发展迅速。

三、担任教研组长，教科研能力不断提升

1999年，由于工作需要，我开始担任体育教研组长，这份信任来得让我始料不及。当时学校有3位体育教师，1位是比我大两届的同校师兄曲敬忠老师，另1位是烟台师范学院毕业的马海涛老师，两位老师岁数都比我大，1位学历还比我高。担子重了，责任大了，驱使着我要更努力地组织各种比赛和活动，协调各方面关系。

2000年，大规模的课程改革开始实施，体育教研员宋万田老师带领我和第二实验小学于文忠、文峰小学王占芬等几名小学体育骨干教师到山东省师范大学进行课程改革省级培训学习。课程改革对我的冲击很大，坚持"健康第一"的指导思想、激发学生的运动兴趣、以学生的发展为中心等体育课程基本理念逐渐在我心中扎下深根，让我在关注学生运动兴趣的同时，重视技能教学，努力让学生掌握运动技能。2001年，文登市小学体育优质课比赛前期，我准备的是二年级立定跳远课。结合教研员宋万田老师一直在倡导的"三化教学"（教学语言儿童化、教学手段形象化、课堂组织趣味化），我积极翻阅资料备课，从学生心理特点入手，采用了情景教学法，将小蝌蚪找妈妈的童话故事贯穿到整个教学过程中，用小蝌蚪不断变化的身体状况，一步一步地引导学生掌握立定跳远的方法，提高立定跳远的技能，增强学生的弹跳能力。用小青蛙跳荷叶的

游戏引导学生根据自己的能力调整“荷叶”间的距离，用“荷叶”承受不住重重的落地来引导学生学会轻巧落地、快速屈膝缓冲的动作要领。学生在玩中学，学中乐，乐中得。经过努力，我获得文登区第二名的好成绩，有机会参加威海市比赛，并获得威海市二等奖。

2008年4月的优质课比赛，我认真设计，积极准备，获得县级第一、市级第一的成绩，并获得省级比赛资格。虽然最终只获得了省级二等奖，但是，观摩和比赛平台的扩展，让我进一步加深了对课堂的理解。

四、以名师为榜样，积累教学经验，提升教学理念

（一）撰写反思提理念

2003年，王振强老师调到了实验小学。他是一位善于钻研的教师，从带队训练到上课，成绩非常突出。他乐于读书、乐于反思，每天抽1个小时的时间来读书，并且撰写2000字以上的反思，被《中国学校体育》杂志聘请为社外编辑。受王老师的影响，我开始尝试撰写教学反思。印象最深刻的是2005年的冬天，操场上到处都是积雪，体育课上我找了一块清扫干净的地方测试立定跳远。快下课时，一位同学跑到了测试的落地区域，差点撞上测试同学，被我严厉呵斥了一顿后，立于旁边罚站。下课时，我经过了解才知道，这位同学是发现了一块冰块，为防止测试同学踩上去摔倒，才迅速地跑过去捡冰块。事后，我把这个过程用文字记录了下来，王老师看到后鼓励我向外投稿，并帮助我一起修改，最终这篇《多看一眼》发表在《山东教育》2006年第12期，这是我的第一篇省级刊物文章。

（二）创新课堂设计提效率

教学设计是保证教学质量的前提，文登市在体育教研员宋万田老师的引领下，小学进行教学语言儿童化、教学手段形象化、课堂组织趣味化的“三化”教学研究，要求设计一个故事情境，贯穿于整个课堂，学生扮演故事中的角色，在玩中学、玩中体验、玩中提高技能动作，提高学生的参与兴趣。2010年，大

众小学徐晓东老师要上一节公开课，找到我研讨如何为投掷课设计教学情境时，上二年级的儿子跑过来嚷嚷着要看动画片《喜羊羊与灰太狼》，我灵光一闪，为什么不将动画片情境贯穿到整个课堂中去呢?

经过实践检验，这节课获得了与会者的一致好评。该课在教学过程中注重学生学习方式、教学环境、教学媒体、人际关系等因素的设置。根据学生活泼好动、善于模仿的特点，采用情境教学模式，设计了“灰太狼捉羊”“学本领”“打灰太狼，救小羊”“播种和收获”等情境，贯穿课堂，使学生在玩中学、学中乐、乐中悟、悟中得。

五、实现教师与教研员的蜕变，重视教师专业发展

2014年2月，我调入教研培训中心担任体育教研员。这一次不单是位置的改变，更多的是职责和能力的提升。

（一）借助跨区教研活动，提升教师专业素养

2014年11月，浙江省丽水市体育教研员饶伟峰老师带领团队来文登与我区进行联合课例研讨活动，《中国学校体育》杂志副主编李兵老师应邀前来采访，青岛的体育名师陈明海和日照的梁西军老师也赶来一起参加教研活动。借此研讨活动的契机，我总结了我区教学教研工作经验，撰写了《扎实开展教学科研工作，搭建教师专业成长平台》一文，发表于《中国学校体育》杂志上。

（二）利用网络直播平台，搭建区域教师成长平台

“菁体育”网络直播平台建立后，我区文峰小学刘萍老师申请成为通讯员。借此契机，我区举行的课例研讨、读书交流等活动，都通过平台进行全国网络直播，旨在通过全国同行的点评，寻找更有效的策略。

平台于2018年9月、2019年3月和2019年9月，分别在葛家小学和泽库中学、米山小学和文昌中学及高村小学和侯家中学，对“文登区义务教育学段质量下乡百校行暨体育学科教学研讨会”进行了网络直播。全区200余名体育教师参加现场会，全国各地共1万多人次一线教师和教研员通过同步网络直播平台参与到

课例的观摩与互动点评中。线下，文登区体育教师以伙伴校为单位，结合课堂观察点展开评课活动。线上，借助“菁体育”平台进行全国网络直播，实现了资源共享、合作共赢。

两年来，经过4次课例研讨和一次读书交流活动的直播，我区体育教师的专业素养得到了进一步的提升，其中刘萍、曲正、侯金晓、邹玲玲、丛浩然等老师的表现尤为突出，先后被评为区教学新星。

（三）执教公开课与优课，打造高效课堂

图一：姜建明到滨州送课

乘着“送教助教”的东风，我区徐晓东、刘萍、邹玲玲、杜永刚、车明霞、曲正、刘新军、吕兵文、丛培胜、于霞、迟伟江等老师在市级研讨会上执教公开课，荣燕光老师在省级研讨活动中执教公开课。

2019年4月，山东省教育科学研究院组织的赴滨州“送教助教”活动（小学体育），在滨州市邹平市梁邹小学举行。我带领区骨干教师参加活动，并执教了折返跑和体能练习一课。课中创新教学方法，充分利用矿泉水瓶，诠释了体能和技能的结合练习，得到与会教师的一致好评。

50米×8折返跑成绩是《国家学生体质健康测试》数据库收集的数据之一，是分析学生体质健康水平的重要依据。本节课选择折返跑技术动作作为教学内容，通过多种形式的学练，不但提高了学生对折返跑技能的掌握，而且有效拓展了学生的体能。

1. 多法教学，保证效果

为保证课堂的学练效果，在教学过程中，使用多种教学方法，以提升学生的参与积极性，提高学生的自主学练能力，提升学习目标的达成度。

图二：模拟燃放鞭炮

（1）情境教学法。本节课以“绿水青山就是金山银山”重视环保之语为引，以给小树苗浇水的应季情境贯穿课堂，号召学生参与到“争做环保小卫士”的行动中。

（2）问题教学法。以燃放爆竹为例，向学生抛出问题：在燃放爆竹的时候，你是怎样保护自己，避免伤害的？引导学生尝试、体验动作，靠近爆竹，降低重心，转身蹬地让头和脸尽量远离爆竹，点燃后要迅速蹬地发力，逃离爆炸，进而利用动作的迁移、相似，总结出折返跑技术动作要领。

图三：男生女生两组自主学练

图四：捉手指游戏

（3）比赛教学法。本节课在学练过程中，均采用布置任务的方法进行，并且向学生提出要求：每完成一次任务，均要举手答“到”，对优胜学生进行表扬，将每一次的学练都变成个体间的竞争，刺激学生的参与积极性。

图五：推手游戏

2. 个体学练，保证负荷

（1）练习密度。体育课堂的练习密度是提升学生体质健康水平的重要保证。本节课，利用场地的扩散、器材的简易等，采用个体练习的方式进行学练，最多两人一组，有效增加了练习密度。

图六：每人一个写有自己编号矿泉水瓶

（2）运动强度。本节课的重点是折返技术，在折返距离的选择上，采用草坪的色差线（5米）作为起跑线，不断地调换起点，不单能提高学生对新距离的挑战心理，还能有效调控运动量，提升运动强度。

在学生大强度练习后，利用“推手”“抓

手指”“深呼吸”等小游戏适当调节学生心率，达到健康成长的目的。

3. 自创器材，提倡简约

本节课的器材是矿泉水瓶，是常见、易备物品，教师进行了充分的利用。

（1）作为标志物，在折返时将其推倒、扶起。

（2）本节课运动负荷较高，学生体能消耗较大，矿泉水能及时为学生补充水分。

（3）作为小哑铃，在素质练习中提升上肢力量。

（4）在课后，要求学生将空矿泉水瓶装半瓶沙子，做投掷器材。

六、反思总结，为教师指引教学教研方向

（一）科学规划，调整学年教学内容

（1）《课标》分别从目标、项目实施建议、评价等方面进行了说明，从中我们可以看出：目标是学生通过选项学练，可以或者应该达到什么程度。评价则是指通过选项学练，达到该能力的界定。也就是说，同样是发展奔跑能力，30米、50米、100米、往返跑都无所谓，关键是挖掘项目特点，激发学生的学练兴趣，从而更好地提高学生的奔跑能力，提高体质健康水平。

（2）学年教学计划的制订，要尊重学生的认知发展和身体发育规律，选择适合的内容，切实为学生的身心健康发展服务。

学生的认知发展和身体发育是一个渐进的过程。认知发展需要有知识、体验等积累，其基本反映是对新事物的接受认可或者操作能力。身体的发育则需要自身成长和外界刺激相结合，其基本反映则是对新事物的承受能力。例如：各水平段的立定跳远教学。在水平一的时候，着重让学生认识立定跳远动作，并且能够模仿出立定跳远动作，对身体的发力部位有所感知，能够比较协调地用力。该水平学生，对身体各部位、肌肉组织甚至是方位感知都没有形成概念，并且其身体的发育尚处于稚嫩阶段，不易接受也不能承受外界过大的刺激，因此在学练过程中，不要以成绩为主要评价方式，而应重视技术评价和参与评价。

水平二则可考虑运用立定跳远技术动作的熟练程度，并对技术动作进行规

范，进一步提高学生协调发力的能力。在此基础上，可以进行远度的评价，但依然不宜采用力量练习提高成绩。

水平三则可对肢体发力顺序、运动轨迹等进行强调，并且通过一定的技术手段对学生的成绩进行提高，如：高度限制、远度限制，提升学生肢体的发力水平，进而提升学生的肌肉、骨骼承受能力，提高学生的身体素质。

（3）把握教材的内在联系，注意教学内容的衔接，整体提升学生对体育基本知识、技能、方法的衔接、拓展运用，提升学生参与体育活动的能力。

系统地对体育知识、技能、方法进行整体传授，在身体练习时要以参与到运动项目或以具体的技术动作来学习，不能只把单一运动技术教授给学生，而忽略了其他文化价值。

（二）合理构建，保障单元内容效度

对教学内容进行合理划分，保证单元教学效果，如：动作构成、拓展应用、提升等。

1. 科学分解，合理安排课时教学内容

体育的技术动作，多由几个技术动作联动组成，受技术动作难度、数量、联动性等影响，分解技术动作教学，将一个联动的技术动作安排到几个课时进行学习，是教学常用方法。少年拳第一套的小学水平段学习，其中包含：预备、震脚架打、蹬踢架打、垫步弹踢、马步横打、弓步撩掌、虚步架打、跳步推掌、撩拳收抱、收势等联动动作，以及武术文化、武术基本手型、基本步法的介绍。因此，在一节课内完成全部内容的教学，必然会导致囫囵吞枣、浅尝辄止的后果，认知、技能、情感等目标均不能有效达成。

2. 重视单元评价，检验学练效果

课标中，在课程设计思路方面提到要“根据课程学习目标和发展性要求建立多元的学习评价体系”，因此，单元教学之后，一定要对学生进行综合评价。

（1）评价体系要多元化。对学生学习成长过程中的各个变化进行评价，包括对体能、知识与技能、态度与参与、情感与合作等各个方面的变化进行评价。评价的目的不仅是对学生的学习知识、技能目标达成度进行有效的检验，也是对学生学习过程表现的一个衡量，是一个综合性的指标评价。

（2）评价方式要多样化。评价的主体不再是教师的一言堂，应该重视学生的学习体验，不论是本体行为体验还是个体间的行为体验观察，都要作为评价的主体给予相应的表现。

（3）评价指标要层次化。评价指标要有层次的体现，教师和学生可以明确知道通过学习各类目标的达成程度，有利于教师针对性地知晓和解决问题，有利于学生了解自己需要改进的方向。

（4）评价过程要个体化。评价过程有起始，有终结，学生通过学习、评价，形成纵向对比，可以明确看到自己的进步，有利于激发学生参与体育活动的兴趣和积极性。

评价的主体是学生，评价方式的使用同样是为了正确反映学生学习后的目标达成度，促进学生运动综合能力的提高。因此，单元学习之后的评价应结合技能、能力、情感三方面的评价，使得学生更为注重自己的表现，关注自己的综合发展，从而刺激学生的参与水平，激励挖掘潜力，助力学生健康成长。

（三）精心设计，提升课时教学效果

1. 辨析教学重点，突破教学难点，提高技能掌握水平

在体育教学中，要想提高技能掌握水平，解决教学重难点是首要任务。教师在课前设计时应运用有效教学策略，突出重点，突破难点，在学练过程中，通过循序渐进、由易到难的过程，让学生真正理解并掌握动作技术。

在设计策略之前，我们应该弄明白教学重点和难点之间的区别，针对不同教材、不同个体有选择性地施教。重点是教材中最基本、最重要的核心部分，是某个技术的关键或技术环节的重要连接部分，它具有客观性，不以学习对象的不同而改变。例如：跳远教材的重点是助跑与起跳的结合。难点是学生不易理解的部分，或不易掌握的技能技巧，它具有主观性，不仅与教材有关，更与教学对象的学习能力、身体素质等有关。难点不一定是重点，但有的内容既是难点又是重点。如：跳远教材的难点，有些人可能是助跑与起跳的结合（从这一点上看，教材的重点和难点是一致的），掌握不好，会影响整体技术的提高。

也有些人可能是助跑步点不准确，腾空时不平衡甚至前倾，落地时小腿不能前伸等。当明白了两者之间的区别与关联后，才能采取有效措施突破解决。

在技能学习时，针对动作重难点，有时单纯说教示范，学生对动作的理解可能还是不透彻。这时，如果能让学生去体验两个不同动作，通过对比区分往往较容易抓住动作特点。例如：立定跳远教材的重难点是蹬地快速有力，腿蹬和手摆协调，空中展体充分，屈膝落地缓冲。因为整个技术要领分为预摆、起跳腾空、落地缓冲，所以每个环节都有不同的重难点。

2. 优化教学方式，调控运动负荷，提高体能发展水平

体育与健康课程的健身性就是通过调控一定的运动负荷，提高学生体能发展水平，而运动负荷又与运动强度、运动时间、练习密度等有直接的关系。在体育项目中，较大强度的项目有跑、跳等，而体操、投掷等项目运动强度相对较小。体育课的密度是指课内各项活动合理运用的时间同课的总时间的比例。练习密度是否合适，对于学生的运动负荷有较大影响，一般与运动负荷成正比。如：教学中分组太少、教师讲解太多、学生等待时间较长，都会导致练习密度过低。因此，教学内容是否合理、教法是否恰当、组织形式是否得当、素质课课练是否落实到位等因素，都较大程度地影响着运动负荷。

（1）合理搭配教学内容

在课前设计时，合理搭配教学内容，以此来调控运动负荷，提高体能发展水平是教师需要考虑的重要一环。如：主教材为体操类项目，学练过程中运动负荷偏小，就会搭配一些跑、跳类强度较大的项目，增强体能同时调控锻炼的全面性。主教材内容为快速跑，以发展学生的下肢力量为主，在素质练习环节就可以选择一些以上肢力量为主的锻炼项目。如：静力性练习直体俯撑等，从而兼顾学生身体锻炼的全面性。

（2）重视加强素质课课练

在调控运动负荷中，重视素质课课练是必要的手段。教师要打破传统课堂教学格局和意识，将体能课课练提升至体育课堂教学环节的高度，把它设置为体育课不可缺少的部分，目的就是增加专门性的体能发展练习，增强课堂的运动负荷，提高学生的运动能力，保证学生在体能上“吃饱、吃足”。在课练的实

施过程中，教师可以通过创编游戏、比赛、情境教学等方式改变课课练的形式，从学生的兴趣出发，提高学生参与的积极性，从而达到提高体能的目的。例如：用“看谁先完成”的竞赛方式，组织学生进行俯卧撑、蛙跳、深蹲跳、快速跑等体能练习，在激烈竞争的氛围中，学生争先恐后，积极锻炼，体能得到不断提升。

3. 精设教学策略，挖掘核心素养，提升学科育人水平

体育与健康课程的综合性就强调要充分发挥体育的育人功能，渗透德育教育等。因为其本身的特殊性、不稳定性，教师应抓住该学科的特点，精心策划，挖掘核心素养，提升育人水平。

在教学中，体育教师可发挥评价的功能并渗透于德育中，让学生理解并建立良好的道德规范。例如：在进行竞争性较强的迎面接力跑等教学内容时，学生们为了争先，为比赛所设的起跑线、击掌、折返点等均成了摆设，造成比赛秩序的混乱、比赛结果不公平。

（1）小错“点”惩：发现学生提前起跑，教师应立即制止，罚停10秒后，才能继续进行比赛。这就是对违反竞赛道德的即时性“点”惩，其目的是让学生知道违规所得利益远远小于受到惩戒损失的利益，从而树立规则意识。

（2）大错“面”评：在比赛后的点评环节中，体育教师不能简单地对犯错误学生进行个体纠正，要对违规现象进行“面”上点评，避免让学生们产生“他错了，老师不管，我也可以”的想法，防止事态扩大化，必要时应采取一定的惩戒措施。如：取消比赛成绩，违规的小组集体做10次深蹲跳等练习内容。

以教学带教研　以教研促教学

刘新军　文登区天福山中学

个人简介： 刘新军，男，山东文登人。1992年毕业于烟台师范学院，大学本科学历，高级教师。现任教于威海市文登区实验中学。2012学年、2013学年连续获得区委、区政府嘉奖奖励；多次被文登区教育局评为“教育教学先进工作者”；多次被威海市教育局、体育局评为优秀教练员。2015年5月入选“威海市教育名家（初中体育）工作室成员”。2016年9月被文登教育局命名为“文登名师”。多次获威海市优质课一等奖；在威海市体育教研会议上执教公开课；参与的国家重点课题“整体构建学校德育体系　深化研究与推广实验”荣获国家级二等奖；主持的国家重点课题的子课题、参与的威海市“十二五”规划课题均顺利结题；10多篇论文在国家级刊物发表。

从教格言： 享受人文的课堂，享受动感的课堂，享受智慧的课堂。

读万卷书不如行万里路，行万里路不如阅人无数，阅人无数不如仙人指路。这句话的意思就是读书再多也要结合行动和经验，走的路再多也要讲究与人相处，相处的人再多也要有名师的指导！名师指导可以让我们这些后来者少走弯路，事半功倍。今天，我就以“仙人指路”开篇，从学校体育教研的视角，与各位分享我在体育名家工作室这3年的经历与成长。

一、仙人指路——调整方向，轻松上路

1. 名师引领，走上正确的专业成长之路

在我的职业生涯中第一个为我“指路”的就是吕兵文老师。2015年，我经

过选拔有幸成为吕兵文体育名家工作室成员。虽然，在此前我与吕兵文老师是大学同学，是至交，在生活、教学方面都曾有很多交流，但真正对他有了更深入的了解，还是从吕兵文老师的第一本专著《三十年，为体育微笑》开始。我在书中看到了一个农村孩子热爱体育运动、勇于进取、奋发有为的成长轨迹；看到了一个体质虚弱的孩子在民俗游戏中锻炼身体，小学时期渴望当运动员参加学校运动会，高考报考师范院校体育系，毕业后扎根农村中学20年任教体育、倾心科研的成长历程；看到了一个普通体育教师在不被人们关注的体育学科教学领域中脱颖而出，从一名教育新兵逐步成长为在县（市）、省乃至全国区域内有一定影响力的教学能手、学科带头人、名师的心路历程。

吕兵文老师对专业理论和技能的锲而不舍的研究，对众多一线教师的帮助和提携，对区域体育教学的辐射和带动等，无不体现出一个专家型教师应有的情怀。作为一位新时期体育教师的“领跑者”，他诠释了新时期优秀体育教师的新标准：“武则田径、球类、体操、武术，样样拿得起放得下；文则计划、总结、反思、感悟，篇篇写得真做得实。”他是我们这些一线体育教师学习的榜样。

在吕兵文老师的影响和帮助下，我也潜心进行体育教研，从组织学校体育组成员课例打磨、课堂反思、小专题研究直至课题研究，一步步走上幸福的教研之路。“处女作”的发表令我印象深刻，虽然结果很美丽，但过程却几经周折。2012年，中国学校体育杂志社组织的一期草根论坛大教研，其主题是“体育大课间的评价”。论坛开始之前，我便根据主题组织体育组教师进行查阅、分析、研讨，功课做得很充分。因此，我在那期的交流中很活跃，发了很多有价值的帖子，与全国体育教师交流互动。由于平时我就主抓大课间的开展和管理，对于评价曾经有很多思考，所以，事后我就想把研讨和平时所思所得写出来，这个想法得到了原体育教研员宋万田老师和吕兵文老师的支持。在大课间管理中，评价学生和班级的活动情况主要从看（看运动后状态）、问（实地考察和问卷调查运动量的承受能力）、摸（把脉，随机抽样本，控制运动负荷）三方面评价。经过一番思考，我发现这不是与中医里的“望闻问切”很切合吗？顿时，我文思泉涌，顺利完成了初稿。但是，这篇初稿到了宋老师和吕兵文老师手里，仅仅得到寥寥数句赞扬，他们认为“望闻问切”这个结合很讨巧，可文中做法交代得不细不实，可借鉴的东西没有呈现出来，文字也不通顺。这样的打击如一盆冷水，差点浇灭我内心那一点点的、羸弱的小火苗。此后，文章又经历了数遍修改，才终于投了出去。这篇稿件最终得到了编辑的认可，发表在《中国学校体育》杂志上。投稿过程虽然一波三折，但初次尝试就获得成功，增强了我的自信，促使我将更多时间投入教研及组织教研的活动中。这之后，我的论文不断地出现在各级刊物上。正是名师、专家的帮助和鼓励让我有了自信，走上了正确的“教研道路”。

2. 专家点拨，突破专业成长瓶颈

威海体育名家工作室成立后，聘请了华东师范大学体育与健康学院书记、博士生导师、长江学者汪晓赞教授作为我们的导师，也成为我专业成长路上的另一位“指路仙人”。

自1992年大学毕业以来，除了参加3年函授学习，我还参加了省教育厅组织的网络远程研修，也接触了课程改革的一些思想和理念，但总觉得那些都是零碎的东西，对新课改、新时期学校体育的创新开展都是懵懵懂懂的。自汪晓赞教授成为体育名家工作室导师后，我也有机会接触更多的国内外致力于中小学体育教育的专家学者，扑面而来的是国内外先进的教育理念和灵活多样的教学模式，不断地冲击着古老陈旧的教学思想。我印象最深的是2015年暑期第一次应邀去华师大研修学习，因为这次“入学”目的性更强，我知道自己真正的需求是什么。开班仪式上，王晓赞教授就给我们介绍了“活力校园——敞开校门”项目，随着社会生活水平的不断提高，学生体育运动能力却在下降，学生心理能力和社会适应能力也在降低。所以，我们急需打造活力校园项目，打造此项目需要将校内与校外、课内与课外相结合，要学校、教师、家长、学生全方位动员起来实现终极目标——“让孩子动起来增强体质，提高社会适应能力，为实现伟大中国梦奠定基础”。如此简单的一番推介，解开了我一直思索的问题，孩子们日益下降的身体素质、心理素质以及社会适应能力，不是体育老师单方面的责任，也不是只靠体育课就能解决的问题。

接下来，汪晓赞院长又为我们作了关于“运动教育模型在足球教学中的应用”的报告，深受启迪。运动教育模式就是以“全面参与”和“人人成功”为理念，教师参与指导，学生合作学习和同伴交流为学习方法，以固定分组、角色扮演为组织形式，在整个教学过程中以比赛为主线，为不同运动水平的学生提供真实、丰富的体验。

关于“运动教育模型”的贯彻运用对学生创新能力培养的分析，令人印象深刻。《新课标》明确提出：“在学习过程中应注重对青少年创新能力的培养。”这个作为学习目标也写进了我们的备课中，但我们能做到的仅此而已。在实施教学活动时，所有的组织和学练设计都限制了学生的创新发展，无法实现“创新”这个目标。例如：在过去的课堂上，新授内容是“学习足球”，学生一定是在老师的指导下，由模仿到有球练习，学习过程由简单到复杂，学生按部就班地掌握单一技能。经过一系列的“学练设计”，也许学生能掌握技能，但那只是碎片化的技能，学生不知道也不会在足球赛中运用，丝毫没有给学生创新的机会。在这样的教学理念下造就的足球运动员的水平可想而知，只会训练不会比赛，“创新能力的培养”就是纸上谈兵。

反观国外的“运动教育模型”，技能学习就是在比赛环境中，边学习边应用，在学习过程中每个人都是有角色的，而且这个角色随着学习的不断深入而不断变化，每个角色的担当都是一次挑战、一次创新，因为每个角色都有不同的任务要去贯彻执行。还以足球教学为例，老师可以安排6个人为一个团队，在这个团队中，有领队、教练、队长、裁判、记分员，等等，学习中角色不同、分工不同，每个人根据自己担任的角色开展工作，这就为学生创造能力的培养提供了舞台，学习计划、练习计划、比赛的开展、制定自己的游戏规则等都是在“创新”中展开。随着学习活动的开展，几课时变换一下角色，去挑战新的角色。

通过这样的对比，在学生创新能力培养上的优劣可见一斑，美国的孩子在这种环境下自身的创造力被充分挖掘出来，无论什么事都能动脑去想、去做、去创新改进，这就是培养创新能力的原动力。我觉得，我们的体育课也应该做一下改变，学生是课堂的主人，教师应该把学习的事情交给学生，老师做一下引领和指导。比如：场地的设计，器材的摆放，可以把这些权力放给每个小组，在小组长带领下进行研究，每个小组都有个性化的安排。再比如：在游戏比赛中，完全可以把游戏方法、规则制定交给学生，仲裁的任务也交给学生完成。这样就能充分发挥每个人的创造力，因为这是他们自己打造的比赛、游戏，更能吸引他们的注意力，激发参与的积极性。再者，我们应该学习国外教师的职业精神、亲和力，我们的教师应该从神圣的高台走下来，深入到学生中间，成为孩子们学习的伙伴，让他们更敢于跟老师交流，老师适当地帮他们出谋划策，做些理论和技能上的引领和指导。这种融洽的师生关系能激发学生的创新能力，使学生更自信。创新永远是一个民族发展前进的原动力，作为一线的教师，我们有义务也有责任把这样的教学任务做好。因此，不断地学习，不断地改进落后的教学模式和教学理念是我们必须要做好的事情。

二、甘当学生——潜心做课题

在加入体育名家工作室不久，我申报了汪晓赞教授领衔的国家社科基金重点项目（ALA150010）“聚焦深化教育领域综合改革中的青少年体育问题及对策研究”总课题组的子课题“基于‘活力校园’背景下塑造‘活力少年’的实践研究”。“从实施研究前后学生的有关变量数据上的变化以及数据分析的结果得出研究的结论”的研究方法还是我平生第一次接触。

1. 体无完肤，涉险过关

准备子课题申报之初，在全面审视课改以来学校体育工作的研究现状及发展趋势的基础上，根据国家社科基金重点项目总项目组的顶层设计，结合威海市文登区实验中学的实际，确立了“基于活力校园背景下塑造活力少年的实践研究”的研究方向。在总项目组专家的指导下，我进行反复修改、论证研究内容和研究方案，力求研究方法科学、研究过程规范、研究成果显著。

子课题组成立后召开了多次专题会议，调研实施方案，研讨课题的实施；子课题的申报也取得了校领导的支持，从计划的制订、实施，学校整体工作都给予课题组大力配合。在导师汪晓赞教授的指导下，及时完成调查问卷的制订、发放、收回、统计工作。

2016年6月，国家社科基金（教育学）重点项目（ALA150010）“聚焦深化教育领域综合改革中的青少年体育问题及对策研究”的研究基地和研究学校课题开题会议在曲阜师范大学举行，来自山东、上海、河南、浙江等多个省市大、中小学131所研究学校和10个研究基地的课题代表进行了开题汇报、答辩，一线骨干教师、教研员、课题代表、高校学者共400余人参加了本次会议。我的答辩安排在6月17日。第一次经历这么大场面，面对高校专家的“刁难”，我非常紧张。陈述完毕，专家对课题申报书的撰写、研究方法的选择、研究方案的设计、研究实验数据的处理等进行了提问。在与专家交流中，我对研究的问题有了更进一步的认识和理解，初步掌握了课题研究的科学手段和方法，进一步夯实了后期的研究工作的基础。虽然对一些研究方法和数据分析方面不了解，对专家的提问有点蒙圈，但最终还是幸运地通过了开题答辩，成为“国家社科基金（教育学）重点项目（ALA150010）聚焦深化教育领域综合改革中的青少年体育问题及对策研究”的首批子课题学校。

2. 上下求索，喜迎艳阳天

2017年4月，“国家社科基金（教育学）重点项目（ALA150010）聚焦深化教育领域综合改革中的青少年体育问题及对策研究”课题研究数据分析研讨会在上海华东师范教师之家举行，我作为课题负责人参加了此次学习活动。4月8日上午，华师大汪晓赞教授主要从SPSS软件的使用方面为大家培训前测数据的统计方法及量化分析。

4月9日上午，汪晓赞院长在昨天教授的基础上进行了更深层次的实用性讲解。第一阶段，利用SPSS软件对前测数据具体分析，发现各方面之间的相互影响。以河南洛阳实验小学提交的数据为例，通过独立样本T检验、方差分析、相关分析等方法对统计数据进行操作—计算—分析—思考—比较，进而得到结果。根据得到的结果，我们可以反馈到学生身上，找到最科学、最适合他们发展的教学方法。第二阶段，对研究基地和研究学校前测数据分析结果模板的介绍。其中，数据分析结果呈现包含的三个必要的因素：①数据分析结果标题；②数据分析文字表述；③数据分析表/图。短短一上午的时间，我们争分夺秒地进行巩固和交流。

在此之前，我从来没有接触过应用统计分析方面的东西，对于SPSS也只是听说过，从来没有学过，刚学起来有些吃力，总感觉一头雾水。后来，汪教授结合软件和具体的例子实战演示，我才发现SPSS的功能相当强大。具体到管理方面，SPSS也是一个进行数据分析和预测的强大工具。我学习的重点是卡方检验和T检验、方差分析、相关分析、回归分析、因子分析等方法的适用范围、应用价值、计算方式、结果的解释和表述。

3. 协调各方，顺利达成计划

我们通过调查了解到，很多青少年除了体育课和课外体育活动，很少有身体的活动，只是坐在座位上，摆弄小玩具。礼拜天也是宅在家里，玩手机、电脑等，自娱自乐，封闭着自己，害怕与人接触，缺少交流。学生功课繁重、竞争激烈、父母期望太大，厌学情绪十分突出。针对这些情况，我们确定了“活力校园，塑造活力少年”的实践研究主题，采用行动研究法。因此，我们需要对体育课堂、大课间、体育社团以及学生回到社会、家庭的行为情况进行干预，进行全方位的改变。而且，为了验证本次实践研究效果，我们在六、七、八3个年级中各设两个实验班和对照班。这些研究行为势必要打破原来学校体育方面的活动计划和部署，实验班和对照班的体育课、体育社团和家庭参与等都是有区别的，这些都需要与学校领导沟通，争取他们的支持，争取家长的支持。

根据课题组的调研情况，我们进行了分析研究，决定先从体育课堂入手，力求改变孩子们“喜欢体育但不喜欢体育课”的状况。我们把实验班整合，充分尊重学生兴趣和爱好进行模块教学，提供了不同的体育项目供学生选择，甚至把轮滑也加入到了可选项目。我们的目的性很强，就是尽可能把孩子喜欢运动的天性挖掘出来，吸引到课堂的体育运动中来。然后，再慢慢渗透素质和体能练习，提高学生的身体素质水平。

我们还利用大课间、体育课外活动把相同爱好的学生组织在一起，组成很多体育社团，让他们自己设计logo，制定社团活动准则、活动计划，等等，按时进行活动。目的是进一步激发部分不爱运动的学生的积极性，改变学生每天久坐的状态。令人欣喜的是，学生的积极性空前高涨，一些平时懒得动弹的学生也行动起来了，每个人脸上有汗水，更有开心的微笑，青少年应有的朝气和活力在他们身上展示了出来。

在开题前的调研中，我们发现家庭的影响也至关重要。有一对勤于锻炼、热爱运动的父母，那孩子一定也是喜欢运动的，一定是阳光的、有活力的。每天仅仅由教师盯着学生在校的课余时间，这对塑造活力少年来说是远远不够的，因此，我们开始了“家庭体育活动”的干预。我们要求实验班的学生家长都要加入班级微信群，每天都要跟孩子一起做30分钟的运动，拍成录像传到群里进行交流，也便于课题组进行日常的监控。以此督促家长起到模范作用，也借此增进孩子与父母的感情，令他们有更广泛的交流。

4. 收集、分析，数字里看门道

通过了总课题组的开题答辩后，我们立即开展了前测数据的收集和分析工作。我们首先确定了因变量为：学生体质健康数据［坐位体前屈（cm）、50米跑（秒）、跳绳（次/1分钟）、立定跳远（cm）］、学生体育学习兴趣（运动参与、积极兴趣、消极兴趣、关注体育、合作交流）、学生日常身体活动水平（使用iHealth Edge运动监测腕表）和学生学业水平（学生语文、数学、英语期末成绩）。

通过实验前测情况统计分析，可以看出，实验前学生在运动能力和健康水平发展以及调查问卷的很多项目上没有差异。但八年级实验班和对照班的学生在学习兴趣总分（$P<0.05$）项目上具有显著的差异，对照班的均值（150.2647）高于实验班的均值（138.1563），说明实验班的兴趣总分低于对照班，这种结果也有利于我们的实验干预，六年级和八年级则没有差别。另外，从亲子关系对比研究中发现，对照班和实验班在各个维度均没有差异，活力表现都处在一个水平线上。从实验样本的选取来看，有利于我们的实验研究，为后续开展实验研究的分析奠定了基础，使实施实验干预效果更具说服力。

历经两个学期的行动干预，以体育相关活动为平台，我们实施了若干干预措施，体育兴趣、参与度、亲子关系是本次实验研究的重点，所以，本研究侧重对实验前后学生运动参与表现、亲子关系、学习状态进行分析。以下，从实验前后对照班学生运动参与表现以及学习状态、实验班在实验前后学生运动参与表现以及学习状态、实验后对照班与实验班学生运动参与表现以及学习状态三个方面对学生的课上运动体验与运动情感进行评价，以此来对比研究这些干预措施对学生的活力激发是否有效。

（1）实验前后对照班运动参与表现以及学习状态与实验前对比分析。分别对实验年级的对照班进行问卷调查数据配对样本T检验分析，发现各年级对照班实验前后学生在自主与探究学习和对体育的关注项目上没有差异。但七年级在对体育的认识（$P=0.01<0.05$）、体育学习兴趣总分（$P=0.02<0.05$）项目上具有非常显著的差异，八、九年级则在运动参与程度、体育学习积极兴趣、体育学习消极兴趣（$P=0.04<0.05$）项目上具有非常显著的差异。由此可见，在没有进行全程干预的情况下，学生各方面是自由发展状态，各方面差异较大、较分散。

（2）实验后实验班运动参与表现以及学习状态与实验前对比分析。通过对实验班的实验干预，实验后通过测试和问卷调查，数据分析之后发现运动能力、体质健康、运动参与程度、体育学习积极兴趣、自主与探究学习、对体育的关注、对体育的认识、体育学习兴趣总分等项目上具有非常显著的差异，P值<0.05。这说明较实验前的状态，实验后学生在课堂中的表现、参与程度等要远远好于实验前。

（3）实验后对照班与实验班学生运动参与表现以及学习状态与实验前对比分析。将实验后对照班与实验班亲子关系问卷调查、师生关系调查数据配对样本T检验，发现对照班和实验班在很多个维度均出现显著差异，如：消极型拒绝（$P=0.01<0.05$）、积极型拒绝（$P=0.02<0.05$）、溺爱型服从（$P=0.01<0.05$）等指标都存在显著差异，活力表现相差很大。从数据分析研究中可以看到，这些干预措施使学生与人交际的能力得到提高，学生学会交流，在一些问题的理解与想法上有自己独到的见解，与父母可正常沟通，关系和谐，懂得感恩。

三、回归课堂——教学带教研，教研促教学

对于体育教师开展学校范畴的教研，作课题研究是最好的载体。在确定了研究的问题之后，大家围绕问题进行教研才更接地气。课题就是研究教学实践中一个有价值的问题，在解决问题的过程中，大家需要查阅资料，进行集体课

例教研，教研活动也更有材料、有内容、有目标。因此，我认为学校开展体育教研的最好的策略就是围绕课题研究进行相关教研活动。

作为一线教师，从事教研活动应该是工作的一部分。学校应时常开展教研活动，在一学期或一学年的周期中，小专题研究最为合适。针对课堂教学、班级管理中普遍存在而又急需解决的细小问题，而对于这些问题，只有一线教师比较了解情况并有深刻的认识，在解决问题上也有独到的可行之法。若能对这些问题进行研究，形成结论，对一线教育实践也具有十分重要的作用和意义。最近几年，我在大课题研究的启发下，跟随区教研中心的脚步，每年都认真做一期小专题研究，以教学带动科研，以科研促进教学。

如何把小专题研究与课堂教学结合起来，带动教研活动的开展呢？我想和大家分享一则案例：2015年第一学期，针对“如何改进课堂学习环境”“如何改变学生喜欢体育但不喜欢体育课的尴尬”等问题，我也做过些思考和尝试。我就在我所任教的初一六个班级中作了一期调查问卷，发现56.7%的学生对现在的评价方式感到不合理、不公平。这一问题引起了我的深思，遂找了一些学生谈心交流，又深刻反思自己习以为常的评价方式，发现问题产生的原因是“教师评价霸权”，即教师眼里只有成绩优秀的学生，忽视了那些所谓的“差生”的存在，“差生”也因为被动挨“批”，而失去参与运动的兴趣。于是，我经过思考，确立了“体育课评价的有效性研究”的研究项目。

确立了小专题的题目后，我们就组成了课题研究小组，开始围绕这一课题进行一系列的教研活动，查阅相关资料，设计全新的评价形式，并在实践中进行尝试、改进。学期初，我们对学生的素质水平进行摸底，建立个人健康卡。健康卡里呈现了学生基础水平的得分，这个设计的目的是给予原始水平好的学生以激励；增设进步幅度加分，在平时的阶段性测试和期末测试中给予每次进步幅度大的学生以奖励；增设拼搏指数加分，给予平时在课堂中态度端正、积极参与体育活动、努力拼搏的学生以奖励。由此，我们把所有的学生纳入评价体系中，无论是成绩好的、进步幅度大的还是尽最大的能力参与过的学生，都值得奖励，期末总分足够高的学生都能进入最终的“优秀生”行列。这样的评价激励作用显而易见，课堂气氛散漫、学生懒得动弹的现象不见了，学生主动和教师交流的热情提高了。

在这个案例中，我们把小专题研究与体育课堂教学有机结合起来，整个过程思路清楚，因为，我们非常清楚解决的问题是什么，想达到的效果是什么，并收到了显著的成效。这让我们再次感受到了借小专题研究带动教研活动开展的优势，教师不再盲目，有情景，有体会，在提炼、研究后作出研究方案，并付诸实施。

下面，我们就从小专题研究入手，从我们的课堂教育教学问题出发，谈谈如何做到"以教学带动教研，以教研促进教学"。

（一）认识小专题研究

说起小专题研究相信大家并不陌生，文登区教研中心已经带领区教师作了近10年的小专题研究。小专题研究是研究者采用一般的科学方法或合理手段对细微的教育问题进行观测、分析和了解，从而发现日常生活中常见的教育现象之间本质联系与规律的认识活动。小专题研究是一种研究范围较小、研究周期短、研究过程简便的教育科研方式。

小专题研究产生于中小学，源自一线教师对自身教育教学工作的反思以及对教育实践困惑的追问。小专题研究的起点，首先始于教师因为一些大大小小的"疑惑"而进行的研究。比如：一种有普遍意义的反常倾向、学生中比较固定的落后行为、课堂中的意外、教学的无效等一时无法解释的现象，都可以成为一项研究的起点。课堂中出现的问题是"自己的问题"自己更为熟悉，因此就最有发言权，最容易把握。

（二）小专题研究特点

1. 小，即研究的范围和问题小

小专题研究主要聚焦于某方面的一两个因素的实质或关系的矛盾和疑难，研究的内容是教师教育教学过程中各个环节的有价值的细小问题。譬如：体育课中最容易出现安全问题的是体操，尤其是器械体操，青年教师经验不足更容易在这方面出现安全事故。因此，我们就可以"器械体操教学中安全防范的实践研究"为题开展研究。问题可具体到体操课的教学案设计、组织管理、安全保护、器材创新改造、安全预案，等等。问题是课题研究的起点，任何研究都是建立在问题基础之上的。比如：学生不愿发言怎么办？小组合作效率不高怎么办？小专题的“小”还表现在研究的规模上，小专题研究涉及的范围小、人员少、时间短，因而规模小、投资少，这是小专题研究的显著特点。

2. 活，即灵活

小专题研究的灵活性主要表现在研究的过程上。它选题论证、方案设计、立项开题、实施研究等都没有规划课题研究那么复杂。研究什么？什么时候研究？怎么研究？不需要囿于教育科研课题规划部门所提供的选题指南，教师可以“我的事，我做主”。

在研究的组织形式上，教师可以一个人承担一个研究项目，单独开展研究，也可以成立两人以上的小组共同研究，还可以以教研组、备课组、年级组、教学班的老师为单位，组建小课题组，开展研究工作。小专题可以重复研究，不同学校的教师或课题组可以同时或先后研究同一个问题，课题结题后可以组织在一起进行交流，特别是同一个问题的小专题，在一起交流，可以碰撞出意想不到的火花，就如同“同课异构”，有异曲同工之妙。

3. 实，即实在

首先是选题“务实”，小专题研究立足于当前教育教学工作，针对教师教育工作中遇到的盲点、热点、难点、疑点问题，选题贴近学校，贴近教师，贴近教育教学实际。譬如：本学期文登区教研中学推行的是“课堂问题化教学的研究”，这是一个大的范畴，不能作为小专题进行研究，我们可以聚焦到某一个点上，又是自己在课堂遇到的盲点、难点问题，提炼出来，作为小专题进行研究。如：体育课堂提问有效性的研究，问题化教学中问题提出时机的研究，等等。这些问题都是我们广大教师日常教育教学工作中出现的实际问题，往往又是我们无法回避的、现实的问题。这些问题往往很让人苦恼、头疼，很影响正常的教学情绪，而且对我们的课堂教学产生了很大的制约作用。

4. 短，即周期短

小专题研究的时间视研究的内容而定，可长可短，时间短的2—3周就可以解决问题，长的3—5个月，最长的一般不超过1年。小专题解决的是教学实践中的“小问题”，一般在一学期或一学年中就可以解决。

5. 快，即见效快

由于研究的周期短且都是基于实际工作的具体问题，所以速度快、效率高。一个问题解决了，就可以在教学实践中实施，就可以多一分收获。

（三）如何做小专题研究呢

案例：现在中小学体育器材配备非常“到位”，完全达到了省级甚至国家的配备要求。而实际情况是，中小学体育器材室中有一半的体育器材都是常年摆放不动的，利用率较高的也就是球类、垫子、实心球、垒球等，其他的体育器材太专业或教材根本涉及不到。而利用率较高的器材也因为危险性高、缺乏娱乐性等，对学生吸引力不高，严重影响了学生的参与度。

1. 归纳，发现问题

“器材因素导致学生学习的兴趣降低，影响学习效率”。

2. 分析问题、确定课题

发现问题后，我们思考的是“这些事实的原因何在”，也就是“为什么如此”。有了具体问题，就要组织课题组成员查阅资料学习，分析问题，采用研究、观察和对比事实等方法，进行有关的行动研究。我们的经验是，在这个过程中应当“大胆假设，小心求证”。

3. 实施行动、解决问题

课堂上，我们可以通过跟学生进行有针对性的访谈，就“器材问题”拟定调查问卷，寻找问题的症结所在，然后有针对性地开展“器材创新改造”的研究，最终使问题得以解决。器材变安全了，学生的恐惧感减弱，就愿意大胆尝试了；器材变漂亮了，学生跃跃欲试了；器材变“古怪”了，吸引学生眼球，学生愿意积极参与体验了。解决问题何以如此高效？关键在于针对问题，分析问题。在实施行动过程中，研究者要不断地“学习、实践、反思”，才能解决问题。其中，反思至关重要，因为“课题的价值依赖于有效的反思”。

4. 表达成果，实践应用

小专题实施研究的过程中，一定要经过反复调查、研究、论证，甚至再研究、再论证。在这个过程中，大家集思广益，便会产生灵感，出现非常好的创新点，而我们要及时地把这些记录下来，进行加工整理，撰写成反思文章，争取在各级刊物上发表。经过小专题研究产生的文章，写作难度小了许多，可谓水到渠成，而把成果及时贯彻到体育课中，更能加强成果应用。

（四）小专题研究基本方法

从研究方法看，小专题主要采用“行动研究”的方法，这是一线教师最容易开展的课题研究方法。其形式大约就是经验总结、叙事研究、个案研究、调查研究，等等。

1. 经验总结

从大量教学实践梳理、归纳、提炼出成熟、典型、理性的做法。

2. 叙事研究

叙述事件，用讲故事的方式追述、还原自己亲身经历或者所见所闻的意义性的教育教学事件，表述自己对教育的理解和对教学理论的感悟。

3. 调查研究

最适合教师的一种小课题研究方法，分为问卷式调查和谈话式调查等。在研究开始时即做调查，可切实了解学生存在的问题。通过调查汇总，用一定形式的数据呈现学生的需求，呈现某一现象或行为的严重性，利于我们进行反思、查找原因、提出对策，以便有针对性地开展教育工作。

4. 个案研究

对研究对象的一些典型特征作全面、深入的考察和分析，也就是所谓“解剖麻雀”的方法。个案研究的对象可以是个人，也可以是个别团体或机构。

教育是传承文化、创造文化的实践活动，我们面对的是一群生龙活虎的青少年，课堂上时时处处都会出现问题，需要进行大量创造性劳动，而一个学校体育教师的教研水平决定了处理教学问题的水平，决定了“创造性劳动”的上限。新课改纲要中指出：教师要“注重培养学生的独立性和自主性，引导学生质疑、调查、探究，在实践中学习，促进学生在教师的指导下主动地、富有个性地学习”。这必然要求教师将评价重点由终结性转向形成性和过程性，并且引导学生不但要求“知”，更要求“法”，不但要“学好”，还要“好学”“会学”。因此，体育教师不能再墨守成规，沿袭过时的教育教学理念，积极开展教科研可以帮助每位教师实现“创造性劳动”，善于研究也就成了当代教师职业的重要特点。小专题研究使教师回归到其职业特性的本来面貌，促进教师不断地构建和更新自己的专业内涵，促进教师与时俱进的专业发展。

以上这些就是我几年来在体育教研方面的成长历程，在这个过程中，我历经了从一无所知、无从下手到上下求索、努力学习，直至最后取得了些许成绩。就如同我在开篇中所说的，要想走好教研这条路，就要读万卷书行万里路，更要接触专家、名师，有他们的指导、指点能够少走弯路、事半功倍。如果这些拙劣的文字能够给还在教科研道路上探索的同行们一点启示，鄙人就倍感欣慰了。

奋斗凝聚力量　砥砺铸就辉煌

荣燕光　威海市文登区天福山中学

个人简介： 荣燕光，男，山东文登人。1998年7月毕业于文登师范学校，中共党员，大学本科学历，高级教师。现任文登区天福山中学政教处主任。获得过威海市教学能手、德育工作先进个人，文登区优秀教师、文登名师、优秀青年教师等荣誉称号。2015年5月入选“威海市教育名家（初中体育）工作室成员”。多次在省、地、区级优质课评选中获奖；执教过省、地、区公开课、研讨课；提交的优课及课程资源多次获得省一等奖；多次主持、参与省级以上课题研究；多篇论文发表在《中国学校体育》《体育教学》杂志。

从教格言： 珍爱教育，善待工作，开拓创新，善于合作，尽职尽责为教育，全心全意、全力以赴做好教育。

每个人都有自己的梦想，而奋斗，是实现梦想的必经之路。习近平总书记曾经在多个场合强调“幸福都是奋斗出来的”“奋斗本身就是一种幸福”“新时代是奋斗者的时代”。习主席的“奋斗幸福观”告诉我们每个人：你在参与创造伟大时代的同时，也在创造自己的美好人生。

2015年，我抱着试一试的心态参加了威海市教育名家（初中体育）工作室的应聘。彼时，我没有远大的抱负，只想争得荣誉，谈不到要为教育做点什么、创新什么、开发什么。更别提奋斗了，我没有目标，只是跟随。经过选拔，我有幸加入威海市教育名家（初中体育）工作室。通过学习、交流、共享，我找到了方向，有了目标，明白了奋斗的意义，工作室为我今后的发展和努力指引了航向。

回顾参与威海市教育名家（初中体育）工作室3年的风雨历程，我内心充满感激，深感充实与快乐，收获满满。我在学习中积蓄了理论教学的能量，求索中吸收了课堂教学的韵味，实践中展现了课堂教学的魅力。我乐此不疲地在学习、交流、实践中奋斗，逐渐成长，由一位普通的一线教师成长为一名小有成就的名师。

一、理论积淀，提升素养

在工作室主持人吕兵文老师的引领下，我意识到理论是开展教研工作的基础，我开始有计划地认真学习新的教育理念，提高自身素质，认真学习体育与健康新课标，充实自己，认真阅读有关资料，深挖教材，钻研教法，研究学生，体会新课程的性质、价值、理念，提高自己的业务能力，并努力做到与教学实践相结合，依据理论创新学生喜欢的体育教学，让学生乐于参与到体育锻炼中，培养学生终身体育观念。

（一）读成功人士书籍，使我明理

文化的积淀并非一朝一夕之功，需要一个较长的过程。我羡慕像吕兵文老师那样理论高深、观察深入透彻的人；羡慕像于文忠老师那样学识渊博、有深入浅出功底的人；羡慕像文登区教研员姜建明老师那样出口成章、文韬武略样样精通的人……我羡慕我身边每位才华横溢的人，我从他们身上的共性中明白了读书的重要性。

以前的我是一个安于现状、不思进取、比较容易满足的人，加入威海市教育名家（初中体育）工作室以后，我感受到身边成员巨大的气场，从理论知识到文化底蕴，他们都远远在我之上。油然而生的压力瞬间冲击了我的大脑：我要赶上他们！我要读书，要从书中找到属于我的黄金小屋！

我先以身边的人为榜样，首先拜读了吕兵文老师的专著《三十年，为体育微笑》，此书以吕老师的求学、从教经历为基线，侧重书写他在学校体育工作中的一些改革、探索与实践的心得体会。虽然没有惊心动魄的壮举，但却有感人深省的教育启示。吕老师在书中回顾了自己与体育结缘的经过，从十几岁渴望当运动员到报考师范学院体育系，再到任教体育、扎根农村学校20余年，他用一腔执着和热爱，将自己锻造成为区市、省乃至全国区域内有一定影响力的教学能手、学科带头人、名师，让我为之叹服。吕老师的人格魅力、远大理想、着力奋争的尝试和对体育事业的追求，无时无刻、润物无声地熏染着我，我立志要沿着他们的足迹，用自己的汗水开辟出新的征程。

1. 好学上进，拼搏奋斗

此书给我感受最深的，是吕老师那种不服输、肯钻研、敬业、勤奋、拼搏上进的人格魅力。书中，吕老师的一段故事让我印象深刻，吕老师参加市级基本功比武活动，在第一天参加跨栏比赛时，他拉伤了右大腿，步履艰难。带队的宋老师和队友劝他退出比赛，他心有不甘，由于还有团队赛，他更不想拖累他人。第二天，他缠上绷带，强压疼痛，要求上场，虽然大家再次极力劝阻，但意志坚强的吕老师，依然充满自信、面带微笑出场。比赛完毕，吕老师额头上已是满头大汗，眼角夹杂着晶莹的泪滴，出色地完成了比赛任务，个中疼痛也许只有他自己体会最深。可能也正是因为这种不服输的拼搏、奋斗精神，才让吕老师成为名师。

2. 勤于笔耕，写中思辨

写作是令不少教师抓耳挠腮的事情，不知道怎么写，从哪儿开始下笔，都写些什么。看了吕老师的写作路程，我茅塞顿开。书中，吕老师用自己的写作经历告诉我们，写作无须长篇大论，无须高深理论，只是生活实践的一种流露。吕老师从一个小反思开始，收集、整理工作实践中的问题，在一点一滴中积累成功的写作经验，才成了今天文韬武略、下笔有神的写作达人。正如吕老师所说，写作需要灵感，需要主题，需要新颖，需要价值，需要深度思考。好文章是“做”出来的，来源于丰富的教学实践，只有做得好，才能写得好。好文章需要好的文笔表述，正所谓：来源于实践，又高于实践。好文章不能只是对实践具体做法的平铺直叙，更需要上升到理论层面的思考和提炼，更是实践经验的总结和提升。

3. 走科研路，创新篇章

吕老师虽然长期在农村学校工作，但他不甘落后，积极进取，如鹰一般，向着更广阔的天空冲击。他不断创新，搞科研，利用本土资源开展体育课题研究，有不明白的就虚心请教，向他人学习，与名家联动。他坚持走出去，外出学习、进修、参赛，和名师专家交流等，逐渐形成了课题研究的新思路，大胆申报国家级研究课题，邀请全国著名的学校体育专家来校交流经验，验收成果。他利用网络的便捷，与全国各地的同行们沟通，一起参与课题研究、学术交流。这使他的翅膀越飞越硬，终于，如同雄鹰一样翱翔蓝天。科研之路没有止境，他根植于课题，立足于学生，摸索出了一个又一个促进学生发展的新思路。我在他的这种思想的影响下，也发现了自己的不足，教师不能只做教书匠，要善于创新，而且是在实践中创新。只有像吕老师这样，才能促进教育事业的发展，培养出祖国栋梁。

吕老师的《三十年，为体育微笑》一书是我个人成长的重要航标，启迪了我的思维，指引了我的方向，更激发了我奋斗的欲望。

（二）读学科理论书籍，使我明智

理论书籍是从事体育教研工作的教师们的必读书籍，《体育教学风格》《中国学校体育》《体育教学》等，都是我经常浏览的书籍。书中的理论知识为我以后参与教研工作提供了可靠的理论依据，不管是课程设计，还是观评课，书中都依据现代教学思路对于相关理论进行了梳理汇总。

1. 针对问题，探求理论书籍

一直以来，中小学体育学习评价都是一线教学中体育课程改革的一个重点和难点问题。通过查阅图书，我发现华东师范大学体育与健康学院季浏教授出版的《中小学体育新课程学习评价》对此有深入的思考和分析。书中既有理论上的探讨，更有实践上的创新，注重对当前体育学习评价改革中存在的问题与困难进行大胆尝试，从而增强体育学习新评价实施的可操作性。评价方式多元化是体育新课程的需要，通过阅读，我对于课程评价也有了新的认识。

一是在教学中注意创设外在和内在的评价情境，运用相应的形成性评价方式，及时反映学生的学习情况，提高学生学习的积极性和教学质量。如：在进行排球教学活动时，针对某个学生的学习认知活动进行评价时，让同班同学参与评价（外在评价），通过多元化参与方式评价，可以查明学生在掌握一定知识、技能和技巧以及智力活动与实际活动方面的进步，了解学生的努力程度和实际学习结果，也可根据学生本人对自己的学习进行评价（内在评价），分析取得成绩的主观因素。通过内外评价，不仅可以真实地反映学习中存在的问题，还可以培养学生的自我分析能力。

二是按学生的原有基础，创设不同性质的评价情境。根据学生在学习过程中的努力程度和学习提高的效果，进行各种方式的评价，以鼓励素质差的学生，奖励条件好的学生。因此，评价的根本目的在于促进各种不同水平层次的学生不断自我完善。如：设置不同学习目标，分层递进，激励后进生。课堂中的“后进生”有时会呈现出两种极端情况：一种是身体条件受限，完成不了课堂目标，产生消极心态；一种是身体素质较好，但骄傲自大，不认真练习，课堂教学目标达成度不高。这就需要教师在课堂目标的设置上下功夫，对不同层次的学生设置不同的目标，为每名学生点亮一盏不灭的明灯，分层次递进教学，让“后进生”体验成功。教师评价应该根据不同学生，创设不同的评价情境。

2. 品风格教学类书籍，创新教学新思路

《体育教学风格》一书就像一座矿山，有取之不尽的资源。这本书提供了许多关于有效教学的观点，但最重要的是，这本书可以让教师把教学目标转换成有目的的行动。通读之后，每个章节所阐述的新思维将会组合在一起，构成体育教学中有效的新设想。

书中提到的“教师和学生都不能凭空作决策，作出的决策一定是与教学内容有关的”，这让我想起，我们每位老师都在教学，可为什么要这样教？目的是什么？依据是什么？莫斯顿告诉了我们原因：“教师如何写教案、如何选择和呈现教学内容、如何认识学生以及如何设想成功的学习活动，均非偶然。这些均是由教师的专业知识、个人的生活经验和信念所决定的。而当教师没有意识到其自身的行为及这些行为所产生的效果时，就会降低课堂效率。”这在教学中是多么普遍的现象，习惯促使教师尽可能地使用个人惯用的教学模式，这个模式是固定的、经验的、个人的。没有人告诉他这个好不好，而他也不会去思考这种方式的适用性。每个老师可能都有自己的方法，而这个方法和策略永远只是故步自封的模式，不可能变成有效教学模式。

当然，从习惯理论的角度来讲，学生的行为习惯是在不断重复中形成的。它是从“暗示——奖赏——惯常行为”逐渐发展到自动化的“暗示——惯常行为”。如果教师在教学中采用不同的教学风格，那么，对学生常规的养成是否会产生不利的影响？是否会因为惯常暗示的变化，而出现良好习惯难以坚持的情况？因此，我认为多种教学风格的使用是需要精心设计的，需要在学生习惯于某种教学常规之后再采用。

“没有哪一种风格是最好的，只有哪一种风格最适合达到预期的目标。”多种教学风格的使用会让我们的教学受到更多学生的青睐。

3. 读实践教学类书籍，促专业成长

《中国学校体育》不同于一般的体育杂志，看看目录就知道这是一本有利于专业体育教师成长的杂志。杂志内包括特别关注、专题报道、教学研究、教学实践、教师教研、装备与器材、网研集锦、一线话题等栏目，内容丰富，贴近体育教师日常教育教学。

（1）与专家接轨有底气。《中国学校体育》每期都邀请国内知名体育专家撰稿，引领教师专业化发展，启迪新方向。中国教育科学研究院于素梅博士就是《中国学校体育》的特邀嘉宾，于博士的高深理论使我受益匪浅。通过拜读专家的文章，我们一线教师对教学有了更清晰的思路，在教学研究中大胆尝试，引领学生健康发展。

（2）教学研究有高度。体育教学研究是学校体育工作的重要内容，对促进体育教学的有效开展、提高教师教育素质与教学水平都具有极其重要的意义。而《中国学校体育》杂志的每一期教学研究栏目，总会让我看到针对各级各类学校体育教研的有关教育机制、指导思想、教育方法等因素的探讨与研究，这对一线体育教师而言，具有一定的指导意义。在教学实践栏目中，有体育工作者在教育教学实践中摸索出来的、有利于促进体育课堂教学有效性的方法策略，以及针对一些教学疑难问题进行分析并解决的文章。这些鲜活实用的案例，正是我们平时在教学中可能遇到的问题。

（3）草根一线话题接地气。《中国学校体育》通过网络征集来自一线的草根话题，组织教师参与草根论坛，大家通过一个话题结合自身实践教学，总结好方法、好经验，提升教师专业素质。一线话题栏目更是教师施展教学实践的舞台，它主要是针对当前体育教育教学中出现的热门话题、疑难问题等进行讨论与分析，各自阐述自己不同的见解。大家将自己的课堂教学故事，撰写成小案例，再分享出来。虽然没有高深的理论框架，但却都是课本上找不到的教学案例。

现在，我每天至少抽出两个小时来读书，阅读已经成为我生活中不可分割的一个习惯。正是阅读让我在人文和学科理论上有了腾跃，为今后的实践教学铺就了一条宽敞大路。

（二）勤于笔耕，积累反馈，提升素养

写作对我来说是弱点、盲点，加入工作室之前，关于学科性质的文章，我不敢写，也不会写。虽然，拜读了吕兵文老师的《三十年，为体育微笑》中关于写作的方法，但我能拿得出手的文章还是少之又少。工作室要求外出学习的每位成员必须根据学习培训撰写自己的心得和体会，不可以借鉴或抄袭，从此我的笔头勤了起来，真正开始了写作。一开始，我对于撰写心得真是两眼一抹黑，无从下手。吕老师指导我，先将看到的内容结合体育教学理论找出优缺点，再总结自己的观点，等以后积累得多了，就可以对一个环节中可能出现的问题进行甄别，形成一篇文章，供大家借鉴。我按照吕老师的思路，慢慢地尝试着。记得我创作的文章，第一次发表在《中国学校体育》上时，我请吕老师帮忙看了一下。心存欢喜的我，满以为吕老师会在原稿上帮我细细修改，可没有想到，吕老师回复我的却是："文章观点明确，思路还可以。文章二、四标题有些类同，文章题目与内容不符，写作时注意标题等级，注意标点符号……"最后，我也只好对照吕老师的修改建议，自己修改了一遍，但也正是这样的指导，使我在写作方面一步一步成长起来。这也许就是"授之以鱼，不如授之以渔"的道理吧。当初，如果吕老师直接替我修改文稿，恐怕现在的我还徘徊在写作的边缘。经过3年的历练，我已经在《中国学校体育》杂志上发表了《馨香千里 回味无穷》《潜心育人 德体双行》《启智 促思 为学生健康发展服务》《转化体育后进生的四策略》《提高学生技能学练积极性四策略》等10余篇文章，在《体育教学》等杂志上也发表了《精心设计 合理优化 多元策略提高练习密度》等多篇文章。

二、在研学路上求索创新，提升学科素养

（一）交流学习，提升学科素养

加入名家工作室以来，我积极参加工作室组织的各项实践交流活动，获得了很多交流的机会，与其他教师进行了很多理论上的探讨，积极探索了新的教学路子，不断完善自我，促进了个人专业知识的提升，逐步形成了自己的教学风格。

1. 中外交流，丰盈体育教学思维

威海市教育名家（初中体育）工作室全体成员怀揣攀登体育教育高峰的梦想，多次走进华东师范体育与健康教育学院学习交流，通过与各位教授、外教相互交流、切磋，我对新课程理念下的体育教育教学有了更深的认识。交流帮助我解决了在教育教学方面的很多问题和困惑，点化了智慧，丰盈了思维。如：原华东师范大学季浏院长在“关注中小学体育课程与教学建设的几个重要问题”讲座中提到“立德树人”的体育教学，让我感受很深。我结合讲座内容反复研磨，在学科核心素养课程实施下，有了自己的心得。外教授课是我们最为期待的培训，我们渴望借鉴国外的一些授课理念，打造自己的体育教学品牌。外教的课堂实施方法及策略，让我感受到体育课实施的精妙所在。如：外教的课堂注重学练结合，在游戏对抗环境中促进技能的掌握。他们提出，学生学习技术动作时，在有对手和压力的情况下的学习是最合理的，需要从技术过渡到实战。这令我们受益匪浅。

2. 牵手交流，共享提升学科素养

工作室为我们外出培训学习提供了广阔的提升空间。2016年11月，我参加了长江三角地区中小学体育特级教师教学研讨活动，感受来自江苏、浙江、上海一线特级教师的教研活动的热潮；2017年4月，参加了威海市初中体育教育名家工作室与江苏省潘雪峰名家工作室、张烨名家工作室成员跨区域联合教学研

讨活动，切磋交流中升华了更多的思维与理念；2017年8月，参与了在内蒙古鄂尔多斯举行的第七届全国中小学优秀体育课教学观摩展示活动。本次活动展示的优秀课例是来自全国各地的优质课程，能够与全国各地专家、名师一起感受这雨季的洗礼，使我对体育教学有了更加深入的思考；2018年5月，我在宜昌参加了“强校园足球 强国粹武术 强体能素质”全国中小学体育名师专业功底与创意课堂教学观摩研讨会，使我领悟到新体育使命、新体育定位、新体育功能应成为新时代体育人的追求……每次交流学习，大家白天听汇报，观摩实践教学，晚餐后，大家对于白天所获所得进行交流，剖析问题根源，思维碰撞，去其糟粕，取其精华，将所学与平日实践相结合。交流中，有时候大家为了某个观点要争执到半夜以后，可往往就是这种激烈的碰撞，才是我们探索体育教学的核心，也是我们收获最多的时候。每次培训回来的每一篇培训心得，都记录着我们的所获所得。教学中，我有鉴别地将这些理念运用于自己的教学中，提高了教学效率，创设了学生喜欢的教学情境，为培养时代新人的终身体育健康观念打下基础。

交流学习留给了我们无限的遐想，思想在我们的头脑中，工作在我们的手中，坐而言，不如起而行！路虽远，行则将至；事虽难，做则必成。我们坚信，在培训这股清泉的滋养下，我们必会将所学运用于今后的教学活动中，在实践中摸索出适合我们自己的教学特色，实现自己的教育梦想。

（二）深化课题研究，提升学科素养

自参加威海教育名家工作室以来，我的体育教学模式便由“经验型”转向“科研型”。工作室以课题研究为抓手，带领青年教师走“科研兴师，名师强效”之路，针对新课程教学的难点和热点问题，带领青年教师一起参与课题研究。从事多年一线教师工作的我，虽然曾在教育教学上参与过一些教科研的实践，但对课题研究方向及思路还存在许多的不足，停留在局部区域内，总是摸着石头过河，缺少理论的引领和方向性，不知道从何下手开展课题研究，通过哪些实验干预课题研究，研究成果用什么呈现，等等。工作室借助华东师范大学汪晓赞教授（威海市教育名家初中体育工作室顾问）主持的国家社科基金（教育

学）重点项目“聚焦深化教育综合改革中的青少年体育问题及对策”（项目编号：ALA150010）的课题培训，进行了深入的学习，收获颇丰。

在华东师范大学多次培训和指导下，我校体育团队一起参与了国家社科基金（教育学）重点项目“聚焦深化教育领域综合改革的青少年体育问题及对策的研究”（项目编号：ALA150010）研究学校子课题“基于现代信息技术的体育课例资源开发与应用的研究”的课题研究。其间，汪晓赞教授一直跟踪我们的课题进展，并给予了指导和帮助。最感人的是，汪晓赞教授在十月怀胎期间还为我们开展了课题研究培训。培训中，汪院长就如何选择实验的自变量（实验组与对照组）进行了指导，并要求各课题组在规定时间内要确定实验干预内容，开展实验。汪院长还对实验步骤作出了诠释，先从选择实验被试开始——培训实验教师——实验前测——实验的实施（包括实验班与对照班的实施）——实验的后测——总结案例。为了使实验数据收集准确，提高科研效度和信度，华师大又为大家介绍了SOFIT观察系统，方便大家收集数据。它是通过同步收集学生身体活动水平、教学环境和教师行为数据来评估体育课堂教学的综合性工具，为了方便实施操作故将每一内容细化编码。学习评测工具为本次课题研究提供了重要的基础保障。这次在曲阜师范大学的培训，使我们清晰地认识到课题研究的方向和思路。课题研究成果展示要科学、准确、生动形象地表达研究成果，提高说服力和可信度，不是靠文字的多少来支撑，而是用数据说话才能铿锵有力。

2017年10月，吕兵文老师申请的国家“十三五”重大课题获得开题资格，也给工作室成员以极大的信心，大家一起一如既往沉下心来，深植课堂研究。同时，我们也带领自己的体育团队一起参与了此项子课题的课题研究。有了前车之鉴，这次的课题研究相对来说就轻松了很多，我们体育团队分工合作，顺利结题。

三、践学路上硕果累累

课堂教学是教师成长的主要载体，是提高教师专业水平的有效途径。贴近实际，贴近学生，为学生健康发展服务，是体育课堂教学永恒的追求。通过各种形式的学习、交流、探索、实践，在工作室大家的帮扶下，我在教学方面形成了自己的一些见解与创新。2015年11月，我在威海市体育学科研讨活动中执教了行进间变向换手运球公开课；2017年6月，我在工作室开展的体育课堂教学教研活动中执教了耐久跑公开课；2017年11月，我在山东省体育与健康德育课例研讨活动中执教了花样耐久跑公开课。2016年6月，我执教的行进间体前变向运球课获得山东省优课；2016年11月，我执教的双手胸前传接球课在威海市体育与健康优质课评选中荣获二等奖；同月，我在山东省中小学体育与健康学科德育优秀课例展评中荣获初中学段一等奖。一次次的活动记载了我的成长足迹，但成绩的取得并非一人之力，正是工作室成员的共同参与，才铸就了今天的成果。

回首3年风雨历程，我深感充实与快乐，心中充满感激。威海市教育名家（初中体育）工作室不仅为我们提升了发展空间，凝聚了力量，还让我找到了前进的方向。“扬帆起航，路就在前方！”在今后的工作中，我将继续脚踏实地地沿着“学无止境、教无止境”的方向前行，勇于创新，勤于实践，遵循为学生健康发展的宗旨，尽心尽力做好教育！

博采众家所长　提升专业素养

于文明　威海市文登区三里河中学

个人简介：于文明，男，山东文登人。1997年毕业于山东师范大学体育系，大学本科学历，高级教师。威海市文登区三里河中学体育教师。曾获威海市体育训练优秀教师、文登区优秀教研组长、师德标兵等荣誉称号。2015年5月入选“威海市教育名家（初中体育）工作室成员”。2016年文登区第三届名师人选。执教省级优质课、优课和公开课。多次参与国家级和省级市级课题研究，在国家级刊物上发表论文10余篇。

从教格言：地上本没有路，走的人多了便成了路。

2015年4月，威海教育局开始筹划建立教育名家工作室，我区体育教师吕兵义老师在众多竞争者中脱颖而出，成为7个工作室主持人之一。吕老师的大名在文登体育界早就如雷贯耳，我非常渴望能有机会向吕老师学习。在工作室遴选成员时，我幸运地入选了。现下，初中体育教学正处于改革和发展期，2011年，《体育与健康课程标准》颁布，对体育课的性质、基本理念、课程目标、课程内容进行了统一和阐述。对体育教师而言，该标准给体育课指明了目标和方向，但一些实际的教学问题亟待我们去探索和解决。比如：学生对体育课的态度，即是否爱上、爱学；教师上体育课的方法，即是否会教、能教；学生上体育课的当堂目标达成情况，即能否掌握技能、提高体能；学生上体育课的远期目标能否实现，即能不能熟练掌握1～2项运动技能，养成终身体育锻炼的习惯。这些问题集合到一起，可以归纳为如何提高教师专业素养，增进教学水平。为解决这些问题，我在教学中不断做过一些探索和尝试，但终究因为眼界狭隘、理论水平有限、科研水平低，导致效果甚微。所以，在参加工作室之前，常感到困惑和迷茫，随着工作室的3年学习和成长，终有收获和感悟。下面，我就参加工作室以来，通过多次外出学习、参加课题研究、参与网络教研等活动，在如何提升个人专业素养方面进行回顾和梳理。

一、外出学习，见识教育大家教学方略，不断提升教育思想和理念

1. 上海华师大之行，了解活力校园活动，受教旅美教授，领略美国体育教学风格

2016年7月，应工作室导师汪晓赞教授的邀请，我们工作室一行来到上海华东师范大学参加“活力校园——敞开校门”骨干教师培训。在培训中，上海一些学校提升学生运动参与的做法令我大开眼界，收获颇丰。比如：他们请一些有体育特长的社会志愿者到校指导学生进行体育活动，提高了体育活动质量；在周末让家长到校与孩子参与亲子体育活动，拉近了孩子与家长的关系；将一些体育活动放在生活小区进行，提高了社会影响力，带动了全民体育健身。对一些专业性较强的体育项目，体育教师水平有限，无法执教和提升学生水平，我们可以借助社会力量，请专业人士走进校园指导和帮助，提高运动质量，扩大影响力，能吸引更多的孩子参与该项运动。比如：足球受地区传统项目影响，我区体育教师专修足球专业的很少，总体水平低。我们可以考虑聘请社会上非教师身份有足球特长的人才走进校园，做足球外聘教练；针对部分家长对体育活动的教育意义认识不够，不支持孩子参加体育活动。我们可以在家长方便的时候，请他们到校，与自己的孩子一起参与合适的体育活动，体验亲子活动带来的欢乐，认可体育活动的教育价值，从而真心支持孩子参加体育活动。这样，在学校、社会、教师和家长的共同谋划和参与下，学生体育运动的参与度可以更大，运动技术水平可以更高，学校体育对大众的影响力可以更广。

随后，我们又参加了在美国工作的陈薇云教授带有美国风采的体育实践课。我们作为学生亲身体验了令人难忘的4节课，充分感受到美国方式的体育课的理念与我们明显不同。我们的体育课授课过程一般是先学技术，反复练习，基本

掌握动作后，再在实战中检验和提高。而美式教法恰恰相反，先让学生在实战中运用这项技术，在运用中发现问题后，随时纠正和提高。比如：在学习篮球行进间运球变向技术一课时，在热身活动完成后，陈教授将我们分为两人一组，一人变向运球，一人防守，在练习中，针对学生出现的个别性问题，陈教授没有终止集体的练习，只进行个别指导。当发现多数人出现变向时重心过高的问题时，陈教授及时停止练习，集体纠正。一开始，我对这种教法心存疑惑，后来经过多次实践，我发现运用这种模式上课，学生踊跃，气氛高涨，运动参与度很高。进一步将中美两种授课模式对比思考后，我认识到篮球、足球等一些开放性的体育项目之所以受到大家的喜欢，是因为它能通过实战进行竞技，而竞技的结果又带有不可预测性。渴望享受胜利的愉悦和竞技胜负的不可预测性，才是大家喜欢这项运动的根本原因。所以，在将来的体育教学中，我要改变理念，深入挖掘所教授的体育项目的本质，从实战和应用入手，找准兴趣点，提升教学水平。

2. 参加长三角地区特级教师教学研讨活动，初识体育特级教师风采，感受特色教学思想

2016年11月，长三角地区体育特级教师教学研讨培训活动在江苏镇江举行。早就听说上海、江苏、浙江一带的体育教学教研水平在全国很有名气，能亲聆特级教师执教，机会难得。特级教师，“特”在哪里，我认为特级教师就是“有自己的教学思想，有独特的教学方法，在同行中有很高的地位，是学生和普通教师的老师”。江苏特级教师王竹平老师用实际行动很好地诠释了“特级教师”的含义。在他执教的斜向助跑直角腾跃一课中，王老师把教学内容和日常生活巧妙地联系起来，体现学以致用的教学思想。标准的示范动作和激励性的语言，跨越式跳高和斜向直角腾跃动作的正迁移，常用的简单器材巧妙组合运用，如：橡皮筋、标志碟。王老师将练习场地变宽、变高，体现了将复杂问题简单化的独特教学方法。课后，观评课专家的高度评价显示出他在大家心中的地位，观课教师的掌声和喝彩声也道出了大家以他为师的心声。其他几节特级教师的课也各有千秋，精彩不断。

本次观摩特级教师的课堂展示活动，也带给我一些启示：在教学中，教无

定法，贵在得法。说起来容易，做起来难，要想得法，就需要千万次的锤炼与打磨。在一些技术学习难度较大的体育课中，经常因为教师不能深入研究和吃透教材，将复杂和有难度的动作原原本本地呈现在课堂中，多数学生吓得试都不敢试，导致课堂冷场、练习密度低、运动参与度差。我们应该深入研究技术动作，看能不能把该动作蕴含的技术特点与学生已学的技术结合起来，通过动作正迁移，将“复杂”化为“简单”，如上面提到的斜向助跑直角腾跃动作学习与跨越式跳高动作正迁移。在技术动作由浅入深、由易到难的渐进式学习过程中，为学习需要，要改变场地大小，整合器材设置，如果这种变化过于明显，让学生直观感觉出来，极易使学生产生“怯”学心理。在这方面，我们要做到“天街小雨，润物于无声”，巧妙地把场地变化隐于无形，把“软性”器材融于器材整合中，顺其自然，弱化心理冲击，不降低学生的运动参与度。像上面提到的一课中，橡皮筋单根变双根，增加宽度，标志碟放在跳箱上增加高度，学生不但没有感到胆怯，反而激发了学习兴致，增强了运动参与水平。简言之，平庸教师只会把教学内容从课本搬到课堂，把难度直接转移到学生身上，教师只是一个知识的中转站，而优秀教师则深度消化教学内容，把复杂反哺为简单，让学生容易接受。

3. 观摩鄂尔多斯第七届全国中小学优质课展示活动，享受饕餮大餐，触摸国内体育教学最高水平

2017年7月，第七届全国中小学优质课展示活动在鄂尔多斯举行，这是全国最高水平的体育教学盛会，机会难得，我有幸参加。参会期间，我领略了众多获得国家级体育教学一等奖项的教师执教的中小学精彩课堂。纵观观摩的这几节优秀课例，最大的特点是教师驾驭课堂的能力突出，主要表现在以下几点：

（1）教学重难点清晰，整节课都是围绕教学重难点，采取有效措施去突破解决。比如：浙江钱老师在水平一的立定跳远一课中，教学重点是屈膝蹬地发力，难点是腰腹发力，衔接上下肢。为解决学生会屈膝蹬地发力的重点，首先要让学生明白屈膝蹬地发力才能跳得更远。为此，在各种跳跃游戏环节，钱老师让学生模仿竹竿跳10次，原地返回青蛙跳10次，学生发现青蛙跳比竹竿跳跳得远。教师再提问两个动作有什么不同，学生马上得出“膝盖弯曲会跳得更远”

的结论。这样，在游戏中渗透教学重点，一举两得，浑然天成。在突破“腰腹发力，衔接上下肢”的难点时，针对学生年龄小、理解能力差的特点，钱老师先让学生在小垫子上练习跪跳起动作，然后让学生做一次跪跳起，马上练一次立定跳远，并提示用刚才在垫子上跳起来的动作练习立定跳远。这样，把学生不好直观理解的难点动作在另一种已掌握的技能中直观展现出来，低年级学生很容易理解和掌握。

（2）体育器材的组合利用巧妙合理，观摩现场没有看到一位老师摆弄一大堆器材，都是平时体育课常用的器材和生活中常见的一些小用品。这些东西经老师魔术般组合设计和别具匠心的使用后，在技能学习中起到了意想不到的作用。比如：湖南董老师执教的水平二支撑跳跃一课，令人耳目一新。这种课一般用的主要器械是山羊，山羊在小学生眼里是庞然大物，学生一看到它，早就打起了退堂鼓。董老师另辟蹊径，没有马上搬出山羊，而是主要通过小垫子的不同组合摆放来完成教学。把小垫子等距离散开摆放，学生在跑动中跳过小垫子，这时小垫子是需要双脚起跳才能跳过的障碍物；把小垫子平放在地上，学生在上面做支撑提臀分腿，这时小垫子是躺下的山羊；4个小垫子摞在一起，学生在上面做支撑跳跃，这时小垫子就是半蹲的山羊；6块小垫子摞在一起，学生做练习，这时小垫子就是一头站立的山羊。这样，整堂课没有出现必需器材山羊，学生却放心、大胆、兴趣盎然地掌握了支撑跳跃技术。

（3）课堂练习密度大、强度高，在技能学习课中尤其突出。比如：北京市王老师执教的水平二武术一课，王老师针对武术套路教学中容易出现的动作松松垮垮、运动负荷较低的问题，很有心得。首先，强化武术步法的静力练习。王老师要求学生一个马步动作坚持30秒钟，学生做完后，感到腰酸背痛。其次，强调拳法使用的爆发力。王老师要求一个冲拳动作要反复练习20次，学生练完后，脸色泛红，微微出汗。最后，借助辅助器材让学生在练习中敢于用力。在练习冲拳和踢腿动作时，王老师安排学生两人一组，防守者手持脚靶，在安全得到保证的前提下，练习者全力攻击。这样，一个动作达到了运动强度最大化。整堂课下来，多数学生大汗淋漓，练习密度高达65%，在技能学习课中尤为不易。

（4）德育渗透贯穿课堂，恰到好处。比如：江苏省林老师的水平三前滚翻一课。在开始部分，林老师提要求同学把衣服上的胸牌和口袋里的钥匙拿出来，渗透安全意识；在队列练习时，要求学生听从口令，动作一致，强化集体意识和纪律性；在练习滚翻时，有几个完成动作有困难的同学反复尝试，毫不气馁，林老师及时表扬，渗透遇到困难要有勇于挑战的拼搏精神。当发现有些同学在同伴的帮助下完成动作时，林老师号召同学给帮助者以掌声，鼓励同学之间互帮互助，渗透友爱精神；在调整器材时，林老师要求把贴在地上的标志贴小心地揭下来，一部分贴在小垫子上做标志，其他的装在口袋里，引导同学一物多用，渗透卫生、环保理念。

通过本次观摩，我认识到体育课堂一定要制定合理的教学目标，解决教学重难点是体育课的核心，一切教学活动都围绕解决重难点展开；不要经常埋怨体育器材不够用，多动脑动手，处处皆是可用的器材；体育课是以身体练习为主要手段的教育方式，学生的运动负荷必须达到一定要求才能达到教育目的；体育课堂要渗透德育教育，德育教育与教学活动要自然融合，同步进行。

二、参加课题研究，深入专业领域活动，突破发展瓶颈

1. 参与华师大国家级重点课题研究，使我认识到做课题要有科学性和严谨性

2016年，我作为成员参与了华东师范大学体育与健康学院主持的国家社科基金（教育学）重点项目“聚焦深化教育领域综合改革的青少年体育问题及对策的研究”。前期，我参加了由课题主持人汪晓赞教授主讲的课题解读活动。通过解读，我认识到青少年体育问题已经引起国家高度重视，并上升到国家战略层面。结合我们地区特点和教学实践，我认为青少年的体质健康呈总体下滑趋势是亟待解决的问题。怎样解决这一问题，在教学实践中，我们曾经尝试一些提升学生运动参与水平的办法。从效果来看，学生的体质有一定提升。但这种尝试和结论更多的是经验和直觉，缺乏科学的根据和准确的数据，对教学实践的指导意义缺乏准确性和针对性。正好，借助本次国家级课题参与的机会，我

们申报了“运动参与水平对学生体质健康影响的实践研究”的子课题，并成功立项。在课题研究中，我们注重学生原始体质水平和运动兴趣水平等数据的调查和汇总，利用SPSS数据分析软件对数据进行独立样本和配对样本的“T检验”。研究发现，实验班学生体质水平的后测数据与前测数据有显著差异，实验班学生与对照班学生的体质水平有显著差异。通过这种科学的检验，我们得出了提高学生的运动参与水平对体质健康有很大的促进作用的结论。

对我而言，本次课题研究的最大收获是，明白了课题研究要讲究科学性和严谨性，问题的发现和解决要靠数据说话，研究的结果要用数据验证。对比以前的课题研究，我不重视原始数据的统计汇总，不会借助先进的数据分析软件，缺乏基本的统计学知识，研究结论多是凭自我感觉的感性认识，而不是理性认识，这样的研究结果是经不起推敲和检验的，甚至是错误的。正所谓：“活到老，学到老。”知识要不断推陈出新，新鲜的事物要及时学习和运用。否则，会逐步被大数据时代淘汰。

2. 成功申报全国教育科学规划教育部重点课题的子课题，在体育课堂教学质量监测领域深入研究

2017年3月，工作室主持人吕兵文老师成功申报全国教育科学规划教育部重点课题“中小学体育教学质量监测机制的研究”，成为我省仅有的3个中小学国家级课题项目之一。我们工作室成员加倍珍惜这次难得的机会，在随后的子课题申报中，针对我校学生篮球运动基础深厚、绝大多数学生喜欢篮球运动、高年级篮球课程能占体育总课程的五分之一左右的特点，我认为构建一套科学的篮球技能评价体系对篮球教学会产生很大的促进作用。在仔细研读了《文登区义务教育学段体育学科质量评价实施细则》后，我发现该《细则》对小学篮球技能确实制定了具体评价项目和标准。该标准在每一水平段都侧重一个测试项目，能基本反映出该水平段学生相应的篮球技能水平。

在运用该《细则》对学生进行篮球技能水平监测一段时期后，我又发现了新的问题。该《细则》侧重评价不同年级的一个重点项目，比如：三年级侧重评价28米运球往返跑，四年级侧重评价定点投篮，五年级侧重评价行进间高手上篮。而我们知道，篮球水平的基本活动能力体现在运球、传球和投篮三个方

面，这三种基本技术需要长时间的实践与体验才能获得提高。在每个学段都应该对学生的运球、传球、投篮等基本能力有一个连续性评价，以促进教和学。依据此《细则》评价，我们只能获得相应水平段某一方面的篮球技能水平。在教学中，教师教学的侧重点只能局限在某一技能，不能全面提高学生整体的篮球基本技能水平。

鉴于此，我申报的子课题定为“小学高年级篮球技能监测指标体系的开发研究”，在2017年10月成功立项。本课题研究的主要方法是通过对过去和现在学生篮球技能水平进行测试，甄选最适合小学篮球技能监测的代表项目。并根据学生的年龄特点，分年级设计各分数段成绩范围，在实际运用过程中进行反复论证，最终形成小学高年级篮球技能监测指标体系，在全区各小学推广实施。

3个月的研究周期结束后，我们课题组得出以下三个结论：一是实验班级除了规定的必测项目外，又增加了运球、传球、投篮三项篮球基本功的测试。在教学中，增加了相应的教学环节和一定的练习时间，学生在思想上和行动上引起重视。最终，三个年级实验班学生的篮球技能得到显著提高。二是实验班在课堂测试中采取了如下改进策略：学生全员参与，人人有分工；对裁判工作提前有培训；对测试反馈结果有相应的解决办法。这样就极大地提高了测试效率，促进了学生对于篮球技能的掌握。三是完善和改进篮球技能监测指标，并在教学中使用，可以激励学生争先创优，积极学习，有效提高学生的篮球基本技能。本课题在2018年9月顺利结题，并获得评审专家的充分肯定。

三、主持草根论坛，理论联系实践，升华教学水平

1. 与同行在线研讨，思维碰撞，联系实际，学以致用

2016年9月，我参与了《中国学校体育》第90期草根论坛研讨活动，本次论坛的主题是“在体育教学中如何提升学生体能”。研讨的背景是学生素质多年持续下降，在体育课中怎样更好地发展学生的体能，特别是在技能课学习中如何提升学生体能。受一些优秀教师提供的发展体能的代表性案例启发，经过思考和酝酿，我认为在技能学练课中，要调动学生的积极性，做到技能和体能同

步发展，要采取以下策略：首先，深入挖掘不同运动项目对不同专项体能的锻炼价值，在技能教学中抓住核心体能特点，突出发展专项体能。比如：在武术套路教学中，教师的示范动作要节奏合理、步法到位、手势准确，体现出武术的力与美，让学生感受到武术的精髓，让学生想学。让学生每一个静止性动作持续的时间长一些，15~20秒。强调马步时重心充分下沉，冲拳后手臂舒展平伸等情况。在长时间的静力性动作和身体的充分伸展中发展力量和柔韧等体能，需要瞬间完成的跳步、跃步等脚步动作，冲拳击掌等进攻动作可以单独挑出来反复练习体会，一个动作要练习10~15次，提高爆发力，一节课学习的动作2~3动为宜，少而精，追求质量。其次，课课练要贴近课堂教学实际，在技能学习中发现体能短板，需及时调整预案、当堂解决问题。比如：在鱼跃前滚翻一课中，课课练安排的是下肢力量练习，教师在教学中发现多数学生上肢力量不足，不能很好地完成学习任务时，要机动灵活，将课课练换成发展上肢力量的俯卧撑练习。通过几节课课练的俯卧撑练习既提高上肢力量，同时引导学生在课后的体育锻炼中加强上肢力量练习。这样既发展了上肢力量体能，又促进了技能学习，确保了课堂质量。在随后的技能课教学中，融入这些理念和做法后，切实调动了学生的学练积极性，技能和体能得到了同步发展。我将自己的发现与思索进行整理和修改，撰写了题为《体能发展与技能学习共同提高三策略》的文章，发表在《中国学校体育》杂志2016年第10期。

2. 与专家直面交流，聆听教诲，且学且思，升华理念

2017年10月，适逢《中国学校体育》草根论坛版块开版100期，我们工作室几位成员作为主持人参与主持本次论坛活动，本次研讨的主题是“学生运动参与水平的提升策略”。因为本次活动适逢百期，具有纪念意义，特别邀请中国教育科学研究院于素梅研究员担任特邀嘉宾，中国学校体育杂志社编辑部主任郝俊和编辑种青莅临现场指导工作。因为有于博士的加入，一些教学中比较棘手的问题得到了很好的解决。比如：在“判定学生运动参与水平是否提高应该依据哪些具体评价指标”探讨环节，有些教师提出了一些参考指标，如：考勤、表情、运动负荷、技能掌握情况等，可具体如何操作，课程标准没有详细说明，大家也没有更多的办法。于是，现场请教于素梅博士，她认为在教学过程中，

老师可以通过问一问（问答式）、看一看（观察式）、比一比（对比式）等方式判断学生运动参与水平是否得到了提高，还可以通过测评学生的学习效果是否发生了变化及发生了多大的变化，对运动参与的提升水平进行有针对性的评价。这种观点具有很大的借鉴意义和实践操作的可能性，令我思路大开。在以后的教学中，我通过课堂的即时提问、观察、对比，随时掌握学生的运动参与情况，及时调整教学策略和教学手段，极大地提升了课堂效率。

受到于博士的启发，我在体育课堂学习目标评价方面产生了新的思路和方法。在叙写学习目标评价中的情感目标时，经常出现团结、合作、勇敢、拼搏、参与、友谊等抽象词汇。可如何具体评价该目标的达成度一直是个难点和短板。怎样判断学生是否增强了团结、合作意识？学生怎样的表现才算是做到了勇敢、拼搏？学生达到哪种状态算是积极参与、发展了友谊？许多教师对此无从下手。于博士提出的问一问、比一比、看一看的课堂即时评价方法，给了我解决问题的思路。比如：在分组练习中，同一小组体能弱的学生在落后或完不成动作时，同组学生出现帮助、鼓励的行为，教师可以评价该组学生有团结合作意识，达成了团结合作的情感目标；在同一种技能的学习中，学优生在达到本节课的标准时，不断挑战新难度和高度，可评价为有勇敢精神；学困生为了达到基本标准，经历一次次失败、摔倒，却毫不气馁地反复练习，可评价为有拼搏意识；学生在课堂练习中面带微笑，一路小跑，面红出汗地参加各种练习，可评价为积极参与；受帮助者对帮助者示以友好的微笑，或在受到帮助后完成动作时与帮助者击掌相庆，可评价为发展了友谊。

四、读书洗脑，浸润心灵，提升文化修养

随着信息技术的高速发展，手机、电脑等产品的使用越来越便捷，获得信息的途径非常多，人们的生活和工作节奏越来越快，心情也渐渐浮躁，难得看见静下心来的读书人。诚然，在知识快速更新的年代，快速获得知识是社会发展的趋势，也是职业得到提升的需要。但是，看到和听到了那么多，既能记得住的、属于自己的，还能影响心灵、启迪智慧、改变思想的知识又有多少？等

到需要时再去寻找，才发现，它早已被新的信息代替。这时，我们就会想起还是纸质书好，不受时间和空间限制，放在那里，随时可读，随时可查，反复阅读，温故能知新。

1. 领略异域教学风格，吸收先进教学思想，融入自身教学实践

在华师大学习时，工作室导师汪晓赞教授推荐我们阅读《体育教学风格》一书。这本书的作者是一名美国体育工作者，书中结合多年教学实践和长期研究，认为体育教师的教学风格可归纳为命令式、练习式、互惠式、自我检查式、包容式、引导式、聚集发现式、发散发现式、学生自主设计式、学生发起式、自我教学式等诸多风格。在教学中，针对不同学情，一种或几种风格结合使用，达到教学目的。根据我的理解，在体育教学中，一节课的不同环节可以采取不同的风格，可以取得较好的课堂效果。比如：课课练部分的队列练习，可以用命令式；复习已学知识，可以用练习式；学生不感兴趣知识的学习，可以用激发兴趣为主的学生自主设计式；为鼓励学生尝试、创新，可引导学生用自我发起式，等等。各种教学风格既独立又相互影响，其共性问题就是更好地完成教学任务。

2. 感受平实教学思想，坚定体育教学道路，争做优秀体育名师

在阅读工作室主持人吕兵文老师《三十年，为体育微笑》一书后，我被深深震撼了，开始思考怎样认知体育教师这一职业。作为一名普通的体育教师，吕老师是怎样扎根农村，一步一个脚印，成长为威海名师、山东省课程培训专家的？吕老师如何做到在专业期刊上发表几十篇论文，完成7项国家级课题研究，还著有自己的专著的？带着疑惑，我虔诚翻阅了这本书。

通过本书中吕老师叙述的求学成长历程中兴趣影响职业、名师指引方向的例子，我们能认识到，善于培养学生的兴趣，引导学生从事感兴趣的职业是一件多么重要的事。在学生成长的道路上有优秀老师的诸多正能量的引领，更有助于良好人生观和价值观的养成。作为教师，我们任重道远。吕老师将课题研究的成功经验归纳为："课题研究不要追求高大上，更不能好高骛远，只要立足于一线教学实践，你会海阔天空，大有作为。"

结合吕老师的成长历程，我认为体育教师要想有所成就，要做到以下两点：

第一，无论风雨，忠守信念，持之以恒，无怨无悔；第二，重视实践，不断反思，知行合一，定有收获。

在工作室主持人和上级教研部门的支持和鼓励下，近3年，我在国家级刊物上发表了5篇文章，参与了4个课题研究，已结题2个，多次获得省级优课和区级优质课，并执教过区级公开课和名师直播课堂，获得区级优秀教研组长、体卫艺先进个人、市区两级优秀教练员等荣誉称号，并晋升高级职称。

在3年的成长道路上，通过外出学习，我领略到不同的教学思想，拓展和延伸了自己的教学理念和内涵。师从不同的专家名师，我丰富和改进了自己的教学方法。参与各类课题研究，我深入挖掘出许多教学问题，学会了把脉解决教学问题之道。游弋草根在线研讨，我感受了不同思维的碰撞，形成了独立的教学风格。浏览各类专业书籍，我夯实业务水平，坚定了安心从教的理想信念。

3年的收获的确不少，但我却觉得才刚刚上路，最好的风景在远方，我会继续努力，砥砺前行。

生命不息　奋斗不止

丛培胜　威海市文登区葛家中学

个人简介：丛培胜，男，山东文登人。1996年7月毕业于天津体育学院，大学本科学历，一级教师。现任威海市文登区葛家中学政教处主任。曾获山东省远程研修优秀学员，威海市德育工作先进个人、优秀少先队辅导员，文登市委市政府嘉奖奖励、师德标兵、十佳少先队辅导员、教学工作先进个人、科技教育工作先进个人等荣誉称号。2015年5月入选“威海市教育名家（初中体育）工作室成员”，2019年9月入选“威海市名课程团队成员”。获得过威海市教育科研创新成果二等奖、优秀课程资源二等奖，文登市优质课二等奖等。在《中国学校体育》期刊发表过多篇文章，主持的教育部重点课题子课题顺利结题。

从教格言：博观而约取，厚积而薄发。

“我已不年轻，也无意成为名师，我只是尊重内心拔节的呼唤，让自己的教育行为飘散出幸福的味道。和教育重新恋爱，让我聆听到了生活中和谐、美妙的旋律，我喜欢这种舒展的成长方式。”——河南省第二届最具智慧力班主任潘颖

潘老师的这句话道出了我此时的心声，我也是40岁以后才有了第二次成长的经历。我曾经历过纠结、郁闷、厌倦和困惑，但一路走来，我也在慢慢成长，慢慢体会到成长带来的成功与喜悦，感觉自己的付出有了价值。回首过往，往事历历在目！

一、与体育结缘

小学的时候，我因个子小总是排在队伍后边，再加上小学运动会一般都是短跑、跳跃和投掷项目，很少涉及长跑项目，因此，我总是无缘运动会。到了初中，学校组织了一次越野比赛，我报名参加，没想到第一次参加比赛竟然就跑了第二名。当我上台领奖时，心里别提有多高兴了！我也由此顺利地加入了田径队，成为一名名副其实的运动员。初中4年，我校运动会的男子中长跑项目基本上就是我和我们队的于长江同学在争夺冠军，我们之间也总是互有输赢。每次当我取得胜利，看到同学、老师为我欢呼的时候，我都会从心底燃起一种自豪感。我知道，从那时起，体育已经在我的心里深深地扎下了根。

升入高中后，我很荣幸又被老师选入了田径队，并在高二那一年代表学校参加文登市越野比赛，取得了第九名的成绩。成绩虽不是特别理想，仅是中上游水平，但也基本反映了我当时的实力。比赛结束后，带队的吕老师并没有责怪我，而是给了我更多的鼓励，让我有了更大的信心！

进入高三，我开始面临高考志愿的选择，当时，吕老师建议我报考体育专业。考虑到自己的兴趣爱好及特长，与家人商量之后，我欣然接受了老师的建议。最终，体育教育成了我毕生为之奋斗的事业！

二、与体育相伴

1996年7月，从天津体育学院毕业以后，我选择回到家乡，到葛家中学当了一名光荣的体育教师。刚刚毕业的那段时间里，我心气很高，总觉得到农村学校任教有点委屈。因此，我总希望能够被调到城里的学校中任教。正是因为有了这种想法，所以，刚参加工作那会儿，我表现积极，踊跃写论文、上课、参加各种教学比赛活动。但是，辛勤付出并没有得到回报，慢慢地，我的那点傲气也被磨平了。记得那时候，文登教研中心体育教研员宋万田老师几乎每年都要到学校来听课，而我几乎每年都要参加讲课，连续几年之后，宋老师就对我们体育组长说，今后到葛家中学听课就别安排我上课了，因为，他已经非常清楚我上课的情况了，总体评价就是常规课堂，常规教法，缺少新意，不能给人眼前一亮的感觉。自此，我那颗躁动的心也慢慢归于平静，从眼高手低转向脚踏实地，从张扬浮躁转向内敛沉稳。

经过一段时间的沉淀之后，我的教育事业也慢慢有了点起色。2002年8月，我所带领的乒乓球队在“文登市太平洋寿险杯小学生乒乓球比赛”中取得全市第四名的好成绩，我也因此被文登市教育局和文登市体育局授予“优秀教练员”荣誉称号。这次获奖给了我很大的鼓舞，让我慢慢找回了自信，也让我深刻体会到“欲速则不达”的真正含义。正是因为这次取得的优异成绩，让当时刚从铺集中学调到葛家中学的张文滋校长对我刮目相看，并把葛家中学体育组长的重任交到了我的手上。功夫不负有心人，我通过不断努力，也开始有了更多的收获：2005年5月，我参加文登市初中体育教师基本功比赛，获得三等奖；2005年12月，我被威海市体育局评为“2005年度威海市农村体育先进个人”。

2005年9月，我开始走上学校领导岗位，担任政教处副主任兼学校团委书记，但我并没有离开我所挚爱的体育教育事业，仍然坚持奋斗在教学第一线。正是因为这种坚持，才让我成长和进步得更快，一系列的成绩和荣誉也纷至沓来。2009年7月，我的论文《上好体育课要努力营造良好的课堂气氛》在文登市初中体育优秀论文评选中荣获一等奖；2012年10月，我的论文《调整课前情绪 规范教学行为》发表在《中国学校体育》杂志；2008年5月，我荣获“文登市优秀少先队辅导员”荣誉称号；2009年9月，我荣获中共文登市委员会、文登市人民政府给予的嘉奖奖励；2010年6月，我参与课题“班主任工作渗透心理健康教育研究”并顺利结题；2012年6月，我荣获文登市初中体育优质课二等奖；2012年9月，我荣获“师德标兵”荣誉称号；2013年1月，我荣获“文登市十佳少先队辅导员”荣誉称号；2013年9月，我荣获“威海市优秀少先队辅导员”荣誉称号；2013年3月，我的快速跑优质课程资源在威海市优秀课程资源评选中荣获二等奖。

至此，我已经完成了职业生涯的第一次快速成长，年过40的我也渐渐有了满足感，慢慢地开始萌发出一些消极情绪，也渐渐失去了前进的动力和奋斗的方向。

三、与名师为伍

正当我逐渐失去奋斗目标之际，通过申报和评选，我有幸成为威海市初中体育教育名家工作室这个光荣团队中的一员，从而也开启了我职业生涯的第二次成长经历。

说实话，刚接到加入“威海市教育名家（初中体育）工作室”的通知的时候，我确实有些兴奋，一是没有想到幸福来得这么突然，二是对工作室的活动充满了期待。因为，作为体育教师很少有这种外出学习的机会，而加入工作室之后这种机会将大大增加，不仅可以学习到先进的教育思想和理念，还可以进一步开阔自己的视野，何乐而不为呢？

2015年7月，我们工作室接到导师华东体育学院院长汪晓赞教授的邀请，参加在上海举行的“活力校园——敞开校园”活动。梦寐以求的活动终于来了，我如何不兴奋？经过一番准备，我们一行7人终于出发了。冒着酷暑，我们来到了上海，开始了为期5天的研学旅行。5天里，我们白天听课、上课、听讲座，晚上回到宾馆集中在一起进行研讨，回顾所学，理清思路。之后，每个人开始写学习反思，并进行汇总，上传微信公众号。最晚的一次，我们竟然半夜两点多才睡下，刚开始的那种兴奋劲一下子荡然无存，我心想：早知道这么累，当初就不该加入工作室了。可是，后悔已经晚了，只能硬着头皮向前闯。

紧接着，又是几次外出学习活动，看看其他成员都在努力坚持，我也没有理由退缩。从他们身上，我看到了生命不止、奋斗不息的拼搏精神，看到了不耻下问、精益求精的学习精神，看到了锲而不舍、勇于钻研的科研精神。在他们这种强大精神的感召下，我唯有以更加饱满的热情和更加昂扬的斗志才能跟上他们的步伐。坚持！坚持！再坚持！慢慢地，我也逐渐适应了这种高强度的学习生活，外出学习对我而言也不再是一种心理负担，而是一次挑战、一次历练，反而更能激发起我的斗志。伴随着反复思考和不停写作，我的认识水平和写作能力也有了长足的进步，偶尔也能体会到成长的快乐。每当看到自己的文章被点赞，被杂志发表，我便能强烈地感受到成功的喜悦！如今，经过3年的锤炼，我深刻感受到这个集体带给我的快乐与收获，我从刚刚加入团队时的懵懂慢慢走向成熟。回首3年的过往，辛苦与快乐共生，付出与收获并存。

（一）加强学习，提升素养

1. 读书富脑，专业引领

为提升成员的个人素养，工作室明确提出要求，要求每位工作室成员每年必须选读一本专业书籍，撰写阅读感悟，共享阅读心得。根据工作室的总体安排，我认真选择书目，除了仔细阅读工作室规定的必读书目《体育教学风格》《中国学校体育》《体育教学》《三十年，为体育微笑》以外，我还主动选择了一些专业性较强的书籍进行阅读，通过读书及撰写读书心得，努力提高个人专业素养。

2. 学术论坛，积极参与

为了快速提高个人专业素养水平，除了大量阅读专业书籍之外，我还积极参加由《中国学校体育》主办的草根论坛网络研讨活动。通过网络研讨，加强与全国各地体育同人的沟通与交流，解决自己在体育教学方面存在的疑惑，促进个人在体育专业方面快速成长。在2015年10月29日《中国学校体育》草根论坛第80期研讨活动中，我和荣燕光老师基于工作室课堂教学展示活动中大家热议的练习密度问题，拟定了论坛研讨框架，经过《中国学校体育》杂志专家审批通过。网上研讨为许多一线体育教师在解决学生体育课练习密度不足、运动量偏低、体质和技能发展不均衡方面，提供了有针对性的指导。我们也在交流的过程中，理清了思路，提高了认识，收获了成长。由曹志强、丛培刚和我3人撰写的研讨综述也顺利在《中国学校体育》杂志上获得发表。

3. 外出学习，扩展视野

为了开阔视野，我克服工作上的种种困难，积极参加工作室组织的各种学习活动。

2015年7月，到上海参加“华师大活力校园——敞开校门”项目体育教学设计和操作性技巧培训活动。会议期间，我聆听了多位国外专家学者的精彩讲座，了解了国外的一些先进做法。通过参加本次活动，我打开了思路，搭建起家校之间的体育联系纽带，不仅丰富了家校联系的内容，同时，也很好地促进了学校体育工作的开展。

2015年11月，我到上海参加国培，现场观看了外国教授进行的足球课堂教学以及外国教练悉心指导专业足球队训练的场景，先进的教学手段和多变的训练方法让人大开眼界。通过此次国培，我进一步开阔视野，拓宽思路，增长见识。

2017年3月1日，我参加了江苏省规划课题结题暨江苏省学校体育网工作会议。近年来，长三角地区教育科研水平一直走在全国的前列，参与江苏省组织的教育科研活动一直是我的梦想。通过参与此次活动，我有幸现场聆听最先进的教育理念，观看最精彩的体育直播课堂，对于转变个人教育观念、提高认识水平帮助很大。

2017年3月28日，我参加了初中体育教育名家工作室读书报告会。在读书报告会上，我有幸听到成秀老师的精彩报告，知道了如何选择书目及读书的一些方法和技巧；有幸了解到齐鲁名师于文忠老师的成长经历，从他的分享中知道了应该如何撰写科研论文，从学习型教师向学者型教师转变。

2017年4月8日，我参加了国家社科基金（教育学）重点项目（ALA150010）“聚焦深化教育领域综合改革中的青少年体育问题及对策研究”研讨会。通过此次会议，我学会了使用大数据平台进行课题实验数据分析以及撰写数据分析报告，让自己在科研的道路上迈出了更加扎实的一步。

2017年7月4日，我参加了在鄂尔多斯举办的中国教育学会2017年度课堂教学展示与观摩系列活动暨第七届全国中小学优秀课教学观摩展示活动，有幸观看了来自全国各地的几十个优秀的体育课堂教学案例。通过学习，我开阔了视野，增长了见识，活跃了思维，打开了思路，从而使自己在专业化的道路上更进一步。

2017年5月22日，我参与《中国学校体育》草根论坛100期教学研讨活动，通过网络研讨、专家讲座和现场的看课评课活动，进一步加深了我对先进的体育教育思想的理解和把握，有利于课堂教学水平的提高。

2017年10月8日，我参与了吕兵文老师主持的全国“十三五”重点课题开题会议，并在此会议上执教了一节足球运球绕杆射门公开课，让自己在体育教学方面得到了很好的锻炼和提升。

2017年11月15日，我积极参与国家社科基金（教育学）重点项目（ALA150010）“聚焦深化教育领域综合改革中的青少年体育问题及对策研究”研究基地、研究学校研讨会，并在此会议上代表实验学校进行课题成果展示与答辩，获得二等奖。

2018年4月26日至30日，我到湖北省宜昌市参加了“强校园足球 强国粹武术 强体能素质”全国中小学体育名师专业功底与创意课堂教学观摩研讨会。活动期间，我不仅观看了名师们精彩的课堂教学展示，也看到了他们精湛的基本功展示，同时，还聆听了多位专家学者的精彩报告和点评，皆让我受益匪浅。

2018年6月，我到江苏省无锡市参加了国家社科基金（教育学）重点项目（ALA150010）“聚焦深化教育领域综合改革中的青少年体育问题及对策研究”的子课题结题答辩，通过答辩，个人科研能力得到进一步提高。

2018年8月9日，我参加了在烟台市举办的第二届全国中小学名家工作室论坛活动，其间，认真倾听了多位名师的经验分享。虽然成功无法复制，但是他们的敬业精神却深深影响着我，让我受益终生。

每一次的外出学习，都不是一次简单的旅行，而是一次思维上的碰撞，更是一次理念上的升华与蜕变。

4. 积极帮携，共同成长

威海市教育局对工作室管理办法中明确规定，每个工作室都要承担帮携任务，帮助一些薄弱学校培养体育骨干教师，助力学校体育工作更上一层楼。工作室根据评估，确定了天福山中学和威海七中作为帮携单位，每年都要开展两次帮携活动，每次活动我都积极参加，通过听课、评课、研讨，认真剖析每一堂课，帮助上课教师找出不足，并提出自己的修改方案。正所谓：“赠人玫瑰，手留余香。”在帮助他人进行课堂分析的同时，我们也能够及时反思自己的课堂，发现不足，不断促进认识水平和课堂分析能力的提高。

（二）积极反思，收获成长

“他山之石，可以攻玉。”为了及时消化吸收活动内容，每次活动结束后，我们都要认真进行反思，有时候会通宵达旦地进行工作。也许有人觉得外出学习是一件很轻松的事情，但是，对于我来说，外出学习是苦旅，也是煎熬，学习归来又有种涅槃重生的感觉。

2015年12月，我与他人合作撰写的研讨综述《合理调控练习密度，有效提高课堂效果》在《中国学校体育》杂志上发表；2016年9月，我获得文登区委区政府嘉奖奖励；2017年9月，我获得文登区2016—2017学年"教学工作先进个人"荣誉称号；2018年9月，我获得文登区2017—2018学年"教学工作先进个人"荣誉称号；2017年10月，在威海市教育名家（初中体育）工作室导师指导活动会议上，我执教足球运球绕杆射门公开课；2018年6月，我参加国家社科基金（教育学）重点项目（ALA150010）"聚焦深化教育领域综合改革中的青少年体育问题及对策研究"子课题"体育教学中提升学生运动参与水平的案例研究"结题答辩，顺利通过；2018年12月，我被威海市教育局授予"威海市德育工作先进个人"荣誉称号；2018年9月，我主持全国教育科学"十三五"规划教育部重点课题（DLA170414）"中小学体育教学质量监测机制的研究"子课题"体育教学中增大练习密度对学生体质影响的实验研究"，并顺利结题。

（三）脚踏实地，继往开来

3年的工作已经结束，新的征程已开启。在过去的3年里，我们工作室成员从相识到相知，从一孔之见到略知一二，从接受国内教育思想的熏陶到接受国外教育理念的洗礼，一路走来，我们一边摸索，一边收获，一边探索，一边成长。虽然取得了点滴成绩，但是，我也清醒地知道，距离自己心中的那个目标，我还有很长很长的一段路要走。今后，我将继续努力，脚踏实地，虚心学习，争取在体育教学和科研工作中取得更大的进步。

项目研究篇

威海市教育科学规划课题

体育教学中提升学生运动参与水平的行动研究

（课题批准号：WHJYMJ001）

研究情况：“体育教学中提升学生运动参与水平的行动研究”课题在威海市教研中心的指导下进展顺利，已按课题研究计划开展了问卷调查和相关的调研活动，调研情况的报告获得了全国第十三届学生运动会科学论文报告会三等奖。课题组还充分利用《中国学校体育》杂志草根争鸣论坛，组织了两期该课题研究的大型研讨活动，其中关于“技能教学中，如何调动学生的学练积极性”的学术研讨，全国有13个省区市的465人参与其中，关于“学生运动参与水平的提升策略”的学术研讨，全国有17个省市316人参与，很好地引领了该研究领域的长足发展。课题组主持的《中国学校体育》杂志草根争鸣论坛第87期“技能教学中，如何调动学生的学练积极性”和第100期“学生运动参与水平的提升策略”，分别围绕“技能教学中学生学练的消极表现、学生产生积极学练热情的外在因素、调动学生的学练积极性的方法、技能教学与学生学练兴趣关联”以及“体育教学中，影响学生运动参与的因素、判定学生运动参与水平是否提高应依据的具体评价标准、提升学生运动参与水平的方法手段”等展开研讨，促进了课堂研究的深入。学术研讨后，课题组结合前期的实践研究，撰写了多篇研究论文，其中有9篇刊发在《中国学校体育》杂志，扩大了该课题研究的影响力。

课题研究过程中，课题主持人及成员发表了课题研究文章，共计9篇。另外，课题主持人吕兵文等撰写的课题研究论文“运动参与水平对学生体质健康影响的实践研究”和成员刘新军等撰写的论文“基于‘活力校园’背景下‘活力少年’的实践研究”，在第九届中国学校体育科学大会获奖，课题组成员刘艳妮撰写的课题研究论文《荣成市蜊江中学学生体育课参与度的调研报告》获全国第十三届学生运动会科学论文报告会三等奖。课题组发表课题研究论文情况如下：

1. 吕兵文：《谈表现 析因素 探策略 促学练——技能教学中有效调动学生学练积极性探析》发表在《中国学校体育》2016年第7期；

2. 荣燕光：《提高学生技能学练积极性四策略》发表在《中国学校体育》2016年第7期；

3. 于文明、尹耀：《巧用“三好”心理进行教学设计，提高学练技能积极性——以远撑前滚翻教学为例》发表在《中国学校体育》2016年第7期；

4. 姜建明：《活用教学方法提升学生参与度——以水平二（四年级）〈快速跑〉教学展示课为例》发表在《中国学校体育》2017年第8期；

5. 于文明：《教学策略三转化提升学生运动参与水平》发表在《中国学校体育》2017年第8期；

6. 刘新军：《优化课中环节 促参与水平提升》发表在《中国学校体育》2017年第8期；

7. 尹耀：《巧用辅助教学手段 提高课堂教学质量》发表在《中国学校体育》2017年第9期；

8. 吕兵文：《体育教学中学生运动参与水平的提升策略》发表在《中国学校体育》2017年第8期；

9. 尹耀：《例析有效合作学习的前置准备策略》发表在《中国学校体育》2018年第3期。

研究总报告

威海市文登区葛家中学正高级教师吕兵文主持完成了威海市教育规划课题“体育教学中提升学生运动参与水平的行动研究”（课题批准号：WH-JYMJ001）。课题组主要成员：尹耀、刘艳妮、郝洪磊、姜建明、刘新军、荣燕光、于文明、丛培胜。

运动参与水平对学生体质健康影响的实践研究

摘要：运动参与是学生参与体育活动的态度和行为表现。学生在体育课堂上积极的运动参与是高质量体育教学的表现。本研究试图通过文献资料法、问卷调查法、案例研究法、实验法、数据统计法，践行优质体育与健康设计理念，探索影响学生运动参与水平的关键因素，总结提升学生运动参与水平策略，以进一步优化体育与健康教学，促进学生积极参与体育运动，增进锻炼效益，提升学生体质健康水平。研究结果表明，践行华东师范大学体育与健康学院汪晓赞教授倡导的KDL优质体育教学理念对学生的体质健康水平和运动参与水平都起到了积极的作用。学生运动参与水平的提升，对学生的身体形态、心肺功能的改善，速度、耐力、柔韧、灵敏等素质的提高都有明显的促进作用。影响学生运动参与水平的因素主要包括：教学内容和教学方法，体育教学场地、器材，学生、性别身体素质、运动的愉悦程度或运动成就感、体育锻炼意识、家庭教育等，这些在一定程度上或多或少地影响着学生的运动参与。依据学生学习目标，巧妙改进和优化教学内容，更新教学方法，使之新颖有趣，教学组织严密高效，场地器材安全新颖，关注差异因材施教，亲近爱护赏识学生，可以有效激发学生的运动参与热情，从而促进学生体质健康水平的提升。建议在体育教学中，学生运动参与水平的提升应结合学生课堂练习密度和运动负荷的调控；在选择教学内容、采用教学方法、思考教学组织、设计场地器材、运动负荷调控、课堂观察评价等方面，应以能否促使学生在参与学练活动后产生愉悦的心理体验作为重要的参考依据。

所要解决的主要问题：

体育教学中影响学生参与运动水平的因素有哪些？

体育教学中如何通过创新教学内容来提升学生的运动参与水平？

体育教学中如何通过教学方法、手段的改进来提升学生的运动参与水平？

体育教学中如何通过评价方法、手段的改进来提升学生的运动参与水平？

体育教学中如何通过提升学生运动参与水平来养成学生良好的体育行为？

一、研究问题

1. 研究目的

运动参与是学生参与体育活动的态度和行为表现。学生对体育学习兴趣的高低，直接影响到学生学练的积极性，也决定了其运动参与水平。学生在体育课堂上积极的运动参与是高质量体育教学的表现。本研究试图通过践行优质体育与健康设计理念，探索影响学生运动参与水平的关键因素，总结提升学生运动参与水平策略，以进一步优化体育与健康教学，促进学生积极参与体育运动，增进锻炼效益，提升学生体质健康水平。

2. 研究意义

促进学生更加积极主动地参与练习活动，提高锻炼效益；促进学生积极体验运动的乐趣，对练习活动充满期待；提高体育教学目标的达成度，学生体质水平明显提高；提升课题研究参与者的教学组织能力和职业幸福感。

3. 核心概念与研究依据

运动参与，是指学生参与体育学习和锻炼的态度及行为表现，是学生习得体育知识、技能和方法，锻炼身体和提高健康水平，形成积极的体育行为和乐观开朗人生态度的实践要求和重要途径。

研究依据：《义务教育体育与健康课程标准（2011年版）》《中共中央国务院关于加强青少年体育增强青少年体质的意见》

二、研究背景和文献综述

1. 课题提出的背景

中国青少年学生体质健康水平持续下滑，引起了国家领导和全社会的高度关注。切实增强青少年学生的体质，学校体育责无旁贷。体育教学作为学校体育的主阵地，应该勇于担当，发挥其应有的作用。在各级领导的重视和支持下，体育教学的顶层设计得到了前所未有的重视和完善，各项政策、制度陆续出台，开展体育教学的场地、设施、师资配备等日益完善，体育教学的开课率也得到了很好的保证，体育教学质量稳步提升。影响体育教学质量的因素很多，其中学生在体育教学中参与运动的程度决定了其身体锻炼的效果，学生在体育课堂上积极的运动参与是高质量体育教学的表现，尤其是在当前“立德树人”的教育大背景下，更凸显了提升学生在体育教学中的运动参与水平的重要性，值得认真研究。

2. 文献综述

通过在中国知网对“运动参与”文献资料的检索，可以发现，国内对运动参与的研究主要侧重运动参与的概念界定、特征分析、影响因素分析和现状调查层面。如：沈阳刘海燕、于秀（2005年）指出，运动参与是指学生在体育课堂或课外体育活动中身体、心理等方面的投入。沈阳刘海燕、于秀（2009年）研究指出，运动参与层次按学生主体性发挥程度可分为雏形层、发展层、成熟层三个层次，按其表现形式主要呈现主题身体、心理投入方面依次递进特征。河北王文丽等（2009年）对大学生休闲运动参与的影响因素的研究显示，性别、年龄、居住地、运动设施的便利性、同伴共同参与、健康的需求等是影响大学生休闲运动参与的重要因素。山东宋志强（2009年）对山东日照市10所中小学的调查结果显示，体育教师教学安排与学生需求之间的矛盾是导致不同水平学生总体运动参与层次差异的首要原因，教师的课堂投入和学生对体育课态度的矛盾是导致差异的直接原因。

国外对运动参与的研究在国内杂志比较少见，对此了解受限。但从实际现象分析，国内青少年学生参与体育运动的情况与国外相比，差距很大。巴西中小学生对足球的狂热，美国中小学生对棒球的热爱，加拿大中小学生对冰壶运动的痴迷程度等都是国内中小学生无法企及的。管中窥豹，国外的运动参与较之国内的领先优势是显而易见的。

以现有的研究现状看，对该领域的研究大都是理论层面的分析及对策研究，对影响运动参与水平的因素进行比较深入的研究较少，更鲜有操作层面的行动研究，因此本课题在当前研究领域具有一定的前瞻性和探索性，有利于促进体育课堂教学质量的提升和青少年学生体质的增强。

三、研究程序

1. 研究对象

研究对象是山东省威海市文登区葛家中学、乳山西苑学校、荣成蜊江中学、威海第七中学、文登三里河中学、文登实验中学、文登天福山中学7所学校各一个班级的2015年入学的初中在校学生。

2. 研究方法

文献资料法。通过中国知网检索，查阅学生运动参与水平领域的研究文献，了解该领域研究现状及研究趋势，为本研究的开展打下理论基础。

问卷调查法。使用华东师范大学体育与健康学院汪晓赞教授编制的《学生体育学习兴趣水平评价量表》，分别在研究前、研究后对所研究学生的运动参与维度进行问卷调查，以了解研究前后及实验班学生与对照班学生的运动参与水平情况。

案例研究法。根据调查分析的结果，聚焦教学问题，优化体育教学，研磨典型课例，提升学生的运动参与度，展示、交流，并总结、形成可资借鉴的策略，使之推广、应用到更广泛的实践教学中。

实验法。遵循随机分组的原则，在五四学制学校初一年级随机设置实验班和对照班各2个，实验班采用华东师范大学体育与健康学院汪晓赞教授提供的“KDL”优质体育与健康课程设计方案开展体育教学，对照班采用原有教学方案，经过为期一学年的实验，研究运动参与水平对学生体质健康水平的影响。

数理统计法。学生体质健康数据：采用《国家学生体质健康测试标准（2014）》中的六年级学生体质健康测试指标，对学生进行体质健康测试，包括：身高、体重、肺活量、50米、坐位体前屈、1分钟跳绳、1分钟仰卧起坐、50米×8往返跑。学生体质健康水平：采用《国家学生体质健康测试标准（2014）》中的六年级学生体质健康测试指标，对学生进行体质健康项目测试并换算，满分100分，各项目权重如下：身高体重指数BMI（15%）、肺活量（15%）、50米（20%）、坐位体前屈（20%）、1分钟跳绳（20%）、1分钟仰卧起坐（10%）。学生运动参与水平：采用华东师范大学汪晓赞教授制订的《学生体育学习兴趣水平评价量表》测试学生体育学习兴趣中运动参与维度所得数据。运用SPSS21.0软件对实验班和对照班在研究前、后测试数据进行统计分析。

四、研究发现

1. 实验前实验班与对照班学生体质健康测试成绩及运动参与水平T检验

独立样本T检验结果发现，实验前测数据实验班与对照班学生在肺活量项目上（T=3.70，P=0.00，P＜0.05）具有显著性差异，在其他项目上均没有差异（详见表1）。

前测数据T检验结果表明，实验班与对照班学生在测试项目上除肺活量项目外，均不存在显著性差异，处于同质水平，为本研究的后测数据对比奠定了有力的基础。

表1　实验前实验班与对照班学生体质健康测试成绩及运动参与水平T检验

项目	是否实验	N	均值	标准差	T值	P值
身高	实验	53	152.45	9.02	−1.01	0.31
	对照	50	154.14	7.71		

续表

项目	是否实验	N	均值	标准差	T值	P值
体重	实验	53	43.49	11.23	−2.57	0.12
	对照	50	50.28	15.11		
肺活量	实验	53	2644.96	646.30	3.70	0.00
	对照	50	2189.10	598.60		
50米	实验	53	9.74	1.32	1.38	0.17
	对照	50	9.40	1.19		
坐位体前屈	实验	53	6.79	4.48	0.53	0.59
	对照	50	6.35	3.81		
1分钟跳绳	实验	53	110.45	24.55	0.46	0.64
	对照	50	107.56	36.77		
仰卧起坐	实验	53	33.16	8.98	−0.91	0.36
	对照	50	34.82	9.34		
50米×8	实验	53	1.98	0.32	0.09	0.92
	对照	50	1.97	0.30		
运动参与	实验	53	29.32	4.09	−0.53	0.59
	对照	50	29.78	4.60		

2. 实验后实验班与对照班学生体质健康测试成绩及运动参与水平T检验

独立样本T检验结果发现，实验后测数据实验班与对照班学生在肺活量项目上（T=5.07，P=0.00，P＜0.05）、50米跑项目上（T=−2.00，P=0.04，P＜0.05）和运动参与调查数据上（T=2.76，P=0.00，P＜0.05）具有显著性差异，在其他项目上均没有差异（详见表2）。

后测数据的T检验结果表明，通过实验学生的运动参与水平有显著提升，并且部分体质健康测试项目成绩有显著提高。对各项目均值的比较可以发现，实验班在身高、坐位体前屈、仰卧起坐、50米×8项目上人均提高幅度均优于对照班，说明通过提升学生运动参与水平的实验干预，学生体质健康水平得到了提高。

表2 实验后实验班与对照班学生体质健康测试成绩及运动参与水平T检验

项目	是否实验	N	均值	标准差	T值	P值
身高	实验	53	157.01	7.82	−1.05	0.29
	对照	50	158.68	8.18		
体重	实验	53	44.11	11.32	−1.67	0.09
	对照	50	47.98	12.07		
肺活量	实验	53	2841.66	1270.56	5.07	0.00
	对照	50	2223.32	680.37		
50米	实验	53	8.84	0.98	−2.00	0.04
	对照	50	9.23	0.95		
坐位体前屈	实验	53	7.93	4.76	1.62	0.10
	对照	50	6.49	4.20		
1分钟跳绳	实验	53	122.26	32.51	0.32	0.74
	对照	50	120.20	31.96		
仰卧起坐	实验	53	34.58	10.83	−0.25	0.79
	对照	50	35.12	10.14		
50米×8	实验	53	1.89	0.28	−0.61	0.53
	对照	50	1.92	0.26		
运动参与	实验	53	30.15	5.08	2.76	0.00
	对照	50	28.98	3.26		

3. 实验班学生体质健康水平及运动参与水平前后测数据T检验

采用《国家学生体质健康测试标准（2014）》中的六年级学生体质健康测试指标，对学生体质健康项目进行测试并换算成学生体质健康水平，满分100分，各项目权重：身高体重指数BMI（15%）、肺活量（15%）、50米（20%）、坐位体前屈（20%）、1分钟跳绳（20%）、1分钟仰卧起坐（10%）。T检验结果发现，实验班学生体质健康水平后测数据与前测数据（$T=-2.62$，$P=0.01$，$P<0.05$）具有显著性差异，实验班学生运动参与水平后测数据与前测数据（$T=5.76$，$P=0.00$，$P<0.05$）具有显著性差异（详见表3）。

实验班学生体质健康水平与运动参与水平的后测数据与前测数据的T检验结果表明，通过实验，实验班学生的体质健康水平和运动参与兴趣水平均有显著提升，说明通过提升学生运动参与水平的实验干预，学生体质健康水平得到提高。

表3 实验班学生体质健康水平及运动参与水平前后测数据T检验

项目	前后测	N	均值	标准差	T值	P值
体质健康水平	前测	53	74.28	8.17	−2.62	0.01
	后测	53	78.26	7.45		
运动参与水平	前测	53	29.32	4.09	5.76	0.00
	后测	53	30.15	5.08		

4. 对照班学生体质健康水平及运动参与水平前后测数据T检验

T检验结果发现，对照班学生体质健康水平后测数据与前测数据（T=−2.42，P=0.01，P＜0.05）具有显著性差异，对照班学生的运动参与水平后测数据与前测数据（T=1.00，P=0.31，P＞0.05）没有差异（详见表4）。

对照班学生体质健康水平与运动参与水平的后测数据与前测数据的T检验结果表明，对照班学生在体质健康水平项目上存在显著性差异，运动参与水平项目不存在显著差异。说明，通过体育教学实践，对照班学生的体质健康水平得到了明显的提升，而运动参与水平提升不明显。

表4 对照班学生体质健康水平及运动参与水平前后测数据T检验

项目	前后测	N	均值	标准差	T值	P值
体质健康水平	前测	50	72.86	7.58	−2.42	0.01
	后测	50	76.50	7.40		
运动参与水平	前测	50	29.78	4.60	1.00	0.31
	后测	50	28.98	3.26		

5. 实验前后实验班与对照班学生体质健康水平与运动参与水平的相关分析

相关分析发现，实验前实验班学生与对照班学生的体质健康水平与运动参与水平变量总体趋势有一致性，均无显著性差异。实验后，实验班学生的体质健康水平与运动参与水平呈正相关（P=0.03，P＜0.05，Pearson=2.28），对照班学生的体质健康水平与运动参与水平（P=0.29，P＞0.05，Pearson=−0.15）变量总体趋势有一致性，但并不显著（详见表5）。

学生体质健康水平与运动参与水平的相关分析结果表明，通过实验研究，提升学生运动参与水平能有效促进学生体质健康水平的提高。

表5　实验前后实验班与对照班学生体质健康水平与运动参与水平相关分析

实验前后	是否实验	项目	N	均值	标准差	Pearson 相关性	P值
实验前	实验	体质健康水平	53	74.28	8.17	0.00	0.95
		运动参与水平		29.32	4.09		
	对照	体质健康水平	50	72.86	7.58	0.24	0.09
		运动参与水平		29.78	4.60		
实验后	实验	体质健康水平	53	78.26	7.45	2.28	0.03
		运动参与水平		30.15	5.08		
	对照	体质健康水平	50	76.50	3.26	−0.15	0.29
		运动参与水平		28.98	3.26		

五、分析和讨论

践行华东师范大学体育与健康学院汪晓赞教授倡导的KDL“know it，do it，love it”让学生知之、行之、乐之，即让学生学会体育运动的原理，懂得科学锻炼的方法，能积极主动地参与体育锻炼，提高运动技术水平，并能从中获得成就感，体验到运动的快乐，以促进学生养成体育锻炼习惯，长期坚持。优质体育教学理念对学生的体质健康水平和运动参与水平都起到了积极的作用。具体的践行理念突出“四化”：突出设计的游戏化。体育与健康课的设计、实施增加游戏、比赛等趣味化教学环节和手段；突出形式的多样化。体育教学环节中的练习形式富于变化和创新；突出练习的层次化。体育教学中关注学生差异，制订分层次学习目标，优化小组学练，并设计相应的练习内容和练习形式；突出评价的多元化。体育教学中实施多元评价，侧重激励性评价，鼓励学生积极参与练习。

提升学生运动参与水平能有效促进学生体质健康水平的提高。研究表明，学生运动参与水平的提升，对学生的身体形态、心肺功能的改善，速度、耐力、柔韧、灵敏等素质的提高都有明显的促进作用。

影响学生运动参与水平的因素主要包括：教学内容和教学方法层面的因素。教学内容是否新颖有趣，教学方法是否先进，都会影响学生学练参与的积极性。体育教学场地、器材层面的因素。场地器材设计是否足够宽敞、明亮、安全及其新旧程度、色彩亮丽程度、新颖程度等，在一定程度上会影响学生的运动参与度。学生自身性别层面的因素。研究发现，学生进入青春期以后，性别的差异会影响其运动参与水平。通常情况下，男生相对女生运动参与度偏高。教学主导者层面的因素。作为体育教学的主导者，教师对学生运动参与的积极性和主动性影响很大。在某种程度上，教师自身的示范讲解能力、组织协调能力、个人的魅力、亲和力、与学生平等和谐的师生关系等对学生的运动参与会产生重要的影响。体育学习中同伴层面的因素。体育教学中，不同程度地存在着羊群效应，同伴的运动参与积极与否会影响到学生个体的参与积极性。自身身体素质层面的因素。相对而言，身体素质较好的学生在体育教学中往往会表现得比较积极，优越感明显，而特殊体形（超重、瘦弱）、身体素质差的学生往往会有自卑感，参与比较消极。运动的愉悦程度或运动成就感。运动参与的动机或者说内驱力关键在兴趣，而深层次的兴趣产生于运动的成就感和愉悦程度，因此要让学生充分享受体育运动的乐趣，这对提升学生运动参与水平至关重要。其他层面的因素。运动参与还受其他层面因素的影响，大致有：学生体育锻炼意识层面的因素、体育学习环境层面的因素、体育学习气候层面的因素、学生个人不太成功的运动史层面的因素、家庭教育层面的因素、社会环境层面的因素、应试教育体制层面的因素等，这些在一定程度上或多或少地影响着学生的运动参与。

运动参与的影响因素更应关注学生运动的内心感受，即运动的愉悦程度、运动的成就感。

依据学生学习目标，巧妙改进和优化教学内容，更新教学方法，使之新颖有趣，教学组织严密高效，场地器材安全新颖，关注差异因材施教，亲近爱护赏识学生，可以有效激发学生的运动参与热情，从而促进学生体质健康水平的提升。

六、研究建议

（1）体育教学中，学生运动参与水平的提升，应结合学生课堂练习密度和运动负荷的调控，以有效提升学生体质健康水平。

（2）体育教学中，学生运动参与水平的提升，应关注学生的内心体验，通过体育运动让学生产生愉悦的内心体验是激发学生学练积极性的根本。

（3）在选择教学内容、采用教学方法、思考教学组织、设计场地器材、运动负荷调控、课堂观察评价等方面，应以能否促使学生在参与学练活动后产生愉悦的心理体验作为重要的参考依据。

主要成果9-1

技能教学中调动学生的学练积极性的策略

吕兵文　威海市文登区葛家中学

运动参与是体育与健康课程的四个学习方面之一，技能教学中，学生学练的积极性是运动参与的重要指标，学生运动参与水平的高低直接会影响到运动技术学习和身体锻炼的效果。《中国学校体育》草根争鸣论坛第87期针对技能教学中学生学练参与不积极的现象进行了剖析，并研讨对策，相互借鉴经验，取得了很好的研讨效果。

一、根据学生课堂中的学练表现，找寻消极行为特征

学生在技能学练中的表现可分为积极与消极两种，归纳其外在的显性行为表象，有助于我们判断和识别学生的练习积极与否。通常学生在体育课堂技能学练中的消极行为表现有以下几种：

（1）向后畏缩。学练过程中，学生逃避练习，游离在课堂之外。

（2）满不在乎。学生对练习漠不关心，不求进取，做好做坏无所谓，敷衍了事，出工不出力。

（3）调皮捣蛋。学练中，和同学说笑、搞小动作、故意打岔、爱出风头、做与练习无关的动作等。

（4）被动参与。少言寡语，性格内向。每次练习，都是在教师或小组长等的催促下做动作。小组合作时，不太合群。

（5）精力分散。学练中注意力不集中，往往不能严格执行练习要求，容易

出错或违反练习规则。

（6）怕苦怕累。遇到一些运动负荷较大的练习内容，如800米跑、连续蛙跳等，借口各种理由不参加练习。

学生体育技能学练中的几种消极表现，并无严格的界限和区别，反而存在相互交叉的关系。消极学练表现的特征可以归纳为：不认真、不守纪、不参与、不努力等。

分析技能教学中学生消极学练的特征，为判断学生练习表现，探究产生根源，找寻改进策略，优化体育教学设计奠定了基础。

二、探究产生积极学练热情外在影响因素，确定研究方向

技能教学中，学生产生积极学练热情的根源主要与学生心里的新鲜感、尝试欲望、挑战欲望、展示愿望等有关，是这些心理作用导致学生在体育技能学练中积极参与，乐此不疲。心理作用产生的条件是外在因素，那么，有哪些外在的因素影响着学生产生积极学练热情的呢?

通过分析我们可以发现，体育教学的四个要素——教师、教材、学生、场地器材都对学生学练积极热情的产生有着千丝万缕的关系。

（1）教师层面。亲其师，信其道。教师自身的魅力会直接影响着学生练习积极与否。教师精彩的动作示范，富有感染力的语言，高大、阳光的外在形象，平易近人的亲和力等，都会让学生去亲近，去跟随。

（2）教材层面。教学内容的新颖、刺激和富有挑战性，会吸引学生，让其跃跃欲试。通常男生喜欢球类项目，女生则喜欢跳皮筋、韵律操等，这些教学内容往往会让学生兴高采烈。而一个很多学生不喜欢的教学内容，如耐久跑、队列练习，如何使其变得新颖、刺激，就成为我们研究的课题。

（3）学生层面。一个优秀的团队会激励团队中每一位成员积极进取，乐观向上。班级中同学之间积极情绪的相互感染，会促使每位学生积极参与练习。学生中骨干的榜样引领，也能带动其他学生认真参与每项练习。

（4）场地器材层面。“在南为橘，在北为枳。”环境造就人。体育教学环境

与学生学练的积极性密切相关。在色彩艳丽、弹性良好的塑胶场地与尘土飞扬、杂草丛生的土操场进行体育运动的感觉是截然不同的。同样，学生人手一只篮球的课堂与全班只有四个篮球的活动效果也是天差地别。新颖别致、设计独特的场地器材都能很好地调动学生的学练热情。

除此之外，还有一个重要的因素——教法设计。同一位体育教师、同样的教学内容、同一个班级、同样的场地器材，如果教法不同，其效果也会出现差异。这也就凸显同课异构的重要作用，什么样的教法设计才是最好的？一定是适合学生的、吸引学生的、练习效果好的。如果不能吸引学生，调动不起学生练习积极性的，其他都是枉然。

通过上述的分析，我们也就明确了调动学生学练积极性可以考虑的、可以为之努力的方向。在其他都很难改变的前提下，或者我们在努力提高其他外在影响因素的基础上，教法的改进一定要被我们重视和研究。如何通过教学方法的改进和完善，激发学生的练习热情，就成为我们研究的主攻方向和突破口。

三、案例剖析，探寻技能教学中调动学生的学练积极性的有效策略

技能教学中调动学生学练积极性，关键是激发学生的学练兴趣，兴趣是学生学习的原动力。因此，围绕激发学生学练兴趣探寻教学策略就成为一条重要的途径。

1. 游戏教学，寓学于乐

北京体育特级教师王仲生老师在教学前滚翻时采用了“低头看天”“看谁坐得快”两个游戏，寓前滚翻学习于游戏玩乐之中，收到了意想不到的效果。

上海一位体育教师在教授投掷轻物的过程中，拉动架设在空中的坦克模型，教学生修正投掷出手角度和出手速度，学生在“打坦克”的游戏中，不知不觉掌握了投掷要领。

爱玩是学生的天性，结合学生的年龄特点，将枯燥的动作技术学习游戏化、趣味化处理，符合了学生的心理特征和认知水平，降低了学习难度，激发了学生的运动热情，学生学得开心，教学有效，技能掌握程度高。游戏化教学起到

了潜移默化、润物无声的效果。

将学练过程适当分解，寓于各环节一定的生活或童话情景，将练习要点以游戏规则予以诠释，就会将表面看似单调枯燥的练习升华为趣味的游戏，不失为一项独特的教学策略。

2. 运用比赛，激烈竞争

体育运动最重要的魅力就在其竞争性，勇于挑战，不服输是学生的本能。在技能教学过程中，适当运用比赛的形式，将为练习增添色彩。比如：让学生做一次50米跑的练习，学生可能兴趣索然，如果让学生比一比谁50米跑得快，学生跑的热情会一下被点燃，马上会奋勇直前，不甘人后地奔跑起来。再如："同学们请抓紧时间完成5次投篮练习"，就不如"同学们我们做5次投篮比赛，看谁又快又准"，练习得更积极、更投入。

将练习的要点进行提炼，以竞争的要素组织学生练习，以组与组、学生与学生的横向或者学生自己的纵向对比，凸显优胜或进步，促使学生挑战极限，超越他人，战胜自己，不断进步，就成就了比赛，从而进一步挖掘学生的运动潜力，促使其健康发展。

3. 榜样引领，促学促练

榜样的力量是无穷的。当学生崇拜科比时，篮球运动可能就是他的最爱；当学生是林丹的粉丝时，打羽毛球可能就是他最喜欢的运动。利用体育明星去吸引学生参加项目练习是一个不错的主意。抽出一点时间给学生讲解体育明星的事迹，让他们了解明星，亲近明星，向明星学习。而动作舒展、技术运用娴熟的同学是学生最直接和最现实的学习标兵，培养体育骨干学生使其成为学生的榜样。向身边的榜样看齐，可有效促进学生积极参与练习。

4. 信息化介入，拓展时空

信息技术高度发达的今天，体育课堂不能置身度外。运动技术动作往往需要一气呵成，关键细节一闪即逝，不利于学生直观地建立动作表象，利用信息技术向学生展示慢放动作、定格动作等，就会使复杂的技术动作、战术安排等洞如观火。利用信息技术展示的示范动作可以是最经典、最规范、最快捷的，可以给学生最美好的视觉冲击，吸引学生尝试练习。

根据学生的实际，结合学习目标，整理相关素材，制成图文声并茂的音像，或当堂录制学生的技术练习动作，利用平板电脑或大屏幕手机等适时给学生播放，实践证明，深受学生欢迎。

我们更可以借助信息技术手段，监测学生练习负荷，帮助学生纠正动作，激励学生挑战高难度技术练习等。

5. 富于变化，以新制胜

传统的绕跑道进行的耐久跑练习让很多学生感觉枯燥且累，比较厌烦。善于思考的教师就将其改变为各种图形跑、定向跑、追逐跑、依次领先跑、变速跑、团队合作跑、莱格尔跑等，同样是耐久跑，路线、方式、手段变化了，就带给了学生全新的体验和新奇的刺激，激发了学生耐久跑的活力。当然，发展学生的耐力素质，更可以通过改进、提高篮球行进间运球、足球比赛、跳绳、健美操等途径去实现，提高了技术又发展了体能，并且学生没有跑的枯燥感，一举多得。

变化就会有创新，常变常新，自然会驱动学生不断尝试，不断提高，并乐此不疲。从学生认知基础出发，创设学生喜欢的练习形式，给以新奇的刺激，唤醒其潜在的运动欲望，一定会激发其运动的兴趣，从而促使学生积极地投入练习，增强体质，习得技能，完善人格。

四、技能学习为培养兴趣之载体，培养兴趣能促进学生掌握运动技能

技能教学与兴趣培养哪个更重要，一直存在争论。有说前者重要，体育教学，重在传授运动技术，学生掌握运动技能后自然就会产生兴趣；有说后者重要，有了兴趣，学生就会主动学习运动技术，从而较快掌握运动技能。其实，两者是共生共成长的，技能教学为学生运动兴趣的培养提供了载体，而兴趣的培养促进了学生习得运动技能。

新奇的刺激和学生喜爱的运动形式，可以满足学生的心理需求，激发学生的运动兴趣，但这还不够，更深层次的兴趣应该是学生获得的成功的运动体验、运动享受。因此，在技能教学中，要让学生在新奇的刺激中，不断获得运动成

功感，享受到运动的快乐，当学生意识到通过锻炼，可以增强体质，提高技能，和同伴、对手和睦共处，其运动的兴趣和动力也会持续、长久、源源不断，并会不断挑战更高的运动强度和难度，会投入地重复千万次的技术动作，追求运动技术的精益求精，不在意运动的新奇，反而以苦累为乐，以单调为享受，以运动为荣。

探究调动学生学练积极性的策略，促使我们进一步优化体育教学，参透兴趣的本质，促使重新审视体育教学，更深层次地崇尚体育运动，以体育人，泽被千秋。

主要成果9-2

体育教学中学生运动参与水平的提升策略

吕兵文 威海市文登区葛家中学

运动参与是指学生参与体育学习和锻炼的态度及行为表现（《义务教育体育与健康课程标准2011年版》）。运动参与是课标中的四个学习方面之一，相对“运动技能”“身体健康”“心理健康与社会适应”三个方面而言，比较抽象，实践中缺少具体、可操作的目标，难以观测。在体育教学中学生运动参与的程度决定了其身体锻炼的效果，参与的积极与否、主动与否、深入程度如何等，都直接影响了体育教学的质量和效益，身顺心违，往往会导致学生不喜欢体育，甚至厌恶体育。

体育教学中，学生运动参与水平的高低受到多种因素的影响。目前，学生运动参与水平高低的判定也往往缺乏科学系统的理论依据和评价标准，而运动参与目标（积极参与、乐于参与）的达成，离不开有效的策略运用以及具体的可操作的评价。

一、全面分析，解剖“运动参与”影响因素，厘清关键

要提升学生的运动参与水平，首要的问题是要弄清楚运动参与的影响因素，以便针对性地研究提升策略。结合相关的文献资料以及论坛研讨的观点，大致有如下因素：

（1）教材的内容和教学方法因素：教材内容的新颖和教学方法的先进与否，会影响学生学练参与的积极性。

（2）场地、器材因素：充足、漂亮、安全的场地器材，无疑会激发学生运动参与的兴趣。

（3）性别因素：对于进入青春期以后的学生而言，性别的差异在一定程度上会影响其运动参与水平。

（4）教师因素：作为体育教学的主导者，教师的因素不可忽略，亲其师，信其道，在某种程度上，教师的教学素养、个人魅力、平等和谐的师生关系等对学生的运动参与会产生一定的影响。

（5）同伴影响因素：体育教学中，存在羊群效应，同伴的运动参与会影响到学生个体的参与积极性。

（6）自身身体素质的限制因素：相对而言，身体素质较好的学生在体育教学中往往会表现得比较积极，优越感明显。而特殊体形、身体素质差的学生可能会有自卑感，参与比较消极。

（7）运动的愉悦程度或运动成就感：运动参与的动机或者说内驱力关键在兴趣，而深层次的兴趣产生于运动的成就感和愉悦程度，因此要让学生充分享受体育运动的乐趣，这对提升学生运动参与水平至关重要。

此外，论坛研讨中还提到：学生体育锻炼意识的因素、学校环境的因素、气候的因素、学生个人不太成功的运动史因素，等等，也有观点指向更为广泛的家庭教育的因素、社会环境的因素、应试教育体制的因素等，这些在一定程度上都或多或少地影响着学生的运动参与。

了解体育教学中影响学生运动参与水平的因素，促使我们全面、深层次地剖析相关因子，并聚焦其关键点，从而有的放矢地优化教学，以有效提升学生的运动参与水平。

进一步研究，我们不难发现，学生运动参与水平的关键点是学生的兴趣，只要激发起学生的学练兴趣，其参与积极性必然高涨，而激发兴趣的重点在于“运动的愉悦程度或运动成就感”，厘清了上述认识，对于我们研究学生运动参与水平的提升，无疑起到了纲举目张的作用。

二、直面实践，探索“运动参与”评价标准，指向实操

运动参与，指向学生的运动态度及表现。如果没有一个相应的可操作、可观测、可评价的指标，必然会导致学生运动参与学习目标的茫然甚至缺失。

那么，体育教学中判定学生运动参与水平是否提高应依据哪些具体评价标准？如何进行有效的评价？该问题的抛出，引起了论坛参与者的热议。

关于运动参与的目标，《义务教育体育与健康课程标准2011年版》中只有两句话：“参与体育学习和锻炼；体验运动乐趣与成功。”我们可以简单归纳为两个关键词——“积极”“乐于”。那么，学生的运动参与态度和行为表现，哪些指向“积极参与”？哪些指向“乐于参与”？剖析这些关键点，毫无疑问我们就可以明确运动参与的评价指标。

该话题的研讨，众说纷纭，但最终凸显了一个比较统一的观点，评价学生运动参与情况的可观测、可评价的指标是——汗水、笑容。如山东毕建强老师发言：“如何判定学生是否参与到这节课中，很简单，上课过程中看看学生的脸上是否带着笑容，如果面带笑容说明学生参与其中。下课时看看学生的脸上是否带着汗水，带着汗水说明课的练习密度强度适中，学生参与其中。”汗水体现了体育教学的一个比较显著的学科特征——身体练习、运动负荷强度，也体现了学生运动参与的程度；笑容是一个比较明显的心情愉悦的外在表现，可以以此评价学生运动参与的乐趣和成就感。

“汗水”“笑容”也比较贴切地对应了“积极”“乐于”，因而成为我们评价学生运动参与的有效指标。

但谈及具体的标准，我们可以将其指向“笑容灿烂的程度”“汗水湿透衣物的程度”，有的观点也指出进一步的标准。比如：参考“微笑的黄金法则”——露出八颗牙齿，思考、划分笑容的几个层次，以期对应“积极”目标的具体标准；用面额微汗、汗透衣服至背部、汗透衣服至腰部等将汗水划分几个层次，以对应“乐于”的具体标准。对于此观点，我们要思考其教学实践中应用的必要性和可行性，笔者认为该标准还有待商榷。

还有一些观点也比较具有可操作性。比如：“看学生体育意识，如集合速度、

迟到人数；看学生课堂注意力，如是否专心听讲、执行教师指令的速度；看学生课堂投入程度，如有无主动请教、有无相互讨论；看学生组织纪律，如是否能遵守课堂常规；看学生意志品质，如有无克服困难坚持到底的意识。”

此话题的研讨，促使参与者较深入地理解运动参与的外在的显性特征，对课标也有了较为深刻的解读，对课堂教学中学生的参与态度和行为表现有了新的认识和关注点。

对此，本期论坛特邀嘉宾、中国教育科学研究院于素梅研究员发表了她的观点：“学生的运动参与水平是否提高了，一看参与过程中学生发生的变化；二是看参与后的结果。”“可以通过‘问’‘看’‘比’‘测’等方式评价学生运动参与水平的高低。”“学生流露出喜悦的心情，开心快乐地在参与运动；注意力集中；运动技能掌握程度高等”都是参与水平高的表现。

于素梅老师的观点，对该问题的探讨恰如其分地起到了引领、指导和总结的作用，澄清了认识，生发了参与者的教学灵感。

三、共享案例，凝练“运动参与”提升策略，优化教学

研究“运动参与”的目的，指向提升学生运动参与水平，优化体育教学。在“为提升学生运动参与水平，您在教学中采取了哪些有效的改进方法和手段”的研讨中，参与者分享了很多优质的教学案例，并提出了相应的教学智慧和策略，开阔了参与者的教学思路，具有很好的启迪和借鉴意义。归纳起来有以下几点：

1. 改进教学内容

依据学生学习目标，巧妙改进和优化教学内容，将有效激发学生的运动参与热情。对于耐久跑教学，很多学生不喜欢，很多教师尝试用图形跑、合作跑、追逐跑、定向跑等，大大调动了学生学练的积极性，有效增强了学生的心肺功能，锻炼了意志品质。

2. 丰富教学方法

从教师讲解、示范到学生模仿练习，再到分解练习、完整练习，最后进行

纠错与展示，如此程式化的教学模式比较呆板、枯燥，易引起学生的厌倦。很多教师采用诱导练习、步步深入，并引导学生探究、合作、竞赛，让学生在新颖、刺激、趣味中玩、学、乐，教学灵动、高效，学生参与度高。

3. 严密教学组织

学生运动参与水平的高低与课堂教学组织息息相关，很难想象，一节松松垮垮的体育课上，学生的运动参与水平能很高。因此，课堂教学常规应常抓不懈，既是对学生良好行为习惯的培养，也是提高课堂教学效率，有效杜绝伤害事故的保证。

4. 创新场地器材

设施齐全、器材漂亮、摆放新颖、安全的场地器材，会让学生眼前一亮，并产生跃跃欲试的参与感，很大程度上会调动学生学练的积极性。创新的场地器材不仅可以吸引学生，提升参与水平，更可以有效地解决教学重点、突破难点。比如：将实心球系上一条彩带，抛出一条优美的弧线，既吸引学生眼球，激发练习兴趣，又会让学生直观地感受到出手速度与出手角度的技术概念。用悬挂的呼啦圈替代篮圈引导学生练习篮球投篮，既增加了学生的练习密度，又降低了学生的练习难度，让学生在练习中乐此不疲。再如：垒球投掷教学，限于场地、安全等层面的考虑，一些教师尝试用纸球、毽球等替代垒球练习，学生趣味高，练习效果好。

5. 关注学生差异

学生的个体差异客观存在，关注每一位学生的发展是我们教师的职责。因此，一刀切的教学方法必然会使一部分学生体验不到体育的成就感，我们有必要根据学生的实际水平，设计不同层次的学练方法，更要确立“跳一跳，够得着”分层次的目标，让每一位学生都学有所获，激励他们在原有基础上都有所提高，使他们收获体育锻炼的成功感，享受到体育的乐趣。

6. 亲近赏识学生

师生间和谐平等的关系，有助于营造一个愉悦、灵动的课堂教学氛围，激发学生积极主动快乐地参与学练，因此，教师应主动从关注教材的教转移到关注学生的学，只有学生学得透、学得快乐才是好的教学，要让学生喜欢教师，喜欢跟着教师参与体育运动，直至喜欢体育课，喜欢体育活动。教师应站在学生的角度引导学生学练，并关注他们的进步，鼓励和帮助他们。

总之，提升学生的运动参与水平，我们还应清醒地意识到，一定要关注学生愉悦的“体育运动”的内心体验。在选择教学内容、采用教学方法、思考教学组织、设计场地器材、运动负荷调控、课堂观察评价等方面，应以能否促使学生在参与学练活动后产生愉悦的心理体验作为重要的参考依据。

（本文是威海市“十三五”规划课题“体育教学中提升学生运动参与水平的行动研究WHJYMJ001”的研究成果）

主要成果9-3

荣成市蜊江中学学生体育课参与度的调研报告

刘艳妮　荣成市蜊江中学

摘要： 本文审视了荣成市蜊江中学学生体育课参与情况，通过调查问卷深入了解学生对体育课的参与情况，并对学生参与度的各项数据进行分析，查找原因，为提高体育课的时效性提供科学的依据。

关键词： 中学　体育课　参与度　分析

1　问题的提出

党中央、国务院历来高度重视青少年的健康成长，十八届三中全会《中共中央关于全面深化改革若干重大问题的决定》作出“强化体育课和课外锻炼，促进青少年身心健康、体魄强健”的战略部署。广大青少年身心健康、体魄强健、意志坚强、充满活力，是一个民族生命力旺盛的体现，是社会文明进步的标志，是国家综合实力的重要方面。强化学校体育是实施素质教育、促进学生全面发展的重要途径，对于促进教育现代化、建设健康中国和人力资源强国，实现中华民族伟大复兴的中国梦具有重要意义。体育课是提高学生健康素质的主阵地，对青少年思想品德、智力发育、审美素养和健康生活方式的形成具有不可替代的作用。为了增强中学生积极参加体育课加强体育锻炼的意识，威海市把体育中考分数提高到60分，由此可见教育主管部门对于学生们的身体健康状况尤为关注，而作为体育教师的我们能否认真上好每一节体育课，学生们是否喜欢参与我们设置的体育课是时下体育教师应该注意的问题，所以提出本课题，希望通过研究了解本校学生体育课的参与情况，进而改进我们的教学行为，提高学生的参与度，促进学生身心健康，体魄强健。

2 研究方法

2.1 文献法

查阅与本课题有关的文献资料。如：《课程论与教学论》《解读中国教育》《学校教育研究方法》《叩问课堂》等，各类文献为本研究提供大量的信息，为本研究的顺利进行提供了条件，奠定了坚实的理论基础。

2.2 问卷调查法

问卷内容与发放、回收情况：

《关于中学生体育锻炼参与度的调查问卷》（见附件），主要针对学生对体育课堂的兴趣、小组合作学习情况、体育锻炼时的自控力情况、健康意识情况进行调查。

本次调查共向学生发放调查问卷1150份，回收率100%，其中无效问卷14份，有效问卷1136份，有效率98.8%。

2.3 数据统计法

运用SPSS统计软件对相关数据进行描述性统计，旨在了解通过将调查问卷的数据进行统计分析，通过数据来说明我校学生参与体育课的情况，并针对具体问题采取有效措施提高学生参与体育课的兴趣。

2.4 专家咨询法

借助上海华东师范大学和威海市教育名家（初中体育）工作室专家团队，进行课题研究指导，完成问卷调查与数据分析，以使问卷具有较高的信度与效度，从而确保调查结果的准确性，确保课题的顺利进行。

3 调查结果与分析

3.1 学生参与体育课的情况

表1 学生积极应对体育课统计数据

选项	年级	初一	初二	初三	初一	初二	初三	初一	初二	初三	初一	初二	初三
	题号	**4**	**4**	**4**	**12**	**12**	**12**	**22**	**22**	**22**	**24**	**24**	**24**
A	男（%）	70.81	85.83	87.26	63.16	90.16	89.19	56.94	87.01	92.66	81.34	85.43	94.21
	女（%）	34.93	38.19	42.47	29.19	44.49	43.63	29.67	40.16	46.33	43.06	39.76	47.88
	平均（%）	**52.87**	**62.01**	**64.87**	**46.18**	**67.33**	**66.41**	**43.37**	**63.59**	**69.50**	**62.20**	**62.60**	**71.05**
B	男（%）	6.70	3.15	3.86	13.40	1.97	3.47	19.14	4.72	0.00	6.70	4.33	0.00
	女（%）	2.87	2.76	3.47	6.70	0.39	5.02	11.00	1.97	1.93	3.83	2.36	2.32
	平均（%）	**4.79**	**2.96**	**3.67**	**10.05**	**1.18**	**4.25**	**15.07**	**3.35**	**0.97**	**5.27**	**3.35**	**1.16**
C	男（%）	10.53	4.33	3.47	13.88	4.33	0.39	11.48	5.51	3.47	5.26	3.15	0.39
	女（%）	2.87	2.36	2.70	7.18	2.76	0.39	3.83	3.15	1.93	1.91	1.18	0.00
	平均（%）	**6.70**	**3.35**	**3.09**	**10.53**	**3.55**	**0.39**	**7.66**	**4.33**	**2.70**	**3.59**	**2.17**	**0.20**
D	男（%）	4.78	1.18	1.16	4.78	1.18	1.54	4.31	0.79	1.16	3.35	3.54	0.00
	女（%）	1.91	0.79	0.77	2.39	0.39	0.77	2.87	0.39	0.00	1.44	0.79	0.00
	平均（%）	**3.35**	**0.99**	**0.97**	**3.59**	**0.79**	**1.16**	**3.59**	**0.59**	**0.58**	**2.40**	**2.17**	**0.00**
E	男（%）	7.18	5.51	0.77	4.78	2.36	0.39	8.13	1.97	0.77	3.35	3.54	3.09
	女（%）	2.39	1.97	0.00	0.96	1.57	0.39	4.31	0.79	0.00	1.44	0.00	0.77
	平均（%）	**4.79**	**3.74**	**0.39**	**2.87**	**1.97**	**0.39**	**6.22**	**1.18**	**0.39**	**2.40**	**1.77**	**1.93**
4	在体育课堂上，针对教师提出的问题，我会积极进行思考并积极回答教师的问题												
12	针对体育学习中教师的安排，在练习实践中出现问题时，我会积极地向老师提问或者是寻求小伙伴的帮助												
22	在课上或课下，我会和伙伴或是教师探讨教师教学的内容，针对不懂的问题，会向教师或者是伙伴请教，以更好地掌握技能和提高自己能力												
24	对于每次的体育课，我都会积极地参与到体育运动中去												

通过调查，超过81.34%的学生能够积极参与到体育运动中来，其中初三年级参与度最高达到了94.21%。超七成的学生表示会积极思考教师课堂提出的问题，并回答问题。半数以上的学生表示针对教师的教学内容能够积极与小伙伴进行沟通并向老师请教，以更好地掌握技能和提高自己的能力。

3.1.1 学生积极应对体育课的情况

从表1可以明显看出，3个年级中超过半数的学生能够积极进行思考并回答教师的问题。针对体育课中教师的安排或者实践中出现的问题能够积极与同组小伙伴进行交流请教，以更好地掌握技能，提高能力。可见，绝大多数学生都能够以积极乐观的态度来面对体育课进行锻炼。体育锻炼既锻炼了身体，又可以从中获取快乐，那何乐而不为？但是，我们还可以从表中看出，初一年级学生的兴趣相比初二、三年级学生的兴趣还有待进一步提高，分析原因可能是因为初一年级刚刚从小学进入中学对于体育的内容及体育教师的教学风格还不能完全接受，致使测评成绩不如高年级。同时因为随着年龄的增长，课业压力的加大，使学生更加想参与到体育课堂当中来放松自己的身心，以获得更好的学习动力。

3.1.2 学生消极应对体育课的情况

表2 学生消极应对体育课统计数据

选项	年级	初一	初二	初三	初一	初二	初三	初一	初二	初三
	题号	1	1	1	3	3	3	18	18	18
A	男（%）	0.48	2.76	11.20	4.31	3.62	8.19	7.18	4.33	1.62
	女（%）	0.48	1.18	5.41	1.44	2.24	4.90	2.87	1.97	1.36
	平均（%）	**0.48**	**1.97**	**8.31**	**2.88**	**2.93**	**6.55**	**5.03**	**3.15**	**1.49**
B	男（%）	1.91	2.76	1.16	1.44	1.18	0.39	8.61	6.30	0.00
	女（%）	0.00	0.79	0.00	0.00	0.39	0.39	2.87	3.15	0.77
	平均（%）	**0.96**	**1.78**	**0.58**	**0.72**	**0.79**	**0.39**	**5.74**	**4.73**	**0.39**
C	男（%）	7.18	1.97	4.63	9.09	3.54	4.25	16.75	4.33	3.47
	女（%）	2.87	0.79	2.32	4.78	1.97	2.70	10.53	1.57	1.54
	平均（%）	**5.03**	**1.38**	**3.48**	**6.94**	**2.76**	**3.48**	**13.64**	**2.95**	**2.51**
D	男（%）	17.22	1.57	3.47	5.74	3.54	5.79	15.31	2.36	5.02
	女（%）	4.78	1.18	1.54	2.39	1.97	1.93	9.57	1.18	1.93
	平均（%）	**11.00**	**1.38**	**2.51**	**4.07**	**2.76**	**3.86**	**12.44**	**1.77**	**3.48**
E	男（%）	73.21	90.94	79.54	79.43	88.11	81.00	52.15	82.68	89.11
	女（%）	38.76	43.31	39.00	40.19	32.68	31.66	26.32	37.40	32.43
	平均（%）	**55.9**	**67.13**	**59.27**	**59.81**	**60.40**	**56.33**	**39.24**	**60.04**	**60.77**

续表

选项	年级	初一	初二	初三	初一	初二	初三	初一	初二	初三
	题号	1	1	1	3	3	3	18	18	18
1	如果在课前知道本次体育课不上了，我在内心里会觉得非常的开心、心里会感觉非常的轻松									
3	由于各种原因导致自己的心情不好时，我会放弃包括体育课在内的任何活动									
18	没有教师的要求，我是不会主动提高自己体能的									

上表表明，学生们对于体育课的热爱程度还是比较高的，70%以上学生不愿意体育课被挤占。80%以上的学生不会被自己的消极情绪影响体育课质量。在对体能的要求上高年级的学生相比低年级的学生更加注重提高自己的体能。但随着年龄的增长及课业压力增大，不愿意参加体育课锻炼的学生数，以及受心情影响而不参加体育活动的学生数在逐年递增，特别是女生递增明显。

通过调研，我们要注重培养学生参与体育的热情，特别是女生随着年龄的增长及生理期的成熟她们会越来越容易被情绪干扰，我们也要考虑学生的思想教育。

3.2 学生在体育课堂中的小组合作学习情况

通过统计汇总，我们可以清楚地看到学生对于同学之间的相互帮助以及小组合作是非常认同的。他们能够在自己小组同学有困难时给予帮助，能够尊重大家提出的建议和意见，表现出团结合作互帮互助的优良作风。但我们通过初一至初三年级学生的对比也能够从中看出问题，学生的合作意识在初一年级是最低的，这说明初一学生的合作意识还有待在体育课的学练中进一步提高。

需要引起注意的是，上图中女生的小组合作及相互帮助的意识要比男学生高，特别是E选项观察，随着年龄的增加他们已经完全依赖团队合作来达到最佳效果。

表3 学生小组合作学习统计数据

选项	年级	初一	初二	初三	初一	初二	初三	初一	初二	初三	初一	初二	初三	初一	初二	初三
	题号	9	9	9	14	14	14	17	17	17	19	19	19	23	23	23
A	男（%）	69.38	89.37	95.75	67.46	87.80	94.98	69.86	89.76	94.21	70.81	87.80	92.66	76.08	90.16	94.59
	女（%）	36.84	43.31	47.49	36.84	43.70	48.26	36.84	41.34	47.49	35.41	41.34	46.72	36.84	41.73	48.26
	平均（%）	**53.11**	**66.34**	**71.62**	**52.15**	**65.75**	**71.62**	**53.35**	**65.55**	**70.85**	**53.11**	**64.57**	**69.69**	**56.46**	**65.95**	**71.42**

续表

选项	年级	初一	初二	初三	初一	初二	初三	初一	初二	初三	初一	初二	初三	初一	初二	初三
	题号	9	9	9	14	14	14	17	17	17	19	19	19	23	23	23
B	男（%）	18.18	6.69	1.16	17.70	5.91	2.32	18.66	3.15	1.54	14.83	5.91	1.93	6.22	5.91	1.54
	女（%）	7.66	2.36	1.93	9.09	3.54	2.32	8.61	1.18	2.70	8.61	1.97	3.47	3.35	3.54	1.54
	平均（%）	**12.92**	**4.53**	**1.55**	**13.40**	**4.73**	**2.32**	**13.64**	**2.17**	**2.12**	**11.72**	**3.94**	**2.7**	**4.79**	**4.73**	**1.54**
C	男（%）	8.61	2.76	0.39	9.57	2.36	0.39	9.53	3.94	0.00	11.00	4.72	0.39	10.05	3.54	1.16
	女（%）	4.78	1.18	0.39	4.78	1.18	0.00	4.78	1.57	0.00	5.26	1.18	0.00	4.31	0.79	0.39
	平均（%）	**7.18**	**2.76**	**0.00**	**8.13**	**2.95**	**0.20**	**7.18**	**2.17**	**0.00**	**8.13**	**2.95**	**0.20**	**7.18**	**2.17**	**0.78**
D	男（%）	0.48	1.18	0.00	1.91	3.15	0.00	0.48	1.97	0.39	2.87	0.79	0.77	2.87	0.00	0.00
	女（%）	0.48	0.39	0.00	0.96	0.39	0.00	0.00	0.00	0.00	0.96	0.79	0.00	1.44	0.00	0.00
	平均（%）	**0.48**	**0.79**	**0.00**	**1.44**	**1.77**	**0.00**	**0.24**	**0.99**	**0.20**	**1.89**	**0.79**	**0.39**	**2.16**	**0.00**	**0.00**
E	男（%）	3.35	0.00	0.77	3.35	0.79	0.00	1.44	1.18	1.16	0.48	0.79	0.77	4.78	0.39	1.16
	女（%）	1.44	0.00	0.00	0.48	0.00	0.00	0.96	0.00	0.00	0.48	0.00	0.00	2.87	0.00	0.00
	平均（%）	**2.40**	**0.00**	**0.39**	**2.48**	**0.40**	**0.00**	**1.20**	**0.59**	**0.58**	**0.48**	**0.40**	**0.39**	**3.83**	**0.20**	**0.58**
9	在体育学习的过程中，对于练习的技术和战术选用时，我会听取小组内部或者是教师的意见，以获得最佳的效果															
14	在每次的小组练习中，针对小组中学习暂时有困难的伙伴，我会尽自己最大的努力去帮助伙伴															
17	在每次小组内部或者是自己练习过程中，针对小组成员的不同需求和要求，我能够尊重大家提出的建议和采取的策略															
19	我认为教师的分组学习和集体活动能够提高学生的合作意识和合作精神，有助于同学之间互帮互助精神的形成															
23	在与小组成员合作的过程中，针对练习或比赛出现不同意见，我会和小组成员积极地沟通，并听取大家的意见，然后努力找到解决问题的方式															

3.3 学生体育锻炼时的自控力情况

由表4我们可以看出在体育课堂中有63.87%%以上的学生能够按照教师的要求进行体育练习，自觉遵守体育课堂纪律，为小伙伴创造良好的学习环境，尤其是随着年龄的增长自律性呈增长趋势。而且他们不会擅自迟到或者离开，同样随着年龄的增长对于自我的约束能力也越来越强。从表中13题我们可以看出高年级的学生为了能够取得更好的体育成绩会为自己制订阶段性和长远计划，这点高年级达到了63.5%以上，远超初一学生的水平，分析原因是因为初一学生还没有养成制订计划的习惯，他们对于体育的热情往往只是停留在简单的玩耍阶段。

在教室进行技术教学或者是战术讲解时学生的接受程度也存在明显差异，依然是从低年级到高年级呈递增趋势。由此可以看出年龄因素对于学生的思想、运动思维有很大影响。特别是对下表中E选项的观察中可以看出，虽然人数很少但是随年龄增长却呈下降趋势。

表4　学生自控力统计数据

选项	年级	初一	初二	初三	初一	初二	初三	初一	初二	初三	初一	初二	初三	初一	初二	初三
	题号	6	6	6	10	10	10	13	13	13	15	15	15	27	27	27
A	男（%）	76.08	87.40	94.21	87.56	92.52	96.91	60.29	87.40	85.71	73.68	87.40	93.82	72.73	85.83	96.14
	女（%）	35.89	41.34	48.26	44.02	44.09	48.65	31.10	38.58	42.08	37.32	42.13	47.10	35.89	40.94	48.26
	平均（%）	**55.99**	**64.37**	**71.24**	**65.79**	**65.79**	**68.31**	**45.70**	**62.99**	**63.90**	**55.50**	**64.77**	**70.46**	**54.31**	**63.39**	**72.20**
B	男（%）	11.96	6.69	3.09	4.31	3.15	1.93	15.31	3.15	3.86	12.92	3.54	1.54	11.48	7.48	0.77
	女（%）	6.22	2.76	1.93	2.39	1.18	1.16	8.61	1.18	4.63	6.70	0.79	3.09	6.70	3.94	0.77
	平均（%）	**9.08**	**4.73**	**2.51**	**3.35**	**2.17**	**1.55**	**11.96**	**2.17**	**4.25**	**9.81**	**2.79**	**2.32**	**9.09**	**5.71**	**0.77**
C	男（%）	8.13	4.72	0.77	5.26	2.76	0.00	11.48	3.94	5.02	10.05	4.72	0.77	7.18	3.54	0.00
	女（%）	2.39	2.36	0.39	2.87	1.57	0.00	7.18	2.36	1.93	5.26	3.15	0.00	3.83	1.57	0.00
	平均（%）	**5.26**	**3.54**	**0.58**	**4.07**	**2.17**	**0.00**	**9.33**	**3.15**	**3.48**	**7.65**	**3.94**	**0.39**	**5.51**	**2.56**	**0.00**
D	男（%）	1.44	0.39	0.00	1.91	0.39	10.00	5.26	3.54	0.39	1.44	2.76	0.39	4.31	1.97	2.32
	女（%）	0.96	0.39	0.00	0.96	0.00	0.00	1.91	2.36	0.39	0.48	0.00	0.00	0.96	1.18	0.77
	平均（%）	**1.20**	**0.39**	**0.00**	**1.44**	**0.20**	**0.00**	**3.59**	**2.95**	**0.39**	**0.96**	**1.38**	**0.20**	**2.64**	**1.58**	**1.55**
E	男（%）	2.39	0.79	0.00	0.96	1.18	0.00	7.66	1.97	0.39	1.91	1.57	0.39	4.31	1.18	0.00
	女（%）	0.48	0.39	0.00	0.00	0.00	0.00	2.39	0.79	0.00	0.48	0.00	0.00	1.91	0.39	0.00
	平均（%）	**1.44**	**0.59**	**0.00**	**0.48**	**0.59**	**0.00**	**5.03**	**1.38**	**0.20**	**1.20**	**0.79**	**0.20**	**3.11**	**0.79**	**0.00**
6	在体育课堂上，我能按照教师的要求进行体育学习，自觉遵守课堂纪律，为伙伴创造良好的学习环境															
10	没有特殊原因在体育课堂上我不会迟到或者是擅自离开课堂回到教室或者是其他的地方															
13	为了能够取得更好的体育学习成绩，我会为自己制订阶段性和长远计划，并按照计划去执行															
15	在教师进行技术教学或者是战术讲解时，我会认真地听并认真接受教师的安排与指导															
27	每当自己在生活和学习中，自己的心情受外界影响或者自己的学习感受到很大压力时我会通过积极参加体育活动来解决															

3.4 学生健康意识方面的情况

经过学校和社会的反复教育和宣传，现在中学生能够积极参与体育锻炼，认识清晰明确，下表充分说明这一点。

表5 学生健康意识统计数据

选项	年级	初一	初二	初三	初一	初二	初三	初一	初二	初三
	题号	7	7	7	16	16	16	28	28	28
A	男（%）	63.64	84.25	92.28	74.16	89.76	93.82	82.30	83.10	94.21
	女（%）	32.54	40.55	45.95	37.32	41.34	48.26	42.58	38.19	47.10
	平均（%）	**48.09**	**62.40**	**69.12**	**55.74**	**65.55**	**71.04**	**62.44**	**60.65**	**70.66**
B	男（%）	18.66	2.66	1.54	9.57	2.76	2.32	6.22	5.51	1.54
	女（%）	12.44	3.94	1.93	4.31	0.79	1.54	2.87	1.57	1.54
	平均（%）	**15.55**	**6.3**	**1.74**	**6.94**	**1.78**	**1.93**	**455**	**3.54**	**1.54**
C	男（%）	10.05	5.12	3.09	7.18	3.94	1.16	4.78	5.51	1.16
	女（%）	3.83	1.97	1.16	4.31	1.18	0.00	1.44	2.36	0.00
	平均（%）	**6.94**	**3.55**	**2.13**	**5.75**	**2.56**	**0.58**	**3.11**	**3.94**	**0.58**
D	男（%）	0.96	0.39	0.77	2.39	2.36	0.00	3.83	3.94	0.00
	女（%）	0.48	0.39	0.39	0.96	0.39	0.00	0.96	3.15	0.00
	平均（%）	**0.72**	**0.39**	**0.58**	**1.68**	**1.38**	**0.00**	**2.40**	**3.55**	**0.00**
E	男（%）	6.70	1.57	0.39	6.70	1.18	1.16	2.87	1.94	1.54
	女（%）	3.35	0.39	0.39	1.91	0.00	0.00	1.44	0.85	0.77
	平均（%）	**5.03**	**0.98**	**0.39**	**4.31**	**0.59**	**0.58**	**2.16**	**1.40**	**1.16**
7	在日常生活中，我会主动通过锻炼来提高自己的健康水平									
16	无论是在体育学习中，还是课后的文化课学习中，我会注重自己的身心健康状况									
28	刚进食后，我不会马上参加体育运动；运动后，我会非常注重自己的饮食									

在日常的生活及学习当中学生能够主动地通过锻炼来提高自己的健康水平，从上表中的7题我们可以看出，初一63.64%男生到初三92.28%男生主动参与运动，女生32.54%到45.95%愿意主动参与运动，充分说明学生对于体育课的重要意义越来越认可，对于自己的身心健康都非常关注，这表明我们体育课的重要程度越来越被学生及家长认可，也为我们今后更好地开展体育工作提供了动力。

上表16题可以看出，随着学生年龄的增长，无论是在体育课学习中，还是课后的文化课学习中，他们会注重自己的身心健康状况，从初一男女均值55.74%到初三的71.04%，呈逐年增加的趋势，男生比女生更加懂得进食后不能马上参加体育运动，运动后非常注重自己的饮食。

通过对上表的观察：中学生参加体育锻炼的目的较为端正，对自身健康成长的关注越来越高，这说明，中学生参与体育锻炼的基本出发点是好的。

但我们从表中也可以看出一个问题，就是以上所有的体育抽象调查当中，初一学生的参与度不如初二、初三年级，这与我们的想法是相悖的。我们往往以为随着学生年龄的增长学生会变得“懒惰”，他们会因为叛逆期的到来而讨厌体育课，但结果却恰恰相反，高年级的学生都能够认真、积极参加体育课程，以增强身体素质，用顽强的意志品质来要求自己。

4 结论与分析

本次对蜊江中学学生参与体育课情况进行的调查显示出，学生参加体育锻炼，有以下几个显著特点：

大多数中学生喜欢体育锻炼，中学生是渴望参加体育活动的。只要有合适的时间，他们就会积极主动地参加体育锻炼。特别是男生随着年龄的增长他们参与体育活动的积极性明显高于女生。

中学生参加体育锻炼的目的较为端正，对体育锻炼的认识非常到位。增强自身体质，利于生长发育是他们的出发点。这对学校和社会进一步引导中学生参加更多的体育锻炼奠定了思想基础。

绝大多数学生认为通过体育课及体育活动能够磨炼自己的意志品质，能够拥有一颗积极向上、不怕困难的心态，乐观地面对学习当中遇到的问题，并积极与老师、同学沟通来解决问题。

对于大多数学生来说能够严格按照老师上课的安排进行体育锻炼，给自己制定锻炼目标，培养自我约束、管理的能力。

学生都希望通过体育锻炼来改变或者加强身体素质，以便更好地投入到学习和生活中来。

以上就是本次调查的全部分析和结果，希望对中学生体育课堂的参与情况有一定的认识和了解，为下一步引导学生更加积极地参加体育锻炼提供理论依据。

主要成果9-4

例析体育小组有效合作学习的前置准备策略

尹耀　乳山市西苑学校

在体育教学中要进行有效的小组合作学习，必须对其本质特征有充分的认识和把握。“合作是为了共同的目的一起工作或共同完成某项任务。”真正意义上的小组合作学习，在本质上一定是目标明确、分工清晰、相互依赖的；否则，不能称其为合作学习。这是运用时最基本的方向性问题。

合作学习的前置准备策略就是依据其本质特征，对合作学习中可能出现的生成性问题进行最大限度的预计，并进行策略上的应对准备。具体策略有，合作学习前的建组与角色分工、合作学习过程的引导、合作学习的程序掌控等多方要素。如果合作学习的前置准备策略不当，就会出现小组成员意见分歧、课堂教学秩序混乱现象，严重影响教学效果。

本文试图针对常态课堂中某些未必均具有典型性的合作学习教学案例入手，从多个不同的视角进行分析和思考，并给出适当的建议，以彰显合作学习前置准备策略的重要性。

一、科学建组、合理分工做基础

体育教学分组形式多样，依据各有不同，无论何种形式，有效的合作学习必须建立在科学的建组基础之上；同时，依据“质性”（优与劣）差异合理分工，明确职责，让参与者知道他们之间是平等的，是一种互为依赖的关系，只有这样，才能使得小组成员各司其职、各负其责。这是后续有效实施合作学习的前提。

案例1：水平二前滚翻教学片段

1. 学生4人1组，垫上团身前后滚动练习，体会前滚翻团身紧的重要性。要求：1人练习，2人保帮，1人观察；其中，确定1名组长，每次结束，组织交流、评价动作的完成情况。

2. 学生4人1组共同合作在斜坡上做滚翻的完整练习。要求：同上。

3. 学生2人1组在保帮下的规范动作练习。要求：保帮同时要观察、评价动作，提高动作质量。

案例2：接力跑学习片段

全班采取了男女各2组自然建组的方式，每组10人，进行25米往返接力跑比赛（要求：立棒式传接棒）。前两次，多组内出现接棒时因错肩空间不足而产生冲撞或者持棒位置不当而影响顺利交接棒等问题，教师多次要求各组内部交流、总结得失。最后3次，没有出现前述等问题，均是第一组获胜，该组多次获得奖励。

分析与思考：

案例1的建组依据不明显，学生通常可能会因为前滚翻的学习任务所表现出不同的“质性”（优与劣）差异，但其“质性”在建组前是隐性的，只有在教学过程中才能显现。案例2的建组依据（性别）虽然较为清晰，但在常理下，除了解决学生错肩、持棒位置不当等问题后，影响该学习任务的关键是“体能”。且从最后几组的比赛结果来看，学生的“质性”（体能）差异较大。倘若最初没有出现接棒等问题，直接获胜的将都是第一组，可能造成比赛的结果打击学生合作学习的积极性的问题。可见，案例2学生的“质性”（体能）与依据什么分组以及合作目标也表现出了较强的关联性。因此，不同的建组依据，必然因为合作学习任务或目标差异而产生不同的结构和成员的“质性”差异；而不同的“质性”，又必然对合作学习任务或目标的实现产生影响。在建组时，如果缺乏关注个体在学习任务上的“质性”差异，往往不利于合作学习目标的有效完成。

而在具体建组时，必然要考虑组与组内人数的问题。在这方面，案例1主要有4人、2人组的变化；案例2则仅有4组、每组10人一种形式。建组时，除了器材场地等因素外，教师需要考虑为什么要分成这样的组数和人数？这样的组数与人数对后续合作时的“分工程序”可能产生什么影响？案例1小组人数从4人到2人的变化，从循序渐进的教学原则来说是合理的、分工也是清晰的。而案例2的4组、每组10人的结构则对运动负荷、组内合作方式等因素则缺少必要的关注。同时，可能受限于器材场地条件或项目特点等要求，只能多人1组，此时内部分工的细致性不够，不利于有重点地相互纠错，易出现合作的过程粗糙、混乱、沟通不畅等问题，造成合作低效或无效的问题。

建议：

一是建组要把握两个原则。首先，必须关注由“建组依据”而产生的“成员质性”差异对“合作目标”实现的影响。比如：案例1中的建组是随机的，如果从学生的学习基础的差异性（质性）提前关注，4人组的形式即便有特别差的学生存在根本滚翻不过去的情况，4人组中确定2人进行保帮，也可以进行有效完成合作目标。这样的建组是相对科学的。其次，还必须关注统筹“外在条件”（器材、运动负荷等限制）与“组数人数”及“分工程序”的关系。案例1中4人1组的结构提前安排“练习者、观察者、保帮者”及组长的分工，各有重点，有利于各司其职，有序合作。而案例2的10人1组，需要关注器材、负荷、合作程序的实施等，如能10人组再分几个小组，并明确观察者、练习者等不同角色是较好的方式。

二是及时进行动态调整。比如：在案例1中的2人一组，对于初学者来说，则可能存在部分小组学习困难，合作目标难以实现的问题，此时要根据需要进行人员交换或部分小组继续维持4人组练习等情况；案例2如未提前预设体能差异因素而引发的问题，则需在适当时机及时微调即可。同时，个别身高、体重、性别等因素在学习上可能引起在目标完成上差异等也需即时关注。

此外，应注意不同阶段运用不同的建构方式。通常针对某一具体技术的学习，在新授阶段可以考虑“组内异质，组间同质”的方式，以发挥组内成员的优势互补作用；在复习阶段，当出现明显不同的层次时，可采用“组内同质，组间异质”，易使教学方式、手段等更具针对性。

只有这样，小组建构才能为有效的小组“合作”学习奠定良好的基础。

二、目标明确、问题精当为先导

建组之后，必须让学生明确合作学习的具体目标与任务，目标与任务是合作学习的导向性条件，如果缺失了明确、具体的导向，学生的合作学习就会漫无目的，从而出现“合作学习”停留于简单地“分组练习”的假“合作”现象，影响小组合作学习的效果，失去合作学习的真正意义。

案例3：水平三六年级快速跑教学片段

1. 学生四列横队，每排10人为1组，设1大组长；前后4人为1组，设1小组长；分别让责任心强的同学担任。

2. 教师讲解示范后，提出问题：“怎样才能跑得快？”

3. 学生每相邻2人为1小组讨论，1人尝试做动作，1人负责观察，限时完成。

4. 教师一边计时，一边走近学生，倾听他们的讨论，随机选择某组同学回答问题。

案例4：水平三脚背内侧踢球技术的学习

教师依次分别采用3个问题引领小组合作学习：

问题1，脚背内侧踢球时，非用斜线助跑不可吗？

问题2，脚背内侧踢球时，脚触球的部位“必须”是后中下部吗？

问题3，在什么情况下使用脚背正面踢球技术？

分析与思考：

案例3的小组建构较为合理，10人大组、4人小组、不同组长的设置可以区别不同情况进行单纯的练习或合作学习，是较好的。案例3、4均能以问题解决引领和承载小组合作学习的目标的方式是可取的，也是常用的形式。但案例3“怎样才能跑得快？”的问题过大，合作目标不够具体，易使学生思考的视角过于分散，重点不够突出。案例4中3个问题的预设较为适当，由易到难，考虑了学习对象的知识与技能基础，值得借鉴。因为，如果问题太简单，一问即知，则失去小组合作去解决的意义。而如果问题过难，学生可能望而却步，影响学习效果。

建议：

一是目标要明确，宜小不宜大。在案例3中如果提出“快速跑时身体是正直还是正直稍前倾”或“两臂以哪个关节为轴前后摆动”或“跑动时用全脚掌着地还是前脚掌做趴地动作”等类似问题，则显得方向明确，问题具体。因此，在合作目标的制定上，要力争有针对性，简短、易掌握，在外显上可操作为最好。

二是难度要适宜，问题有坡度。比如：案例4的问题设置则有可能让学生循序渐进地解决或有效操作。

因此，明确的目标是小组合作学习的方向，精当的问题是学生进行合作学习的诱因，必须充分发挥其先导作用，才能有效地提升合作学习的效果。

三、有利时机、运动处方是关键

科学建组、职责分工、明确学习目标和方向只是合作学习的开始，在合作学习过程中，如果学生缺乏对技术动作的深刻理解，教师没有针对问题解决和合作过程没有进行一定的方法预设，尤其是缺乏对学生必要的提示或帮助时机的把握，也容易使“合作”流于形式，学习陷入低质量、浅层次的状况。因此，设计针对性的运动处方，把握其应用时机是合作学习的关键。

案例5：排球正面双手垫球的合作学习片段

1. 3人1组，1人持球，1人正面双手垫球，体会垫球部位等技术关键，第三人观察并及时提示动作是否到位。

2. 4人1组，1人抛球，1人练习，第三人站在练习者的附近，触球前瞬间用语言提示。语言提示关键词：“插、夹、提、压”；第四人捡球；循环练习。

案例6：快速跑教学片段

在怎样提高学生快速跑直线性的教学中，教师设置如下合作练习处方：

（1）A、B、C3人站在一条直线上，相距各30米，A朝着目标B跑去后A不动，B再跑向C后B不动，C再跑向A后C不动，A再跑回起点，C再跑回原点，然后B再跑回原点。学生思考问题：跑动时，你跑向的同学对你掌握的快速跑技术有什么帮助？要求：观察跑动者的头、手臂、躯干等身体姿势情况、跑动时脚着地的轨迹等。

（2）一轮练习后，小组集合于中点讨论、提出在练习过程中存在的问题。

（3）继续练习。观察者用语言或手势提示关键词：眼的视线、低头、仰头、转头、身体左右摇摆等。手势提示：落地点的位置是否偏离直线的区域外等。

分析与思考：

在案例5的合作学习中，无论是3人组中持球、垫球、观察者，还是4人组抛球、垫球、观察、捡球者，分工及程序等均是明确合理的。尤其是触球时“插、夹、提、压”时机把握，如能做到位，对提高合作学习效果起到了关键性的作用。案例6练习中有关键词及手势提示也是这个道理。

案例6的合作学习属于有一定难度的合作性探究学习，教师如果简单地将“怎样提高跑的直线性”的问题让学生自己进行实践探究，学生恐很难找到解决的思路。其练习的方式是采用ABC 3人3点跑动的操作形式，让学生带着明确的问题和循着正确的方向，在实践操作中进行效果验证，便于学生对学习内容有更为深刻的理解。同时，该组织形式也便于成员之间的相互观察、提示，在讨论时向中间靠拢，节省了队形调动的时间。如果没有这样充分的预设，简单地让学生分组按照直线性跑即可，学生合作学习的深度及效果恐将大打折扣。

建议：

一是有明确的提示或帮助时机。比如：案例5中，除了提前关注合作方式的操作性，使其合作有“序”，还要加强学法指导，进行相应的点拨，使合作过程有“质”。而准确的提示与帮助时机把握，体现着教师对学习重点、难点的正确理解与充分认识。这需要教师在备课时根据技术动作的难易程度、学生易错点等，提前考虑，合理预设。只有这样，才能使学生合作学习重点突出，保质保量。

二是设置典型的运动处方。在案例6中，教师对解决问题的“处方”进行了典型性预设，使学生练习过程中的跑动路线情况与合作目标（直线性）密切相关，有力地提升了合作学习效果。

因此，教师要在课前根据不同教材和学习阶段，分析确定学习过程中有利的合作时机，把握关键点，设置合作学习的处方则显得尤为关键。

主要成果9-5

活用教学方法提高学生参与度

——以展示课：小学水平二（四年级）“快速跑”教学为例

姜建明　威海市文登区教育教学研究中心

2017年6月15日，《中国学校体育》杂志草根论坛100期暨中小学体育课堂教学展示活动，在威海市文登区举行。中国教育研究院副所长于素梅博士，观看了小学四年级“快速跑”一课后就课堂教学效果进行了指导沟通，也对课堂作了解析。

一、运用动作对比，提高学生参与度

在常态快速跑教学中，为提高学生的奔跑速度，强调步频是重点。若是单纯的说教，以小学生的心智发展，不足以理解步频和速度的关系，因身体感知的发育不成熟，又不利于体会步频的变化对速度的影响。此时，可运用高抬腿跑与摆臂对比体验：快摆臂慢抬腿——慢摆臂快抬腿——协调配合抬腿摆臂。

标准高抬腿需要上下肢协调配合，改变二者速率后，不协调的动作会让学生“丑态百出”“笑料百出”。在欢笑中，学生会忘却疲惫，积极投入到体验练习中。间插正确动作的练习，学生会立即体验到摆臂的速率可以影响步频，从而会更加注重摆臂，达到对动作认知和体能提升的效果。

技能学习中往往会频发错误动作，这些错误多是因学生对动作理解不透彻或者身体不协调产生的。在教学过程中，搜集这样的素材，让学生进行异样的

体验，令其在欢乐中不厌其烦地参与尝试，从而提高运动参与度。

二、利用知识传授，提高学生参与度

快速跑教学中，常用分组教学法，但是，每组练习的间隙较长，且由于疲劳，学生多是漫无目的地溜达返回，使得教学组织散漫，参与度较低，学习效率低下。

处理或利用好等待练习时间，能够合理调整好学生的参与状态、提升学生的参与兴趣。在练习中，要求大家在返回时慢跑并体验“三步一呼三步一吸”。该设计能够加深学生对有氧运动呼吸节奏的认知、把握、调整。同时，通过该体验，适时地向学生讲解“深层呼吸和浅层呼吸”对体能消耗的差距，让学生通过调整呼吸，快速恢复体力，从而能够更好地参与到下面的练习。

三、妙用比赛竞争，提高学生参与度

本课全线贯穿了竞争体验：热身活动“跑的辅助练习”——布置练习次数，个体完成举手答到；基本部分的体验技能、提升技能——小组完成，团体答到；游戏“追逐跑”——自选竞争对手，个体间竞争；测试“8秒跑”——不同起点的挑战，关注个体差异竞争。

练习过程中，强调集体竞争氛围、团队竞争氛围，对于个体争先的氛围，只提出完成后举手答到，而不过多追求、肯定名次。针对“8秒跑”（挑战50米），观察个体差异的竞争时，则是利用了返程起点的不同，弥补学生能力上的不足，增强了劣势学生的挑战自信心。小学低年龄段学生，心智发展水平尚未成熟，“争先恐后”是其参与活动的心理表现。但受个体素质的限制，能力表现参差不齐。在各类竞争中，教师要及时改变策略，规避优劣间的显性对比，避免打击劣势学生的参与积极性。

四、巧用学科整合，提高学生参与度

本课“素质课课练”采用的是“身体静力”练习，让学生做直体俯撑，将身体比作时钟的指针，情境创设是“回顾我们美好的一天”。

“同学们，8点啦，第一节课是什么课？”（学生挪动脚步，调整到8点钟方向）

“语文。”

“来，背诵《静夜思》。”（附撑保持身体水平）

接着，9点数学课，计算简单数学题；10点英语课，让学生唱字母歌；12点午饭时间，带领学生背诵《悯农》……

素质练习已逐渐被提升到课堂环节的高度，但是，因其大强度、高负荷、易疲劳、较枯燥等特性，往往会降低学生的参与热情，从而影响到练习效果。本课中，回顾不同课程的时候，教师提出不同的完成任务，控制学生的练习时间。学生在不同任务的控制下，分散了静力练习带来的疲劳。同时，练习的趣味性刺激了学生的参与热情，提升了体能锻炼的效果。

主要成果9—6

提高学生技能学练积极性四策略

荣燕光 威海市文登区天福山中学

新课程标准指出：通过运动技能的学习，绝大多数学生将学会多种基本运动技能，在此基础上形成自己的兴趣爱好，并有所专长，提高终身体育锻炼的意识和能力。可以看出，运动技能教学在培养学生终身体育观念中的主导地位，它也是实现学生身体健康、心理健康、社会适应能力目标的主要手段。但是，在传统体育课技能学练中，过于强调竞技化、训练化，评价标准一刀切，造成不少学生对技能学练情绪低迷，参与度低，学习效果大大缩水。如何调动学生的技能学练积极性呢？笔者结合学生课堂中各种消极表现，针对调整学生消极心态，提高学生学练积极性，谈一下自己的点滴做法。

一、信息技术手段，提高学生技能学练积极性

在技能学练中，一部分学生出现不知道怎么做或做什么、独来独往、没有目标等消极表现。消极表现的产生基于生理原因，学生理解能力差，体育运动认知水平差，对技能练习目标不明确。

针对此类双差型学生，笔者利用信息技术教学促进学生的认知水平，课前制作课件或微课，图文结合，用简单的一个词或字，概括动作要领，让学生提前预习，明确技能学练目标。以行进间体前变向运球教学为例，课前，通过图片或视频分解变向运球手部和保护球的动作，将每个分解动作用一个字和词表述，再用顺口溜串联动作要领，让学生提前预习，理解动作要领和学练目标；

课堂中，再用微视频播放慢动作，让学生在脑海中建立正确动作表象，便于学生模仿，提高学练积极性，学练中还用平板电脑给他们录制视频，纠正动作，督促激励，提升技能学练积极性。

二、团队合作，激励学生技能学练积极性

在技能学练中，有些学生总是在教师的催促下练习，教师目光稍有转移就停止练习，对技能学练不在乎，属于应付型。应付型的学生一般以女生表现较为突出。这是由于对教师的教学风格不喜欢，对某项体育运动兴趣不浓厚或怕脏、怕累、怕出汗等，造成对技能学练的态度不积极。

课堂中，笔者注重与学生交流，亲其道，爱其生，与他们成为“朋友”，让学生真正喜欢上运动。笔者通过男、女生混合分组（每组男、女生各半），利用男、女生不同心理与生理特点，达到相互引领、互相促进的目的。每节课，笔者还利用小组团队积分的方式，督促学生学练。例如：在足球正脚背射门教学中，男女生混编小组。自主学习交流环节，女生充分发挥出了思维细腻的优势，弥补了男生粗心大意的性格。练习环节，男生则表现出了实践能力强的优点，带领女生积极练习。学练中由记录员同学记录，探究学习环节学生回答老师问题次数，以及正确次数，分别计分，以此来提高学生积极思考的能力。技能练习环节，记录学生练习次数进行计分来督促学生练习。完整动作的技能展示，则由各小组长给每名学生评价计分，最终通过量化积分，评价每组学生的学习效果，激励学生技能学练的积极性。

三、心理引导，降低难度，促进学生技能学练积极性

在技能学练中，个别学生出现退缩现象或者随意模仿、走过场等消极表现。这是由于个别学生在日常生活中受到过某种挫折或伤害，对某项体育运动产生恐惧、焦虑心理，缺乏自信，不敢学练。

教师要时刻关注此类学生，降低动作难度，对他们的点滴进步及时表扬和

鼓励，给予展示的机会，帮助学生建立“我能行”的思想动力，增强自信。如：一节跳箱技能学练中，几名女生退缩不前，因恐惧而不敢跳跃。笔者施以言语鼓励，亲自保护帮助，为她们建立安全感，再降低难度，先从跳背做起，再跳山羊。在笔者的保护和帮助下，她们每次成功跳跃矮跳箱，笔者都与她们击掌祝贺，还邀请她们在学生面前展示。拥有了自信，她们逐渐成功跨越了心理障碍，完成了学练任务。笔者通过帮助学生建立自信，降低难度，促进了此类学生的学练积极性。

四、转化角色，助推学生技能学练积极性

在技能学练中，部分学生脱离主教材，做与主教材无关的内容，随意性大，说笑打闹，干扰他人。这样的情况多发生于身体素质和运动基础较好的学生身上，他们通常因为可以轻松掌握某项技能，而对学练产生厌烦情绪。

这就要求教师针对不同的学练内容，应任命不同项目的队长、教练员，同时对其规定职责、提出要求、制定目标，以此来限制这些学生的行为，发挥其优点，帮扶基础差的学生。例如：跨越式跳高学练中，一部分学生身体素质较好，轻松掌握学练内容后，想模仿一些高难度的动作，干扰了课堂教学。为了限制这部分学生的消极行为，笔者让他们担任本组的队长或教练员，队长负责指挥，针对不同层次的学生安排学练内容，教练员负责技术指导，并向他们提出本组学生要达到的目标。这样，不仅消除了他们的消极行为，还助推了所有学生学练的积极性，效果显著。

五、创新场地器材，提高学生技能学练积极性

在技能学练中，一部分学生对感兴趣的活动参与积极性高，对不感兴趣的运动，就出现出工不出力的消极行为。这是因为有些学生性格较顽皮好动，对新鲜事物或游戏比赛兴致极高，属于反复无常型。

好动是学生顽皮性格的表现，教学中通过创新器材或设置不同环境下的场

地，可以消除这类学生的消极行为。如：快速跑的技能学练中，教师让学生将彩带绑在头上，引导学生令彩带飘起来。学生为了使彩带飘起来，就会加速快跑。为了改变步频和步幅，教师又将彩带按照不同的宽度摆在地上，帮助学生掌握适当的步频和步幅。最后，教师还将彩带绑在学生的后身裤腰处，组织了抓尾巴的游戏。教师通过创新器材和场地，改变了学生学练的消极表现，提高了技能学练的积极性。

总之，在技能学练中，教师应以学生为主体，遵循教育规律，创新学生学习方法，优化教学思路，让不同类型的学生感受体育运动的快乐感，积极参与到运动中来，形成自己的运动兴趣爱好，建立终身体育运动观念。

主要成果9-7

教学方法“三转化” 提升学生运动参与水平

于文明　威海市文登区三里河中学

一、抓住球类运动受众广泛的根源，将球类技术教学竞技化

案例：本节课学习的是行进间变向换手运球技术，整堂课采取的是示范—讲解—分解练习—纠错的方法。教师组织学生不断强化练习触球部位、球击地点、脚步如何超越等技术要领。一开始，学生得知本节课要学习篮球，都跃跃欲试。慢慢地，在枯燥的练习中，学生兴趣渐无，气氛沉闷，运动的参与积极性很差。

分析：球类运动得到大家的喜欢和积极参与，是因为它的竞技性和胜负不确定性。我们经常看到，在球场上打球的只要有两个人以上，很少在一起练习运球传球等技术，一般都是在进行一对一、二对二、三对三等半场或全场比赛。本节课教师采取的以技术为主的教学方法，脱离了球类运动受到大家普遍欢迎的根源。

策略：将球类技术教学竞技化。学生分成4~8个小组，每组的辅助器材是间隔1.5米左右的6个障碍物。本课内容是运球过障碍物比赛，在最短的时间内全组成员运球过所有的障碍物则为优胜组。各组为了取胜，皆积极参与，一些学优生在前带领，其他同学在后模仿练习。在练习中出现的一些常见技术问题，如不换手运球、运球过高等，经教师大声提示、点拨，一般都能解决。当较多同学出现换手时触球部位不准、球击地点不对等问题时，教师可以采用让学生

重点观察优秀者在这两方面是怎样做的、优秀者现场归纳要领等方法，让大家改进动作。稍复杂的技术，比如：针对换手时脚步如何超越的问题，教师可以示范、讲解，学生强化练习。如非必要，教师不要频繁中断练习，热烈的竞争氛围更能激发学生兴趣，教师针对出现的问题用最少的时间纠错，让课堂练习流畅高效，保证了运动参与的高水平。

二、开发巧用常用器材，将跳跃类危险项目教学安全化

案例：小学阶段的山羊分腿腾跃的第一课上，场地布置好后，教师先做了一个漂亮的示范，获得了学生的阵阵掌声。在教师讲解了要领和保护方法等一些常规后，轮到学生上山羊练习了，可是，除了几个大男生敢于尝试，其他同学纷纷后退，无论教师怎样鼓励，还是出现了冷场，导致教学中断。

分析：现在的小学生入学年龄较以前普遍小一两岁，而山羊等一些器材的制作标准多年未变。所以，在现在的小学生眼里，山羊就是一个庞然大物。大多数学生看到老师跳那么高才跨过去，便认为自己无论如何都是完成不了的，产生了消极情绪和畏惧心理，导致教学中断。

策略：可用不同组合的小体操垫来替代山羊，将危险项目教学安全化。首先，在热身阶段，教师带领学生围绕山羊跑动，站在山羊前，用手摸一摸、拍一拍山羊的支撑面，疏导学生的恐惧情绪。学生经过实际接触，知道山羊其实挺“温顺”的，大大降低了畏惧心理。然后，教师将一块小垫子折叠平放，让学生在上练习双手支撑，分腿并腿；再将4块小垫子折叠平放，让学生在上练习双手支撑，跳起提臀分腿腾跃落地；逐步过渡到6～8张小垫子折叠平放，分别体验有保护帮助和无保护帮助的分腿腾跃练习，逐步引导学生到山羊上练习。这样，将器材由大变小、由硬变软、由高变低，帮助学生克服恐惧心理，让学生敢练、想练、能练，保证了运动参与的积极性。

三、挖掘武术实战性特点，将单调套路教学有用化

案例：在学习少年拳第二套时，教师示范完整套路后，按12个动作作分解教学，每课预计学习4～5个动作。刚开始，学生兴趣盎然，两个套路学完，学生渐渐失去兴趣，一些男生甚至两两凑在一起，用刚学会的动作模仿对打，教师发现后严厉制止。在之后的学习中，学生兴趣逐减，动作松松垮垮，套路变形，未达到技能学习目标，学生运动参与性很低。

分析：按照武术套路一招一式教学过于单调和平淡，学生不太感兴趣。深入挖掘教材，分析武术发展特点，可以发现武术套路是一些实战动作逐步演绎和简化来的。实战动作生动活泼，表现形式多样，很好地体现了武术的攻击性和防御性特点。在教学中，可通过实战教学，体现出学好武术在日常生活中的作用，激发学生的学习兴趣。

策略：将套路教学有用化。第一步，把套路中蕴藏的脚步、拳法、掌法等基本动作提炼出来，以接近于实战的形式借助辅助器材教学。比如：学习冲拳、击掌、马步等动作时，可安排两人一组，一人双手持小体操垫扮防守者，另一人马步站立，冲拳或掌击小体操垫。有了攻击目标，学生就有练习的动力，会全力出击，强化了冲拳、击掌动作。小体操垫的位置可不断向下移动，又强化了马步练习。第二步，在套路学习时，教师要吃透教材，明确每一动作的攻击和防守特点。让一学生扮防守者，教师演练某一动作如何运用，把这一动作的精髓展现得淋漓尽致，尤其强调如何防守。这样，套路演练直观生动，学生明确学好动作可以防身，会很感兴趣。学生在学习时，也是两人一组，模仿教师，并适时交换角色。教师要强调动作点到为止，保证安全。在模拟实战的情境中，学生感到新鲜、有趣、有用，提高了练习积极性，保证了运动参与水平。

（本文系威海市“十三五”规划课题“体育教学中学生运动参与水平提升的行动研究”研究成果）

主要成果9-8

体能发展与技能学习共同提高三策略

于文明　威海市文登区三里河中学

一、深入挖掘不同运动项目对不同专项体能的锻炼价值，在技能教学中抓住核心体能特点，突出发展专项体能

案例：武术少年拳第二套教学，一节课要掌握4~5个动作。教师的示范讲解很快，如蜻蜓点水，点到为止。学生的学习如走马观花，浅尝辄止，马步没有深蹲，冲拳绵软无力。一个动作刚学到四五分像，马上又学习下一动作。一节课下来练习的密度不低，但出汗的学生很少，大多数学生不感觉累。

解析：武术运动的精髓是通过套路和招式的演练来发展静力性力量、身体的柔韧性、瞬间的爆发力等体能，套路和招式只是他的外在表现。大多数教师没有深入研究和吃透教材，为了赶进度，在教学中专注于顺利演练套路和招式的武术表象，丢掉了发展体能的武术精髓。在教学中舍本逐末，流于形式。

策略：教师的示范动作要节奏合理、步法到位，手势准确，体现出武术的力与美，让学生感受到武术的精髓。学生每一个静止性动作持续的时间长一些，15~20秒。强调马步时重心充分下沉，冲拳后手臂舒展平伸等情况，让学生在长时间的静力性动作和身体的充分伸展中发展力量和柔韧等体能。需要瞬间完成的跳步、跃步等脚步动作，冲拳击掌等进攻动作可以单独挑出来，让学生反复练习体会，一个动作要练习10~15次，提高爆发力。一节课学习的内容以2~3个动作为宜，少而精，追求质量。

二、课课练要贴近课堂教学实际，在技能学习中发现体能短板，需及时调整预案、当堂解决问题

案例：在教授鱼跃前滚翻第一课时，课课练部分，教师选择了以发展下肢力量为主的折返跑。在实际教学中，出现了很多学生无法完成学习任务的情况，尤其是女生，鱼跃后因为上肢力量不足导致手臂支撑不住，不能完成滚翻。教师在随后的课课练中，仍然依据教案进行了折返跑练习。在第二节课，还是有很多学生因为上肢力量不足不能很好地完成鱼跃前滚翻练习，可教师依旧在课练中安排了发展下肢力量的体能练习，第三节依然如此……在鱼跃前滚翻单元结束后，只有不到40%的学生能勉强完成动作。

解析：课课练的安排有兼顾上下肢、补充主教材、平衡发展体能的原则。按照这一原则，本案例没有不妥之处，但如果出现多数学生因为某种体能的不足而影响技能的学习时，仍然参照这一原则安排课课练内容就脱离了教学实际，不利于学生掌握技能。

策略：在发现多数学生上肢力量不足，不能很好地完成学习任务时，教师要机动灵活，可将课课练换成发展上肢力量的俯卧撑练习。通过几节课课练的俯卧撑练习，既提高了上肢力量，同时，又引导学生在课后的体育锻炼中加强了上肢力量练习。这样既发展了上肢力量，又促进了技能学习，确保了课堂质量。

三、专项体能课要承上启下，查漏补缺，弥补上一教学单元体能不足，储备下一教学单元所需体能

案例：在耐久跑教学单元结束后，教师安排了两节体能专项课，训练内容是发展下肢力量的蛙跳、单足跳、跳绳等练习。随后的教学单元学习内容是支撑跳跃，许多学生在学习时出现了上肢力量不足、影响学习效果的问题。如此一来，看不出之前两节专项体能课的体能提升对本单元技能学习有什么帮助。

解析：专项体能课一般安排在两个教学单元之间的衔接阶段。它的目的是

承上启下，即对上一教学单元出现的专项体能问题有一个补充和加强的作用，对下一教学单元所需的专项体能有积蓄和加油的作用。支撑跳跃的体能要求是上肢力量要强，本单元之前的专项体能课提高的是下肢力量，下肢力量的提高对学习支撑跳跃的促进作用不明显。

策略：在耐久跑教学单元结束后，如果教师发现学生下肢力量较差，可以安排一节发展下肢力量的专项体能课，但第二节专项体能课的训练内容一定要以发展上肢力量为主；如果教师发现学生的下肢力量能够满足耐久跑的教学需要，在随后的两节专项体能课就可以都以发展上肢力量为主，如：推小车、俯卧撑、引体向上、哑铃练习等。

主要成果9—9

优化课中环节　促参与水平提高

刘新军　威海市文登区天福山中学

运动参与是体育与健康目标体系中的一个方面，是贯彻落实体育与健康课程理念和实现健康目标的关键。在影响学生运动参与水平高低的诸多因素中，我认为，教师是影响学生参与水平的关键因素。实践中，教师若是能够从如下六个方面进行优化，深耕我们的课堂，全方位调动学生的参与积极性，定能提高运动参与的水平。

1. 学习目标的“层次”

分层制定目标并开展差异性教学是全面提高学生体育课参与度的关键，改变传统课时计划中的学习目标制定指向不清晰的问题，确定不同层次学习目标要在分析学生的基础上，结合具体教学内容来确定。设置分层目标要遵循目标层次与各类学生现有发展水平相适应，让不同起点学生都有力所能及的目标。如：学习篮球的行进间单手肩上投篮，把学生分成A（能力强，拓展型）、B（能力一般，掌握好）、C（能力差，做好分解动作）三个群体，然后针对不同群体提出不同的学习目标，制定不同的学习方法。当然，这样的分组只是相对的，根据表现，学生在学习中是一种动态的流动，教师既要满足尖子生的求知欲，又要增强学困生的自信，通过努力达到教学的基本要求，真正落实因材施教，促进学生整体发展。

2. 场地器材的“奇”

普通器材的常规用法已经不能很好地调动学习与锻炼的积极性，也不能在学生的兴趣培养方面起到大的效果。为了有效地激发学生的运动兴趣，培养学生终身参与体育锻炼的意识，满足学生多样化的体育需求，教师应创新一些适合学生健康发展所需的体育器材并开发出常规器材的另类用法。如：快速跑课程教学中老师用一根跳绳，演变出很多增加学生步幅和步频的方法，在体育器材有趣的变化使用中，学生感到乐此不疲，饶有兴趣。又如：小学低年级的投掷轻物教学中，老师用一张报纸把快速跑练习和投掷轻物的教学演绎得美妙绝伦。

3. 教师语言的“激励”

教师语言的丰富与美离不开言辞的热情、诚恳和富于激励性。激励性语言可以触发学生的学习热情，让学生乐于参与、勇于参与，从而达到体育的教育功能。因此，教师一定要努力把活生生的灵感和思想贯彻到自己的话语中去，从而“打动学生的心，使学生产生强烈的共鸣，受到强烈的感染”。例如：在小学二年级的学生集合时，教师简单的一句：“看谁最喜欢老师，最先来到老师身边？”就能让学生用最快的行动集合。又如：“今天我们要进行一次跑步比赛，看谁跑得最快？”这样一句很简单的话，有时对学生来说，就是他们的动力。我们应该用赏识的眼光看待每个孩子，即使有做得不到位、不遵守纪律、任性顶撞老师的学生，也应多发现他们身上的闪光点，从正面鼓励他们。第斯多惠说过：“教学的艺术不在于传授本领，而在于激励、唤醒和鼓舞。”教师善于用激励手段，可以增强学生的荣誉感、自豪感，增强学习信心。另外，教师的语言要幽默。教育调查资料表明，几乎所有的学生都喜欢有幽默感的教师，而不喜欢语言寡淡无味、表情呆板冷漠的教师。

4. 体育活动的“趣”

爱玩好动是儿童少年的天性，“好玩”是他们参与运动的最直接动力。小学阶段的学生好奇心强，常常以直接兴趣为动力。初中阶段的学生掌握了一定的技能，“比赛”情境是吸引他们参与的另一动力来源。因此，体育教学应从学生的兴趣出发，采用灵活多样的游戏和比赛，寓教于乐，增强学生参加体育活动的兴趣，令学生在游戏和比赛中学习技能，达到体育教学的目的。如：初中阶段的篮球教学，在学生学习技能的过程中，教师要适时地建构一些比赛情境，无论是正规的，还是简单的、非正规的、简化比赛规则的都可以，把学生掌握的简单技能放在一个复杂的比赛中，让学生学会运用，学会比赛，同时，学生也会被激烈、有趣的比赛吸引。

5. 理念、方法的“新”

方法的创新包括教法和学法的创新。调查中有超过60%的学生认为教师运用的教学方法过于老套，不能够激发自己的兴趣。原本在学生的心里，体育课堂是活泼的场所，但是在实际学习中，学生发现现实情况与他们所想的差距甚远，就此失去了学习兴趣，甚至产生反感情绪。这也就是我们常说的，学生喜欢体育但不喜欢体育课。教学方法的单一是阻碍学生积极参与体育活动的一大痼疾。

新课程理念下的体育教学方法应注重多元化，从传统的讲解示范到小组合作学习、探究学习等，每一种模式没有好坏之分，只有适合不适合，学生喜欢不喜欢。我们在充分发挥学生学习的积极性和创造性上，要将体育新课程理念有效地运用到设计与实施中，促进学生学会学习。例如：在快速跑的教学中，让学生反复观看苏炳添和博尔特的对决录像，分析二人跑步的特点有何不同（相比较得出结论，一个步幅小频率快，一个是步幅大频率稍慢），从而找出影响跑速的两个因素是什么。然后，通过让学生亲自实践、合作和自主学习的方式进行探索，打破在教学中传统示范、讲解的方法，提高学生的积极性、主动性。我们可以充分利用现代化教学手段充实教学内容。在教学过程中，利用电视、录像、多媒体等现代化教学手段，向学生展现运动的魅力和锻炼方法及技巧，来实现体育新课程理念的目标。

参考文献

[1] 中华人民共和国教育部. 义务教育体育与健康课程标准（2011年版）[M]. 北京：北京师范大学出版社，2011.

[2] 汪晓赞.我国中小学体育学习评价改革的研究[D].上海：华东师范大学，2005.

[3] 吕兵文.谈表现 析因素 探策略 促学练——技能教学中有效调动学生学练积极性探析[J].中国学校体育，2016,(7)：73-74.

[4] 吕兵文.体育教学中学生运动参与水平的提升策略[J].中国学校体育，2017,(8)：77-78.

[5] 田海燕，钱建平.影响城市青年业余运动参与的主因子分析[J].南京体育学院学报(社科版)，2006,(10)：20-22.

[6] 黄杰，严爱平.安徽省普通高校体育课程运动参与目标的达成与对策研究[J].吉林体育学院学报，2011,(4)：126-129.

附：调查问卷

调查问卷

同学，你好!

为优化体育教学，提高体育教学质量，请你逐条认真阅读下列陈述，选择符合自己实际情况的选项。如果完全赞同，请选A√；如果完全不赞同，请选E√；如果觉得介乎A与E两者之间，请在A与E之间选择最符合自身情况的选项。答案没有对错之分，只请你如实选择，感谢你的支持和配合!

学校：________________________________

你所在的年级：_______班级：_______性别：_____体育教师姓名：__________

1. 如果在课前知道本次体育课不上了，我在内心里会觉得非常的开心、心里会感觉非常的轻松。

A　　B　　C　　D　　E

2. 对于体育课上教师讲解的知识和技能，我常常会在下课后进行相关的学习，以求获得更大的进步。

A　　B　　C　　D　　E

3. 由于各种原因导致自己的心情不好时，我会放弃包括体育课在内的任何活动。

A　　B　　C　　D　　E

4. 在体育课堂上，针对教师提出的问题，我会积极进行思考并积极回答教师的问题。

A　　B　　C　　D　　E

5. 在体育学习中，小组目标没有达成之前，即使自己感觉到很累，我也会积极地付出，并坚持到最后。

A　　B　　C　　D　　E

6. 在体育课堂上，我能按照教师的要求进行体育学习，自觉遵守课堂纪律，为伙伴创造良好的学习环境。

A　　B　　C　　D　　E

7. 在日常生活中，我会主动通过锻炼来提高自己的健康水平。

A　　B　　C　　D　　E

8. 即使目前自己的技术水平和体能水平不如自己的伙伴，我照样会积极地参与体育学习，并通过自己的努力不断地进步。

A　　B　　C　　D　　E

9. 在体育学习的过程中，对于练习的技术和战术选用时，我会听取小组内部或者是教师的意见，以获得最佳的效果。

A　　B　　C　　D　　E

10. 没有特殊原因在体育课堂上我不会迟到或者是擅自离开课堂回到教室或者是其他的地方。

A　　B　　C　　D　　E

11. 我会针对自己所要达到的目标，在课堂上和课下积极地进行努力学习和积极实践并努力做到持之以恒。

A　　B　　C　　D　　E

12. 针对体育学习中教师的安排，在练习实践中出现问题时，我会积极地向老师提问或者是寻求小伙伴的帮助。

A　　B　　C　　D　　E

13. 为了能够取得更好的体育学习成绩，我会为自己制订阶段性和长远计划，并按照计划去执行。

A　　B　　C　　D　　E

14. 在每次的小组练习中，针对小组中学习暂时有困难的伙伴，我会尽自己最大的努力去帮助伙伴。

A　　B　　C　　D　　E

15. 在教师进行技术教学或者是战术讲解时，我会认真地听并认真接受教师的安排与指导。

A　　B　　C　　D　　E

16. 无论是在体育学习中，还是课后的文化课学习中，我会注重自己的身心健康状况。

A　　B　　C　　D　　E

17. 在每次小组内部或者是自己练习过程中，针对小组成员的不同需求和要求，我能够尊重大家提出的建议和采取的策略。

A　　B　　C　　D　　E

18. 没有教师的要求我是不会主动提高自己的体能的。

A　　B　　C　　D　　E

19. 我认为教师的分组学习和集体活动能够提高学生的合作意识和合作精神，有助于同学之间互帮互助精神的形成。

A　　B　　C　　D　　E

20. 在体育学习的过程中，我会为自己安排每次学习的目标和将要取得的成绩，为达到这一目标我会积极地参与并努力付出。

A　　B　　C　　D　　E

21. 体育学习遇到困难时，我相信通过自己的努力和积极的思考，能够把问题很好地解决。

A　　B　　C　　D　　E

22. 在课上或课下，我会和伙伴或是教师探讨教师教学的内容，针对不懂的问题，会向教师或者是伙伴请教，以更好地掌握技能和提高自己的能力。

A　　B　　C　　D　　E

23. 在与小组成员合作的过程中，针对练习或比赛出现不同意见，我会和小组成员积极地沟通，并听取大家的意见，然后努力找到解决问题的方式。

A　　B　　C　　D　　E

24. 对于每次的体育课，我都会积极地参与到体育运动中去。

A　　B　　C　　D　　E

25. 无论是在比赛期间还是在平常的体育课学习期间，我都会和小组成员一起为了取得优异的成绩而努力地付出。

A　　B　　C　　D　　E

26. 在老师的教学过程中和平常自己的锻炼过程中，每当自己遇到学习的困难，我会静下心来考虑问题产生的原因，并努力地克服困难。

A　　B　　C　　D　　E

27. 每当在生活和学习中，自己的心情受外界影响或者自己的学习感受到很大压力时我会通过积极参加体育活动来解决。

A　　B　　C　　D　　E

28. 刚进食后我不会马上参加体育运动，运动后我会非常注重自己的饮食。

A　　B　　C　　D　　E

29. 在日常的学习生活中，我会时常关注自己健身计划的实施情况，在参与过程中逐渐养成参加健身的习惯。

A　　B　　C　　D　　E

课题组成果统计一览表

序号	作者	成果形式	成果名称	出版单位/发表刊物	出版时间/刊物期号
1	吕兵文	论文	谈表现 析因素 探策略 促学练——技能教学中有效调动学生学练积极性探析	《中国学校体育》	2016年第7期
2	荣燕光	论文	提高学生技能学练积极性四策略	《中国学校体育》	2016年第7期
3	于文明 尹耀	论文	巧用“三好”心理进行教学设计，提高学练技能积极性——以远撑前滚翻教学为例	《中国学校体育》	2016年第7期
4	姜建明	论文	活用教学方法提升学生参与度——以水平二（四年级）《快速跑》教学展示课为例	《中国学校体育》	2017年第8期
5	于文明	论文	教学策略“三转化”提升学生运动参与水平	《中国学校体育》	2017年第8期
6	刘新军	论文	优化课中环节 促参与水平提升	《中国学校体育》	2017年第8期
7	尹耀	论文	巧用辅助教学手段 提高课堂教学质量	《中国学校体育》	2017年第9期
8	吕兵文	论文	体育教学中学生运动参与水平的提升策略	《中国学校体育》	2017年第8期
9	尹耀	论文	例析有效合作学习的前置准备策略	《中国学校体育》	2018年第3期

后 记

威海市教育名家（初中体育）工作室自2015年5月启动至2018年12月，在市、区两级教育局、教研中心领导、教研员的重视、支持、指导下，工作室开展了规划发展、制定制度、研读名著、教学研究、项目研究、帮携引领、示范辐射等丰富多彩的活动，培养学科教学骨干，引领学科教学教研发展，推进教师专业成长，促进学生身心健康发展，取得了较为丰硕的成果。工作室主持人吕兵文老师主持申报了全国教育科学规划课题，获批立项为教育部重点课题；工作室在专业教育期刊发表论文51篇，有10篇科研论文在全国科学论文报告会获奖，另有荣誉及获奖等155项次（人均取得成果24项）。工作室主持人吕兵文老师晋升为正高级教师，工作室成员刘新军、于文明、荣燕光、尹耀老师4人顺利晋升为高级教师。尹耀、姜建明、刘新军、刘艳妮、郝洪磊、荣燕光、于文明老师7人获市、区教学名师（人选）称号。荣燕光、丛培胜、郝洪磊老师获威海市德育、体育工作先进个人称号。尹耀被提拔为乳山市徐家镇中心学校校长，郝洪磊被提拔为威海市第七中学德育处主任。工作室开展的体育课题研究引领了威海市内外57所中小学校参与研究，实验样本学生达到16000人。这些看得见的成果，见证了工作室的发展和工作室成员的成长，是汗水与智慧、初心与执着的结晶，可喜可贺！

本书稿于2019年2月22日（寒假开学的第2天）开始起笔，3月31日初稿25万余字形成。之后经历了5次比较大的修改。12月18日，接到工作室导师汪晓赞教授的指导，要求按照季浏教授倡导的“健康体育课程教学模式”对书稿进行整改，工作室全体成员进一步研习了相关文献资料，对教学篇进行了修改，凸显结构化教学、10分钟的体能练习及运动密度75%等要求。12月24日第8稿完成。书稿最终精简至19万字。

在书稿即将付梓之际，首先感谢中共威海市委、威海市人民政府出台的《关于实施威海英才计划的意见》之“威海教育名家工作室”建设计划，为我们提供了专业快速成长的平台，也能够让广大教师分享我们成长的历程。感谢威海市教研中心主任董绍才先生、师训室主任温勇先生、体育教研员吕晓峰先生，威海市文登区教育和体育局局长姜福军先生、党委书记张华山先生、督导室主任赵凤芝女士、副局长邵名果先生、教研中心主任张宾先生、威海市文登区葛家中学校长姜英峰先生，工作室成员所在单位领导及威海各区市体育教研员等给予工作室工作的大力支持！感谢华东师范大学体育与健康学院党委书记汪晓赞教授对工作室工作的悉心指导！感谢北京中尚图文化传播有限公司、中国社会出版社对该部作品出版的鼎力支持！

聚是一团火，散是满天星。威海市首期教育名家工作室已届终，我们希望工作室所有成员以及参与工作室活动的所有老师们在未来的工作中坚守初心，砥砺前行，取得更大的进步；更希望首期教育名家（初中体育）工作室的努力工作能起到“一棵树撼动另一棵树，一片云推动另一片云”的良好教育效果，引领、辐射、推动威海市乃至更大范围的体育教育教学工作和教师专业成长的高位优质均衡发展。

吕兵文

2019年12月于威海市文登区葛家中学